Bien CHASSER

Ouvrage tenant compte de la loi n° 2005-157
du 23 février 2005 relative
au développement des territoires ruraux.

Direction : Dominique Raynal
Responsable éditoriale : Véronique Chanson
Secrétaire d'édition : Delphine Depras
Conception graphique et réalisation : Nord Compo, Villeneuve-d'Ascq

ISBN : 2-263-03695-4
Code éditeur : S03695
1re édition

Dépôt légal : août 2005

Bien CHASSER

Michel Jacob & Christophe Lorgnier du Mesnil

SOLAR

Michel JACOB, ancien directeur de la Fédération interdépartementale des chasseurs de l'Essonne, du Val-d'Oise et des Yvelines (F.I.C.E.V.Y), véritable expert dans le domaine cynégétique et environnemental, possède une grande connaissance en terme d'environnement et intervient régulièrement dans les médias. Il est l'auteur d'ouvrages sur le gibier et les aménagements de chasse. Il est actuellement conseiller technique au cabinet du président du Conseil Régional d'Aquitaine.

Christophe LORGNIER DU MESNIL, ingénieur général honoraire du Génie rural, des Eaux et Forêts, est qualifié pour traiter des questions écologiques, de développement durable, de nature et de gestion des milieux naturels et des espèces sauvages. Il est l'auteur de nombreux articles et de livres sur ces divers sujets.

Avant-propos

Le titre de cet ouvrage est particulièrement bien choisi puisqu'il oblige à s'interroger sur ce que signifie « bien chasser ».

Si la chasse n'est plus aujourd'hui une nécessité vitale pour se nourrir, elle repose cependant sur un élément fondateur de la nature humaine : l'instinct de prédation.

Devenue un art de vivre, elle se doit d'être irréprochable dans sa pratique.

Que signifie, au XXIe siècle, « bien chasser » ?

C'est la quête loyale d'un animal sauvage dans son milieu naturel aboutissant à sa mort qui mérite le respect.

La loyauté de la quête impose que le chasseur n'utilise que des moyens, des procédés légaux et des armes dont les seules performances ne suffisent pas pour parvenir à capturer l'animal : il lui faut, de plus, mettre en œuvre ses connaissances, son talent, fruits d'observations et d'un apprentissage jamais achevé.

L'animal sauvage en pleine possession de ses moyens dispose de l'intégralité des qualités propres à son espèce, de tous ses moyens de défense intacts. Se trouve exclu, de fait, le tir de pseudo-gibier issu d'élevage lâché juste avant ou, pire, pendant la chasse. Cette pratique ne peut en aucun cas se réclamer de la chasse dont elle n'a aucune des caractéristiques.

Tous les milieux naturels portent aujourd'hui l'empreinte de l'homme plus ou moins fortement imprimée. La notion de « bien chasser » fait obligation au chasseur de s'impliquer dans la conservation, la restauration et l'entretien de la nature afin de contribuer à accroître la diversité biologique qui en fait sa richesse.

Préface

La Chasse de demain
Entre raison et passion

Activité riche de traditions, source de convivialité et de passion partagée, la chasse est et restera un trait d'union entre nature et société.

Malgré les évolutions de notre société, à la fois structurelles et culturelles, la chasse garde une dimension environnementale et économique. Elle demeure une activité reconnue d'intérêt général en offrant à une population, en majorité citadine, un loisir proche de la nature, en contribuant à l'aménagement et au développement de nos provinces, et en régulant en l'absence de prédateurs naturels une faune sauvage en équilibre avec ses habitats et les activités économiques.

La chasse du XXIe siècle, pour être mieux comprise et acceptée de l'opinion publique, devra s'inscrire dans une démarche de sécurité, de gestion raisonnée des ressources naturelles et de partage avec les autres utilisateurs.

Au-delà de la gestion des espèces, les chasseurs devront prendre toute leur place dans les programmes de préservation et de restauration des habitats, d'aménagement des territoires garantissant la diversité biologique, ceci en collaboration avec l'ensemble des autres opérateurs (pouvoirs publics, élus, agriculteurs, forestiers, usagers de la nature...).

Tout chasseur devra se sentir responsable de sa propre sécurité et de celle de son voisin. Le nouveau permis de chasser, instauré par la Loi Chasse de juillet 2000, prévoit une formation obligatoire dispensée par les fédérations de chasseurs et une épreuve pratique comprenant trois ateliers qui mettent l'accent sur la responsabilisation de chacun et l'importance de respecter quelques règles simples de bons sens et de sécurité.

Sécurité, gestion, respect des autres usagers, trois notions complémentaires et indissociables qui permettront à la chasse de demain d'évoluer dans un univers apaisé, pour le plus grand plaisir des disciples de saint Hubert.

Jean-Pierre POLY,
Directeur général de l'ONCFS

Sommaire

S'initier à la chasse

La chasse en plaine

La chasse en forêt

La chasse dans les zones humides

La chasse en montagne

Le chasseur et ses partenaires

Réglementation et organisation de la chasse

Annexes

Introduction

La chasse est un art, une quête, une pratique à la fois ancestrale et moderne, un mode de vie, une communion avec la nature, une confrontation à l'animal sauvage, une passion, un ensemble de traditions, une convivialité, un sport, une gastronomie aussi.

Tout cela forme un ensemble magnifique que beaucoup de citadins et de ruraux partagent également, en association de plus en plus étroite avec les autres utilisateurs de la nature. C'est un fait de société qui s'accentue et que nul ne peut ignorer.

Bien chasser a pour ambition de placer les activités cynégétiques dans ce contexte diversifié, de façon simple et claire. L'ouvrage doit pouvoir être consulté facilement à tout moment, mais aussi fournir la base d'une réflexion plus approfondie sur la gestion des gibiers et l'aménagement des territoires.

Le plan suivi se veut original et pragmatique, passant en revue chaque milieu particulier de plaine, de zone humide, de forêt et de montagne où peut s'exercer la chasse. Sont successivement décrits les gibiers, leur gestion et l'aménagement indispensable des terroirs favorables à la faune sauvage, ainsi que les modes de chasse pratiqués.

l'aspect gastronomique n'est pas négligé. La venaison des animaux sauvages est saine, riche en protéines et pauvre en graisses, diététique, goûteuse, accessible à tous et objet de convivialité. Cette cuisine fait partie de l'art de la chasse. C'est le dernier hommage que l'on puisse rendre au vrai gibier sauvage.

Les auxiliaires du chasseur, armes et munitions, nos amis les chiens, chevaux, furets, oiseaux de chasse méritent un chapitre à part.

Bien chasser se limite volontairement à la gestion du gibier sauvage. Pour cette raison, les usages et les pratiques de l'élevage du gibier ne sont guère abordés.

Enfin, la chasse est une pratique licite très encadrée par les lois et des règlements nombreux que l'on présente le plus simplement possible.

La chasse doit être expliquée pour être mieux comprise et mieux pratiquée dans un souci de préservation des espèces et des espaces. Cette activité qui remonte à la nuit des temps est maintenant un élément primordial du développement durable de la faune et de la flore sauvages, de la conservation des milieux naturels et des activités économiques et écologiques du monde rural.

Le rôle primordial de gestionnaires de l'espace rural joué par les chasseurs est ainsi pleinement reconnu.

« La chasse, un bonheur à partager dans une nature vivante, riche et diversifiée. »

S'initier à la chasse

Le permis de chasser

Les qualifications supplémentaires

La sécurité

Pour beaucoup de chasseurs, l'initiation a été précoce, sous la houlette d'un père, d'un grand-père ou d'un oncle qui, au gré des circonstances, faisait partager sa passion et ses connaissances aux « porte-carnier » attentifs qu'ils étaient. Aujourd'hui, elle est souvent le fait d'un chasseur pratiquant qui propose à un ami, souvent urbain, de l'accompagner pour découvrir cette passion qui l'anime : chasse à tir au petit, au grand gibier ou au gibier d'eau, chasse à courre, déterrage…

Certains modes de chasse exercent une fascination et conquièrent des non-chasseurs par leur authenticité, les difficultés de leur pratique et leur éthique. C'est notamment le cas pour la chasse à l'arc et, à un niveau moindre, pour la chasse au vol, plus confidentielle.

La population des chasseurs est constituée de deux catégories : les « héréditaires », issus d'une lignée de chasseurs, et les « pionniers » qui ont trouvé dans cet art la satisfaction d'un besoin de nature, authentique mais pas contemplatif !

Pour les premiers, la chasse constitue une priorité : leur énergie, leur temps libre, leur bénévolat, leurs lectures et, souvent, leurs conversations sont consacrés à leur passion. Pour les seconds, elle les aide à se ressourcer, à renouer avec un milieu rural dans une convivialité agréable ; le résultat leur importe moins que le plaisir de la quête. Ils aiment la chasse, mais pas de manière exclusive ; ils pratiquent d'autres activités d'extérieur. Ils sont dénommés « zappeurs » par les sociologues et trouvent difficilement grâce aux yeux des premiers.

Le permis de chasser

Si, avant 1976, la délivrance d'un permis de chasser était automatique sur simple demande, à compter de cette année-là a été instauré un examen théorique pour son obtention. En 1989, le dispositif était renforcé en rendant obligatoire une formation pratique préalable. La loi de 2000 a ajouté une préparation théorique elle aussi obligatoire et instauré un examen pratique qui a été mis en place à partir de 2002.

▲ Présentation des armes dans le cadre de la préparation de l'examen.

L'inscription s'effectue auprès de la fédération des chasseurs du domicile. Un dossier comprenant le formulaire d'inscription et toutes les informations nécessaires (notamment le montant du droit d'inscription, la chronologie des différentes étapes, la liste des manuels et cassettes vidéo de préparation pouvant être fournis par la fédération) est remis au candidat. Un certificat médical doit attester que celui-ci a un état de santé physique et psychique compatible avec la détention d'une arme. Le dossier complété est retourné à la fédération. Le candidat reçoit alors les convocations concernant les formations théoriques et pratiques assurées par des personnels de la fédération spécialement formés à cet effet.

Les formations

La formation théorique développe les différents thèmes qui constituent le programme de l'examen : connaissances et gestion des espèces, identification des espèces protégées, réglementation, armes et sécurité. Elle est dispensée sous forme d'un programme audiovisuel et large-

▲ Franchir un obstacle fait partie de l'initiation des nouveaux chasseurs.

ment complétée par les commentaires et explications du formateur. Les candidats ont la possibilité de tester leurs connaissances grâce à des examens blancs qui leur sont proposés lors de la dernière séance. Il leur faut réviser ces connaissances avec les supports pédagogiques adaptés (livres, cassettes, DVD).

La formation pratique est destinée à familiariser le futur chasseur avec les armes qu'il est appelé à employer. Elle consiste en une présentation en salle des différents types d'armes et de leurs munitions à partir de schémas pédagogique, et de démonstrations avec des armes réelles dont le montage, le démontage et le maniement sont effectués par le moniteur. L'objectif essentiel de cette formation est d'inculquer au candidat un comportement sécuritaire vis-à-vis des personnes et des biens et de lui faire acquérir une aisance dans son attitude en action de chasse.

> La formation est complétée par la manipulation d'armes non chargées à canon lisse ou rayé dans des situations que l'on peut rencontrer à la chasse.

Enfin, les candidats pratiquent le tir réel avec fusil et carabine.

Le terrain utilisé pour cette formation relève de la responsabilité de la fédération des chasseurs tant pour son aménagement que pour son fonctionnement. C'est en général sur ce même terrain que se déroule l'examen pratique sous réserve qu'il ait été homologué par les inspecteurs de l'Office national de la chasse et de la faune sauvage (ONCFS) qui contrôlent la conformité des installations avec les dispositions des textes réglementaires.

▲ La formation des candidats comporte le déplacement en groupe.

L'examen

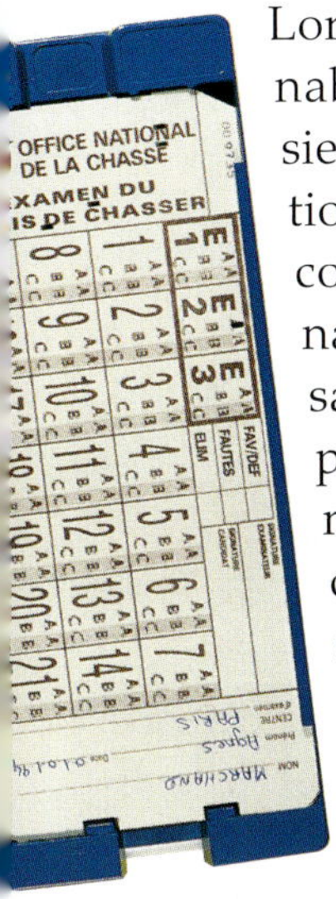

Lorsque le candidat est convenablement préparé, son dossier est transmis par la fédération des chasseurs au service compétent de l'Office national de la chasse et de la faune sauvage qui le convoque à la plus proche session d'examen théorique organisée dans le département (des sessions se déroulent tout au long de l'année).

L'examen se présente sous forme audiovisuelle : pour chaque question, une photo est projetée et plusieurs réponses s'affichent à l'écran. Le candidat dispose d'un boîtier muni d'une carte informatique ; il perfore la case correspondant à la réponse qu'il a choisie. L'épreuve comporte vingt et une questions réparties également sur les trois thèmes du programme (connaissance et gestion des espèces, réglementation, sécurité), tirées pour chaque série de manière aléatoire parmi celles qui ont été validées par la commission nationale. Dans chaque série, deux questions sont éliminatoires. La correction des cartes informatiques est effectuée automatiquement par un appareil relié à un ordinateur qui édite les attestations de réussite. Pour être reçu, il faut répondre correctement à seize questions.

L'épreuve se déroule sous l'autorité d'un inspecteur de l'ONCFS, la logistique étant assurée par la fédération des chasseurs.

▲ Pour réussir l'examen théorique, il faut au moins 16 bonnes réponses sur 21.

Les candidats ayant réussi l'examen théorique sont alors convoqués pour l'épreuve pratique. Celle-ci, axée essentiellement sur la sécurité, consiste à effectuer un parcours d'une dizaine de minutes comprenant un certain nombre de postes qui figurent des situations susceptibles de se présenter en action de chasse. Dans certains cas, il s'agit d'un obstacle à franchir ; dans d'autres, des plateaux d'argile sont lancés, certains sur des trajectoires dangereuses, d'autres non. Le fusil du candidat est chargé d'une cartouche seulement amorcée.

L'inspecteur accompagne le candidat et juge son comportement. Certaines erreurs graves peuvent entraîner l'élimination immédiate. L'épreuve s'achève avec du tir réel.

Lors du tir au fusil, outre les plateaux d'argile dont le tir est dangereux, certains plateaux de couleurs différentes figurent des espèces protégées, leur tir est éliminatoire. On ne demande pas au candidat de casser les plateaux, c'est son sang-froid et son attitude prudente qui sont jugés.

Le tir à la carabine s'effectue dans les conditions d'une battue de gros gibier ; le candidat est à son poste avec des silhouettes figurant les voisins et une cible mobile de sanglier qui franchit l'allée. Le tir doit être totalement conforme aux règles de sécurité : ne pas épauler avant la ligne, respecter l'angle de tir interdit de 30° avec son voisin et manier convenablement l'arme en arrivant et en quittant le poste, ainsi que pendant l'action de chasse.

Les lauréats ayant réussi les deux parties de l'examen se voient remettre une attestation qui leur permet de se faire délivrer le document permanent du permis de chasser par la préfecture de leur domicile s'ils ont seize ans révolus (même s'ils ont

> Les détenteurs d'un permis de chasse antérieur à 1976 sont dispensés de l'examen et peuvent se faire délivrer le document permanent, sur présentation de leur ancien permis, auprès de la préfecture de leur domicile.

L'appel des candidats le jour de l'examen.

▲ L'Office National de la Chasse et de la Faune Sauvage est seul habilité à délivrer l'attestation de réussite.

passé l'examen à quinze ans, ce qui est possible). La délivrance de l'original, comme celle d'un duplicata, est assujettie au paiement d'un droit de timbre.

Ce document est valable à vie sauf s'il fait l'objet d'un retrait par décision de justice. Il ne peut alors être récupéré qu'en repassant l'examen.

La validation du permis

Pour pouvoir chasser, il faut préalablement obtenir la validation de son permis pour la saison de chasse qui va du 1er juillet au 30 juin de l'année suivante.

Plusieurs options sont offertes au chasseur :

– **Validations annuelles**

La validation nationale permet de chasser dans tous les départements.

La validation départementale permet de chasser dans un département et dans les

Contrairement à une rumeur fort répandue, il n'est pas nécessaire de faire valider son permis chaque année. Le document permanent reste valable. La validation n'est prise que pour les saisons où l'on désire chasser.

Quelques règles de courtoisie élémentaires

Il convient d'être discret et modeste – ceux qui étalent leurs prouesses cynégétiques sont mal perçus. De même, il convient de ne pas parler de sujets prêtant à polémique, comme la politique et la religion, dans le souci d'une convivialité de bon aloi.

✻

En battue, la courtoisie commande de ne pas tirer le gibier qui passe à son voisin.

✻

À la fin d'une traque, surtout lorsque l'on a un chien, aider les autres chasseurs à retrouver un gibier blessé fait partie du comportement normal.

✻

Lors des rassemblements et des déplacements en véhicule, on doit tenir court son chien pour l'empêcher de sauter sur les chasseurs ou de se battre avec les autres chiens.

✻

On doit impérativement ramasser ses cartouches vides par courtoisie, mais plus encore par respect de la nature.

✻

À l'abord d'un obstacle, il est de bon ton de tenir le fusil des chasseurs pendant qu'ils le franchissent ainsi que de soulever les fils de fer d'une clôture pour leur faciliter le passage.

✻

Le respect de l'animal tué fait partie des bonnes pratiques : il est inconvenant de jeter négligemment son gibier à terre lors du tableau.

✻

Il est très apprécié de proposer son aide au responsable de chasse chaque fois que l'on peut se rendre utile (placer des chasseurs, conduire un véhicule, baguer un gibier tué ou remplir les carnets à souche pour le transport de la venaison…).
L'éducation du chasseur le conduit à savoir traiter son gibier : vider et découper un grand animal, plumer un oiseau et dépouiller un lièvre ou un lapin.
Son parrain se fera un plaisir de lui montrer comment pratiquer et l'assistera dans ses premières tentatives. Avec la pratique, on acquiert le tour de main permettant d'effectuer ces tâches dans les règles de l'art.

Permis : pour être en règle				
	Validation départementale temporaire	Validation nationale temporaire	Validation départementale	Validation nationale
Vignette fédérale	X	X		
Cotisation fédérale temporaire	X	X		
Timbre grand gibier fédéral (1)	X	X	X	X
Redevance nationale grand gibier (2)	X	X		
Redevance cynégétique départementale	X			
Redevance cynégétique nationale	X			
Redevance départementale temporaire	X			
Redevance nationale temporaire	X			

(1) si l'on chasse le grand gibier dans le département
(2) si l'on chasse le grand gibier

communes limitrophes des départements voisins.

– **Validation temporaire**

Elle est destinée à permettre au chasseur titulaire d'une validation départementale d'accepter une invitation hors de son département. Elle peut être départementale ou nationale. Cotisation fédérale temporaire et redevances cynégétiques ont un coût réduit. Sa validité est de 9 jours consécutifs. La validation peut être faite pour une durée de 3 jours consécutifs. Elle peut être renouvelée deux fois au cours d'une même campagne de chasse. Ces deux modalités de validation temporaire ne sont pas cumulables.

Le coût de la validation d'un permis de chasser résulte du paiement :

– à la fédération des chasseurs :
  - de la cotisation fédérale obligatoire (vignette) ;
  - de la participation à l'indemnisation des dégâts de grand gibier (timbre grand gibier fédéral), si l'on chasse le grand gibier dans ce département ;
  - de la redevance nationale grand gibier, pour les titulaires d'une validation nationale qui chassent le grand gibier (quel que soit le nombre de départements où ils pratiquent), encaissée pour le compte de la fédération nationale des chasseurs.

– à l'État :
  - de la redevance cynégétique correspondant au type de validation choisie ;
  - de la taxe à l'État.

Environ 7500 validations temporaires de 9 jours ont été délivrées en 2004.

Lors de la validation du permis de chasser, le formulaire à remplir comporte une déclaration sur l'honneur certifiant que le demandeur est bien en possession du docu-

Qui décide du prix du permis ?

Le prix de la vignette fédérale et celui du timbre grand gibier fédéral sont fixés par l'assemblée générale de la fédération départementale des chasseurs.

Le prix minimum de la vignette fédérale et le montant de la redevance nationale grand gibier relèvent de la compétence de l'assemblée générale de la fédération nationale des chasseurs.

Le montant des redevances cynégétiques est fixé par arrêté conjoint des ministres chargés de l'Environnement et du Budget.

La taxe à l'État perçue lors de la validation d'un permis est régie par le code des impôts.

ment permanent et d'une attestation d'assurance responsabilité civile couvrant le risque chasse et certifiant également qu'il n'est pas sous le coup d'une interdiction ou d'une impossibilité physique de chasser. Toute fausse déclaration entraîne la nullité de la validation et des poursuites pénales. Il est possible de faire valider son permis pour plusieurs départements. Il faut alors acquitter pour chacun le coût d'un permis départemental, sauf la taxe à l'État qui n'est perçue qu'une fois si la validation est simultanée. Au-delà de deux départements, il est plus rentable de prendre une validation nationale.

À titre expérimental, la validation par correspondance a été testée dans plusieurs départements. Elle est appelée à se généraliser. C'est le « guichet unique ».

▲ La chasse accompagnée : un apprentissage qui s'avère souvent une affaire de famille.

L'autorisation de chasser (La chasse accompagnée)

À l'instar de ce qui se pratique en matière de conduite automobile, depuis les lois de 2000 et de 2005, il existe une possibilité de chasser pour un jeune de 15 ans ou pour un majeur, quel que soit son âge, n'ayant pas son permis de chasser. L'autorisation de chasser est délivrée par l'autorité administrative, gratuitement, pour un an et une fois par personne. Le postulant doit avoir bénéficié d'une formation pratique élémentaire délivrée par la fédération départementale ou interdépartementale des chasseurs, avec le concours de l'Office national de la chasse et de la faune sauvage. Il doit avoir réussi l'examen théorique du permis de chasser. Le dossier comprend l'attestation de réussite, l'autorisation parentale (éventuelle pour les mineurs) et un formulaire incluant notamment les coordonnées du ou des parrains qui doivent attester sur

▲ La chasse en collectivité exige la prudence et le respect des règles de courtoisie.

▲ L'enseignement des gestes élémentaires sous la houlette d'un aîné.

l'honneur être titulaires du permis de chasser depuis au moins 5 ans et n'avoir jamais été privés du droit d'obtenir ou de détenir un permis de chasser par décision de justice. Pour la chasse à tir, la personne autorisée et l'accompagnateur ne peuvent disposer, sur le lieu de chasse, que d'une arme pour deux. L'assurance du parrain couvre aussi le postulant, mais elle doit le prévoir. Trois mille autorisations de chasser ont été délivrées en 2004.

Pour un néophyte, faire son apprentissage dans ces conditions, sous la houlette d'un chasseur confirmé, est une véritable aubaine. Complètement disponible parce que ne chassant pas lui-même, le tuteur peut se consacrer à son élève, observer son comportement, le corriger le cas échéant et lui prodiguer tous les conseils utiles au fur et à mesure que les circonstances le permettent. Si, de plus, le nouveau chasseur a fait ses classes comme « porte-carnier », il acquiert rapidement les automatismes essentiels : manipulation correcte d'une arme en toutes circonstances, vérification des canons chaque fois que c'est nécessaire, repérage et mémorisation des alentours (présence de maisons, de routes, d'obstacles qui limitent la visibilité et localisation des autres chasseurs évoluant sur le territoire) interdisant le tir dans des directions dangereuses, tant vis-à-vis de ses compagnons de chasse que du public qu'il est susceptible de rencontrer sur le terrain. L'apprentissage peut être considéré comme réussi lorsque toutes les précautions nécessaires en matière de sécurité sont devenues des réflexes pour le novice. Il entre aussi dans le rôle du parrain d'éduquer le jeune à la courtoisie. Un abord souriant, fusil cassé, accompagné de quelques mots aimables dissipe les craintes que peuvent éprouver les promeneurs et fait plus pour l'image de marque de la chasse que de longs discours.

Les qualifications supplémentaires

Certaines pratiques nécessitent des formations particulières obligatoires, assurées par le personnel des fédérations de chasseurs ou par des bénévoles formés à cet effet par l'ONCFS.
D'autres, facultatives, sont délivrées par des associations de chasse spécialisées qui dispensent des enseignements plus poussés s'appuyant sur des connaissances approfondies.

Le piégeage

Il est utilisé pour limiter les populations excédentaires de certaines espèces classées nuisibles par arrêté préfectoral pris chaque année pour le département. Le matériel et les procédés utilisés sont, par ailleurs, interdits pour la chasse, ce qui justifie une formation spécifique pour cette activité.

▲ Un piège efficace et sélectif : la cage à pie, indispensable pour préserver le petit gibier.

▲ On doit informer de la présence de pièges.

L'utilisation de certaines catégories de pièges est réservée aux titulaires d'un agrément délivré par la Direction départementale de l'agriculture et de la forêt du département de résidence de l'intéressé. L'agrément est accordé sur présentation de l'attestation certifiant que l'impétrant a subi la formation prévue par la réglementation et officialisée dans un protocole visé par le préfet.

La formation s'étale sur seize heures, elle est assurée par un moniteur agréé par l'ONCFS et porte sur la biologie des espèces susceptibles d'être capturées, les pièges autorisés, leur fonctionnement et la réglementation régissant cette activité. La partie théorique est dispensée en salle avec des supports audiovisuels, du matériel de piégeage, des moulages d'empreintes. La partie pratique se déroule sur un sentier de piégeage comprenant divers pièges, installés en situation, que les élèves sont invités à manipuler aidés par les conseils de piégeurs confirmés, souvent issus des asso-

▲ Les futurs piégeurs bénéficient d'une formation assurée par la Fédération des Chasseurs appuyée par les associations de piégeurs.

ciations départementales qui, pour la plupart, en dénombrent quelques-uns.
L'agrément est nécessaire pour utiliser les pièges qui tuent ou capturent l'animal par un membre. L'usage de cages-piège ne le nécessite pas.
Les pièges dont l'usage est réservé aux piégeurs agréés doivent être homologués par le ministère chargé de la chasse et porter le numéro d'agrément de leur utilisateur.
Il n'y a pas d'âge minimum pour l'obtention de l'agrément ni l'obligation d'avoir un permis de chasser, même pour achever un animal capturé, puisque, juridiquement, le piégeage n'est pas un acte de chasse.

▲ Le piège à lacet de patte a remplacé le piège à palette et à mâchoires.

▲ La cage-piège à renard donne d'excellents résultats, elle permet de relâcher les animaux capturés par erreur.

La chasse à l'arc

Pour pratiquer la chasse à l'arc, légalisée en 1995 à la suite de péripéties juridiques complexes, il faut être titulaire du certificat de capacité délivré à la suite d'une formation particulière relative à ce mode de chasse. Cette formation est dispensée par des moniteurs formés et agréés par l'ONCFS. Elle comprend une présentation du matériel utilisé : les différents types d'arcs, de pointes, leurs performances, l'adéquation avec la chasse de telle ou telle espèce, l'entretien du matériel et les accessoires. Les candidats sont initiés au tir à diverses distances sur cible classique et sur des moulages plastique en trois dimensions figurant différents gibiers.

La sécurité occupe une part importante de cette formation : en effet, si une flèche n'est pas comparable aux projectiles tirés par une arme à feu, ni par la vitesse, ni par la puissance, elle peut néanmoins s'avérer dangereuse et impose donc des précautions identiques.

Le certificat est délivré par le président de la fédération des chasseurs ou son représentant. Seuls les titulaires du permis de chasser peuvent l'obtenir.

On peut constater que nombre de candidats qui suivent la formation manifestent l'intention de ne chasser qu'à l'arc, séduits par l'authenticité et les difficultés de ce mode de chasse.

▲ Les trois types d'arcs. De gauche à droite : longbow, recurve, compound.

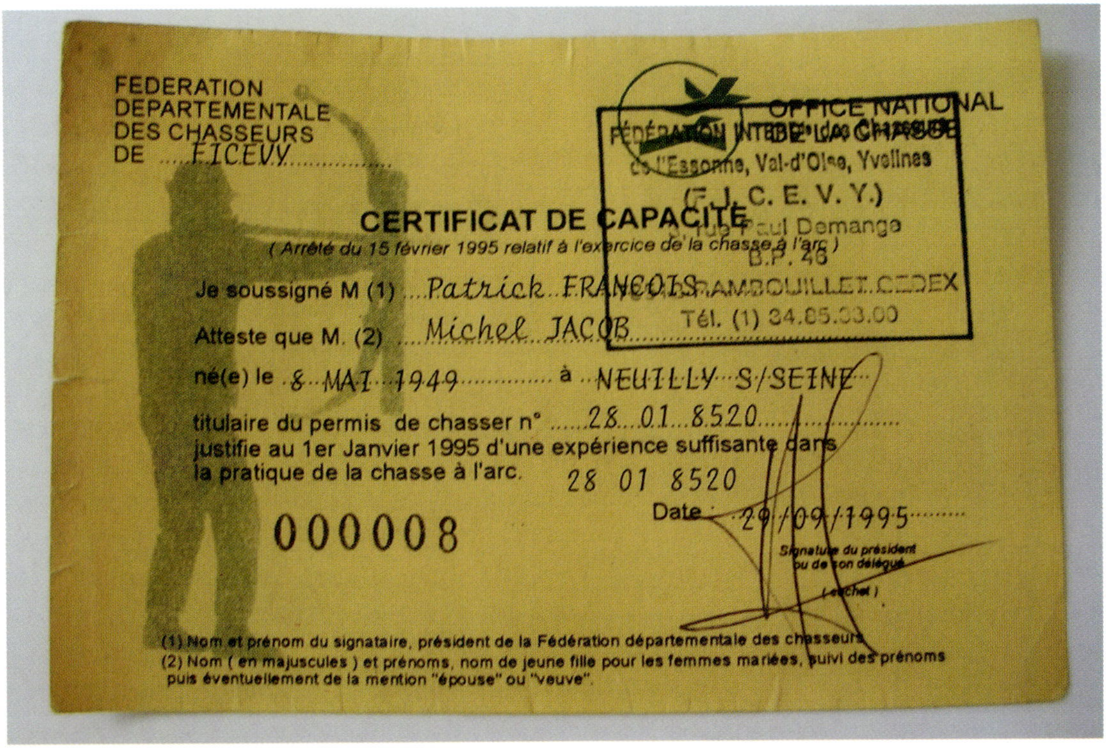

FEDERATION
DEPARTEMENTALE
DES CHASSEURS
DE ......FICEVY..................

CERTIFICAT DE CAPACITE
(Arrêté du 15 février 1995 relatif à l'exercice de la chasse à l'arc)

Je soussigné M (1) ....Patrick FRANCOIS
Atteste que M. (2) ....Michel JACOB
né(e) le 8 MAI 1949 .... à NEUILLY S/SEINE
titulaire du permis de chasser n° ......28 01 8520..................
justifie au 1er Janvier 1995 d'une expérience suffisante dans
la pratique de la chasse à l'arc. 28 01 8520

000008

Date : 29/09/1995

Signature du président ou de son délégué (cachet)

OFFICE NATIONAL DE LA CHASSE
Fédération Interdép. des Chasseurs de l'Essonne, Val-d'Oise, Yvelines
(F.I.C.E.V.Y.)
rue Paul Demange
B.P. 46
RAMBOUILLET CEDEX
Tél. (1) 34.85.33.00

(1) Nom et prénom du signataire, président de la Fédération départementale des chasseurs
(2) Nom (en majuscules) et prénoms, nom de jeune fille pour les femmes mariées, suivi des prénoms puis éventuellement de la mention "épouse" ou "veuve".

▲ Le certificat de capacité pour le chasseur à l'arc.

Les formations assurées par les associations

Le brevet grand gibier

Il ne s'agit pas d'une qualification officielle autorisant la pratique d'une activité cynégétique particulière, mais d'une formation approfondie destinée aux chasseurs souhaitant parfaire leurs connaissances. La préparation et l'épreuve du brevet sont assurées par les associations départementales de chasseurs de grand gibier sur la base d'un canevas élaboré au niveau national. La préparation théorique est très poussée, sur le modèle du permis germanique, et comporte de nombreuses matières : la biologie et la pathologie du grand gibier de plaine et de montagne, les chiens, les modes de chasse, les armes et les optiques, la balistique, la sécurité, la législation, auxquelles s'ajoutent des notions de sylviculture, d'entomologie et la connaissance des champignons.

Son objectif est d'inculquer des connaissances sur tous les éléments qui constituent l'environnement du grand gibier. La formation est dispensée sur une durée de trente heures environ. Le tir, sur cible fixe et sur sanglier courant, est également au programme puisqu'il figure dans l'épreuve du brevet.

Le brevet comporte une épreuve de tir où le candidat doit faire preuve d'un minimum d'adresse, et une épreuve écrite de cent dix questions dont le résultat octroie le brevet or, argent ou bronze.

▲ L'épreuve de tir fait partie du programme du brevet grand gibier.

Cette initiative des associations de chasseurs de grand gibier intéresse les autorités qui mesurent l'importance et la qualité de l'enseignement dispensé.

L'agrément de conducteur de chien de sang

Les chasseurs de grand gibier sont régulièrement confrontés à la recherche du grand gibier blessé ou supposé tel, tant en chasse individuelle que collective. Il est du devoir moral du chasseur de ne pas laisser souffrir un animal.

La culture germanique avait depuis longtemps intégré ce problème en s'attachant les services de chiens spécialement dédiés à la recherche au sang, capables de suivre une piste constituée de gouttes de sang, souvent peu nombreuses, laissées par l'animal blessé dans sa fuite. Certaines recherches sont couronnées de succès jusqu'à 48 heures, voire plus, après le tir. Avec la progression constante des populations de grand gibier en France, notamment le sanglier, le nombre d'animaux tirés augmente constamment et par conséquent celui des blessés.

L'expérience montre que près de 30 % du gibier tiré est touché. Si la récupération d'un animal mortellement touché est plutôt aisée, il convient de s'assurer des autres tirs, supposés ratés, qui ne le sont pas toujours. Un contrôle de tir effectué par le tireur permet de retrouver la trace laissée par la balle au sol ou dans la végétation. Si tel n'est pas le cas, le recours à un chien de sang s'impose après avoir balisé le point de tir.

En 1980 a été créée la première association vouée à la recherche au sang, l'Union nationale pour l'utilisation du chien de rouge (UNUCR), suivie quelques années plus tard par l'Association pour la recherche du grand gibier blessé (ARGGB). Les deux associations ont élaboré des stages de formation pour les candidats désireux d'effectuer des recherches au sang. Ils doivent posséder un chien ayant un minimum d'aptitudes et une bonne base d'éducation. C'est l'un des objectifs du stage de le déterminer. L'animation de ces stages est assurée par des conducteurs expérimentés. L'entraî-

Les chiens de recherche au sang

Les races spécifiques : Rouges de Hanovre et de Bavière.

Les races les plus souvent utilisées : teckels, jagd-terriers, labradors, retrievers et braques.

Les races également utilisées : anglo-français, beagles, bassets, fox-terriers et spaniels.

▲ Le couple conducteur-chien, une équipe soudée consacrée à la recherche au sang.

L'Institut cynégétique François Sommer
Cet établissement installé dans le parc de Bel-Val, dans les Ardennes, dispense des formations destinées aux chasseurs souhaitant une remise à niveau aux responsables de chasse, mais aussi des stages de chasse à l'arc, trompe de chasse et d'autres spécifiques pour tir et armes.
L'enseignement, d'un niveau élevé, dispensé par des professionnels, comporte de nombreuses sorties sur le terrain dans le parc de 700 ha.
L'accueil et l'hébergement dans ce cadre exceptionnel, les collections et la bibliothèque contribuent à satisfaire les chasseurs les plus exigeants.

nement s'effectue sur piste artificielle réalisée avec du sang de gibier conservé au congélateur. Celle-ci n'est pas rectiligne, elle comporte des changements de direction et s'attache à traverser des milieux variés. Avec l'expérience, la quantité de sang diminue tandis que la longueur de la piste augmente. La piste est balisée pour permettre au moniteur de contrôler le travail du candidat et de son chien. À la fin de la piste, un peu de venaison placée sous un morceau de peau motive le chien qui trouve ainsi la récompense de son travail. La recherche sur vrai gibier blessé peut se conclure de différentes manières : soit le chien, libéré de sa longe, poursuit l'animal et le force en attendant que son conducteur ou un accompagnateur vienne l'achever, soit il trouve l'animal mort ; dans ce cas, il hurle sur place ou il revient vers son maître et lui indique par un signal convenu qu'il l'a retrouvé.

Tout chien peut être dressé à la recherche au sang pour autant qu'il ait un nez fin, qu'il soit sage, consciencieux et motivé. Des épreuves sont organisées pour évaluer les capacités des chiens, elles sont comparables aux *field-trials* pour chiens d'arrêt ou de rapport. Le jury apprécie la prestation du chien sur piste naturelle ou artificielle et lui attribue une mention qui est inscrite sur son carnet de travail ; l'objectif étant de favoriser la reproduction des meilleurs sujets.
Les associations donnent leur agrément aux équipes chien-conducteur qui ont montré leurs compétences. Si cet agrément n'a pas de portée juridique, il offre des garanties de sérieux qui conduisent les fédérations de chasseurs à fournir à leurs adhérents la liste des conducteurs agréés. Le nombre de recherches augmente régulièrement mais reste inférieur à ce qu'il devrait être, compte tenu du nombre d'animaux tirés chaque année.

Les associations de chasseurs de gibier d'eau ont élaboré des programmes destinés aux jeunes chasseurs désireux de compléter les connaissances acquises à l'occasion de l'examen du permis de chasser.
De même, les associations de chasseurs de petit gibier qui commencent à voir le jour s'engagent dans cette démarche.
Le rôle de « formation permanente » dispensée par le monde associatif est voué à prendre une importance croissante pour le plus grand bien des chasseurs et de leur image de marque.

La sécurité

C'est l'élément le plus important dans l'acte de chasse ; pour preuve, tous les accidents systématiquement relatés par les médias qui nuisent gravement, et à juste titre, à l'image de marque de la chasse. Il est en effet inconcevable qu'une activité de loisir telle que la chasse provoque décès et blessures, qui plus est par imprudence, ce qui est presque toujours le cas ; l'accident totalement imprévisible est une exception.

Les chasseurs pratiquant depuis longtemps ont tous été témoins… ou auteurs de gestes dangereux qui auraient pu avoir des conséquences dramatiques. Ce sont toujours des manquements aux règles de sécurité, insuffisamment assimilées, qui en sont à l'origine.
Outre les accidents survenant à la chasse, un certain nombre d'entre eux se produisent en dehors de l'action et pourraient être évités.

▲ Les armes doivent être déchargées et mises sous étui avant de monter en voiture.

Un principe à inculquer dès le plus jeune âge et à rappeler inlassablement : toujours s'assurer qu'une arme est déchargée lorsqu'on la prend en main, que ce soit à la chasse, à la maison, en voiture, dans un magasin ou une brocante et, en tout état de cause, la manipuler comme si elle était chargée.

La sécurité domestique

Chez soi, les armes doivent être hors de portée des enfants et inaccessibles pour des tiers. La solution la plus sûre consiste à les entreposer dans une armoire fermée à clef.

Cependant, on peut souhaiter les exposer à titre décoratif dans un râtelier ; dans ce cas, il faut les relier par un câble métallique passant dans les pontets, solidaire du râtelier à une extrémité et verrouillé par un cadenas à l'autre.

Les munitions doivent impérativement être rangées sous clef à l'écart des armes.

Les armes blanches, arcs et flèches, doivent faire l'objet des mêmes précautions.

Les armes concernées sont les carabines à canon rayé semi-automatiques à chargeur amovible et les fusils lisses à pompe.

▲ À la maison, si elles sont exposées, les armes doivent être verrouillées.

▲ Les armes sont placées dans un étui ou démontées pour le transport en véhicule.

Chaque manipulation des armes, lors des préparatifs de la chasse, ou au retour, à l'occasion du nettoyage, constitue une opportunité de faire de la pédagogie vis-à-vis des enfants en âge d'assimiler, afin de créer chez eux des automatismes sécuritaires. La seule interdiction sans explication a une saveur de fruit défendu risquant d'engendrer la désobéissance avec son cortège de risques.

Les armes de chasse de 4e catégorie, donc soumises à autorisation de détention, doivent être stockées dans un coffre-fort ou une armoire-forte, au domicile de leur propriétaire. Le non-respect de cette obligation peut, en cas de vol, lui valoir des poursuites judiciaires.

Le transport des armes hors du domicile nécessite des précautions dont certaines sont obligatoires, d'autres de simple bon sens.
Réglementairement, il est interdit de transporter une arme dans un véhicule si elle n'est pas déchargée et démontée, ou sous étui.
Au-delà de cette règle, il devrait en être ainsi dès qu'on n'est plus en action de chasse. Étuis souples ou « chaussettes » protègent l'arme contre les chocs.
Dans tous les cas, l'arme doit être cassée ou culasse ouverte, canons dirigés vers le sol ou en l'air lorsque l'action de chasse cesse. C'est une question de sécurité mais aussi de courtoisie vis-à-vis des autres.
Dans l'intersaison, il est souhaitable de faire vérifier ses armes par un armurier. Ce contrôle s'impose si elle a subi un choc

▲ L'entraînement au ball-trap est une bonne école pour la sécurité.

ou si un incident mécanique est survenu en cours de chasse.

La sécurité sur le terrain

Qu'il s'agisse de chasse individuelle ou collective, au petit ou au grand gibier, il est des règles élémentaires qui doivent s'appliquer sans souffrir la moindre dérogation.

– Une arme ne doit jamais être pointée vers une personne, un animal domestique, une habitation ou une route fréquentée, situés à proximité.

– Le doigt ne doit venir sur la queue de détente qu'après avoir épaulé, au moment du tir ; en dehors de ce moment, il doit rester le long du pontet.

– Lorsqu'on ferme une arme basculante, il faut relever la crosse en maintenant les canons dirigés vers le sol.

– Les munitions doivent être rangées par catégories dans les poches de la veste de chasse, la cartouchière ou la sacoche ; les balles, en particulier, doivent être isolées des autres cartouches.

– On ne doit tirer que sur un gibier formellement identifié.

– Les canons de l'arme doivent être vérifiés chaque fois qu'une manœuvre est susceptible de les avoir obstrués (franchissement d'obstacle, chute, choc…).
– L'arme ne doit être chargée (ou armée pour un arc) que pendant l'action de chasse.
– Quelle que soit l'arme utilisée, on doit avoir la visibilité sur toute la trajectoire dangereuse du projectile que l'on tire. Elle varie considérablement selon qu'il s'agit d'une flèche, de petit ou de gros plomb, d'une balle de canon lisse ou rayé ; si des obstacles limitent cette visibilité, il ne faut tirer en aucun cas.
– Pour le tir à balle, celui-ci doit obligatoirement être fichant : on doit voir où la balle atteindra le sol, même si le gibier est manqué (le non-respect de cette règle est la cause de la plupart des accidents de chasse au gros gibier).
– Le tir sur des surfaces dures (rochers, chemins pierrés, glace…), risquant de provoquer des ricochets, doit être proscrit quelle que soit la munition utilisée.
– Le déplacement avec une arme chargée exige que l'on protège les queues de détente en couvrant le pontet avec la main.

▲ Une clôture se franchit fusil cassé et déchargé.

Chaque fois que cela est possible, il vaut mieux marcher fusil cassé et ne le fermer qu'au moment du tir.
– Lors du franchissement d'un obstacle, quel qu'il soit, l'arme doit être déchargée ; il en est de même quand on rencontre un autre chasseur, un promeneur ou que l'on rejoint un groupe.
– Si le sol est glissant ou que la marche est entravée par une végétation abondante risquant de faire trébucher, il faut décharger l'arme.

Les spécificités liées à certains modes de chasse

La chasse individuelle du petit gibier

C'est la pratique habituelle dans les chasses à forme communale. Chacun parcourt le terrain à sa guise et à son rythme. Il convient donc de « photographier » mentalement la position des autres chasseurs de telle manière qu'au départ d'un gibier, les directions de tir dangereuses soient prises en compte instantanément. C'est particulièrement le cas pour la chasse de la perdrix et de la caille en plaine.

La battue

Pour la chasse du petit gibier en battue, une organisation préalable est nécessaire : détermination de l'ordre des traques, matérialisation des postes au moyen de numéros ou de fiches de couleur, organisation des déplacements entre les traques. De plus, les indications données aux participants sur le déroulement de la journée,

▲ Ne jamais diriger son fusil vers une personne et ne jamais le tenir à hauteur d'homme.

comme les consignes de sécurité, contribuent à assurer la sérénité indispensable pour prendre du plaisir.
Lors de battues de perdreaux classiques ou en chaudron, le tir à hauteur d'homme doit être proscrit dès que les chasseurs se trouvent à 350 m les uns des autres (un signal sonore, expliqué avant la chasse, l'indique à tous les participants). À partir de ce moment, seuls les tirs en l'air et derrière demeurent autorisés. Un chasseur ne doit en aucun cas suivre de ses canons le gibier qui franchit la ligne. Le fusil doit être tenu canons vers le ciel pour faciliter l'épaulement en évitant de balayer la hauteur d'un homme.

Dans certaines chasses prestigieuses d'antan, les postes de battue étaient constitués de paillasses en genêt ou en bruyère, qui permettaient au tireur, parfois accompagné d'un chargeur, de se dissimuler. Elles étaient installées en plaine, après la moisson.

▲ Posté « ventre au bois » pour pouvoir tirer derrière : vrai pour le petit gibier comme pour le grand.

À la fin de la traque, annoncée par un signal sonore, le fusil doit immédiatement être déchargé et maintenu ouvert, si on se déplace à pied, ou mis dans un étui, si on emprunte un véhicule pour se rendre à la traque suivante.

La chasse individuelle du grand gibier

L'approche et l'affût du grand gibier s'effectuent avec une arme rayée chargée de balles. Portée à la bretelle pendant la marche, elle doit être neutralisée au moyen de la sécurité qui ne sera déverrouillée qu'au moment du tir. Pour grimper à l'échelle d'un mirador, l'arme est déchargée et portée à la bretelle (dont il faut s'assurer régulièrement du bon état pour des raisons évidentes de sécurité). Quelle que soit la hauteur de l'échelle, il faut la gravir en ayant toujours trois des quatre membres en appui.
Si le mirador permet un tir fichant, il n'en est pas de même à l'approche où les animaux se présentent parfois en crête ou relativement loin sur un sol plat ; si le tir fichant n'est pas assuré, il faut s'abstenir.
Dès que l'action de chasse prend fin, l'arme est déchargée et, selon le type, portée cassée ou culasse ouverte.

La chasse du grand gibier en battue

Par le nombre de participants, les munitions utilisées, l'infinie diversité des traques, tant par leur forme que par le type de végétation, la battue au grand gibier est la forme de chasse la plus exigeante en matière de sécurité et de discipline.

▲ La préparation des postes de tir contribue à la sécurité de la battue.

La préparation est très importante : elle consiste à établir pour chaque traque des lignes de tir aussi rectilignes que possible en proscrivant toute forme concave qui présenterait un danger pour les voisins, à matérialiser les postes qui doivent être assez proches pour être visibles les uns des autres. S'il existe des directions de tir dangereuses (maison, chemin, route, limite de territoire…), elles doivent être signalées par des marques de peinture sur les arbres ou par tout autre moyen bien visible. Partout où cela est possible, surtout si le terrain est plat, il convient d'installer des plates-formes de tir qui ont le double avantage de fixer le tireur et, par

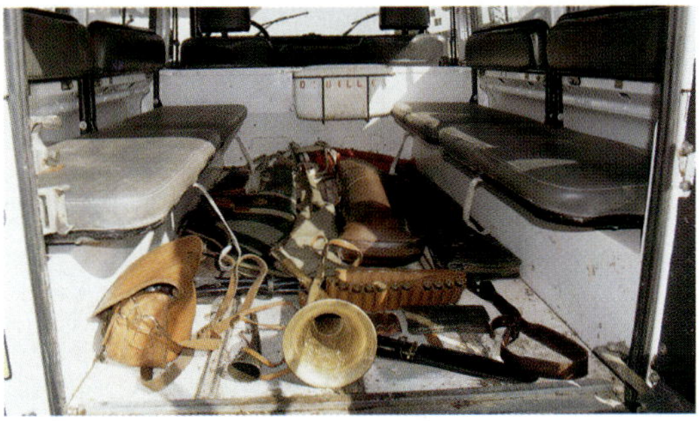

▲ Entre les battues, les armes sont transportées sous étui.

▲ Il existe aujourd'hui des plateformes de battue en kit à des prix raisonnables.

sa position surélevée, d'assurer un tir fichant. Les angles de tir interdits peuvent utilement être peints sur le garde-corps. Pour les postes situés en plaine, les

▲ La signalisation des chasses au grand gibier contribue à la sécurité.

plates-formes s'imposent plus encore, assorties d'une ligne de jalons fichés en terre indiquant la limite au-delà de laquelle il ne faut pas tirer. Tous les chasseurs n'ont pas la juste évaluation des distances.

Des panneaux informant le public de la chasse en cours doivent être disposés aux extrémités de tous les chemins traversant le territoire.

Les rabatteurs doivent autant que faire se peut constituer une équipe habituée à opérer ensemble, connue de l'organisateur de chasse et comporter un ou deux éléments ayant de l'autorité sur le groupe.

Équipés de baudriers, casquettes ou gilets fluorescents leur permettant de conserver l'alignement en permanence, ils doivent

▲ Il faut toujours vérifier l'intérieur de ses canons avant de charger.

▲ Les consignes de sécurité doivent être données... et écoutées.

être parfaitement au fait des conventions sonores : début de traque, on s'arrête, on repart, fin de traque, contre-battue et, pour ceux qui portent une corne, les annonces pour indiquer les animaux levés.
S'ils sont accompagnés de chiens, ils doivent les équiper de grelots et les tenir attachés entre les traques. Il est souhaitable qu'un traqueur soit muni d'une arme à feu pour achever un animal blessé ou qui menace les chiens, d'autres peuvent porter un épieu pour les mêmes raisons.
La possibilité de tirer pour les rabatteurs présente un danger même s'ils ont pour consigne de tirer exclusivement derrière.

▲ L'obstruction des canons suffit pour provoquer de graves blessures.

Le risque est moindre en début de traque, mais il augmente au fur et à mesure de la progression vis-à-vis des tireurs postés en retour sur les flancs de la traque.

Avant le départ pour la chasse, le responsable doit faire vérifier les permis des participants, leur donner un exemplaire des règles de sécurité dont ils accusent réception en signant une feuille d'émargement, réunir les tireurs autour de lui et donner les informations sur le déroulement de la journée, les conventions sonores qui ponctueront les traques et répéter les consignes de sécurité, même s'il s'adresse à des habitués expérimentés.

▲ Il est impératif de se signaler à ses voisins en arrivant à son poste.

▲ Il faut assurer sa prise lorsqu'on grimpe à un mirador.

Les tireurs doivent impérativement être postés par un responsable de ligne, connaissant bien le territoire, désigné par l'organisateur de la chasse, qui leur indique les particularités du poste et, le cas échéant, les dispositions particulières qui y sont attachées. Cette fonction doit être formalisée par un accord écrit de l'intéressé car elle comporte des responsabilités.

Les tireurs ne doivent en aucun cas se déplacer pendant la traque. Ils ne quittent leur poste qu'à l'issue de celle-ci lorsque le responsable de ligne revient les chercher.

Le tireur est posté ventre au bois face à l'enceinte traquée. Il doit, avant le début de la chasse, délimiter la zone de sécurité où le tir est possible : de part et d'autre de son poste, il mesure cinq pas le long de l'enceinte, puis trois perpendiculaires vers l'autre côté de l'allée. Les points ainsi définis délimitent avec le tireur l'angle de tir autorisé. Le tireur doit se signaler à ses voisins avant le début de la traque.
L'arme n'est chargée qu'au signal sonore indiquant le début de la battue. Elle est tenue canons pointés vers le sol.
Malgré toutes les précautions indispensables, on n'est jamais à l'abri d'un promeneur ou d'un ramasseur de champignons surgissant à l'improviste dans la zone où le tir est autorisé ; c'est pourquoi la plus grande vigilance s'impose, en particulier au moment d'épauler.

▲ L'organisateur de chasse engage sa responsabilité, il doit donner toutes les consignes de sécurité.

Le gibier franchissant la ligne n'est tiré qu'au rembucher, ce qui interdit le tir d'un animal entrant dans la traque.
Pour les utilisateurs de dispositifs de visée, ils doivent mesurer que ceux-ci réduisent

▲ La blouse et les baudriers fluorescents pour les rabatteurs.

▲ Les signaux sonores sont indispensables pour suivre le déroulement de la chasse.

leur champ visuel et, par conséquent, être d'autant plus attentifs à leur environnement.
Même en respectant l'angle de tir autorisé, certains éléments du paysage sont susceptibles de favoriser des ricochets (troncs, rochers, plans d'eau...), ce qui implique une prudence accrue, bien que les balles expansives classiques ne les provoquent que rarement.

La chasse du grand gibier au chien courant

C'est la pratique la plus usuelle dans le sud de la France où se perpétue cette longue tradition fondée sur la passion du chien, le plaisir de chasser collectivement et les impératifs de milieux souvent difficiles par leur relief et leur végétation.
À la différence des battues classiques, les surfaces chassées sont beaucoup plus

▲ Le chasseur posté doit toujours identifier le gibier avant de tirer.

vastes, le nombre des tireurs plus important et celui des traqueurs moindre puisque accompagnés de chiens.
Le responsable doit indiquer à chacun le poste qu'il occupera, la manière de s'y rendre, la position des voisins souvent très éloignés, le signal de fin de chasse autorisant les chasseurs à quitter leur poste, ce qui est formellement interdit pendant l'action. La non-observation de cette règle s'ajoutant à l'absence d'identification préalable de la cible est la cause de nombreux accidents.
Bien entendu, aucun déplacement des chasseurs, à pied, ou a fortiori en véhicule, n'est admis, même quand la chasse s'éloigne. Il est vrai que ce mode de chasse exige beaucoup de patience car on demeure à son poste pendant un long moment parfois sans même entendre les chiens chasser.

▲ L'organisateur de chasse est responsable du matériel disposé sur le terrain.

Les responsabilités

Si dans le passé, en cas d'accident, l'auteur du coup de feu était seul mis en cause, depuis 1994, la justice fait grand cas de la responsabilité de l'organisateur de chasse, se fondant sur de nouvelles dispositions du code pénal, en particulier la mise en danger d'autrui.

Le chasseur

Il est couvert par son assurance responsabilité civile chasse, exigée lors de la validation de son permis, pour les dommages que lui ou son chien peuvent occasionner à autrui. Cette garantie concerne à la fois les dommages corporels et matériels.
Cependant, si le chasseur n'est pas en règle (sous le coup d'un retrait de permis, fausse déclaration sur l'imprimé de demande de validation, non-paiement de prime entraînant la suspension des garanties), la compagnie d'assurances peut refuser de le couvrir. Elle ne couvre pas non plus les dommages que le chasseur peut s'infliger à lui-même ou à ses préposés.
Une extension des garanties peut être souscrite pour élargir la couverture au-delà des garanties obligatoires au plan réglementaire.

L'organisateur de chasse

Il assume une responsabilité puisqu'il a autorité pour organiser, planifier et diriger la chasse. Si un accident survient et qu'il soit imputable aux dispositions prises par l'organisateur, celui-ci peut être mis en cause, tant sur le plan pénal que civil. Il est donc nécessaire qu'il contracte une assurance spécifique « responsabilité civile organisateur de chasse », le couvrant lui et les personnes qu'il peut être amené à déléguer.

Il convient d'être particulièrement attentif aux clauses. Elles doivent couvrir :

– les dégâts que le gibier en surdensité provenant du territoire peut commettre ;

– les dommages causés aux biens et aux personnes par un chasseur du groupe non identifié (bris de clôture, détérioration de lignes électriques ou téléphoniques, dommages causés aux troupeaux et aux récoltes) ;

– les accidents que peut provoquer le gibier se déplaçant du fait de l'action de chasse ;

– les accidents occasionnés par du matériel attaché au territoire relevant du responsable de chasse (agrainoirs, pièges, clôtures électriques, miradors) ;

– la responsabilité civile des personnes qui participent à un titre ou à un autre à l'organisation et à l'action de chasse : délégué de l'organisateur, chefs de ligne, rabatteurs et leurs chiens, auxiliaires salariés ;

– une assurance accident spécifique doit couvrir les bénévoles comme les professionnels qui participent à la chasse ;

– un certain nombre d'activités annexes liées à la chasse doivent également être couvertes : ball-trap, aménagement et entretien du territoire, réunions ;

– si des locaux sont attachés au territoire (pavillon de chasse, chenil, hangars), il faut qu'ils soient couverts par le contrat comme une habitation ; lorsqu'il s'agit d'un territoire loué, le propriétaire l'exige dans le bail.

Si, pour une raison ou pour une autre, l'organisateur de chasse en titre ne peut être présent, il doit déléguer, par écrit, ses prérogatives à un autre chasseur qui doit les accepter, par écrit également. Celui-ci est alors couvert par l'assurance « organisateur de chasse ».

La chasse en plaine

- Le gibier à plume
- Le gibier à poil
- Les animaux nuisibles
- La gestion du gibier
- Les aménagements
- Les modes de chasse

Le gibier à plume

L'alouette des champs

(Alauda arvensis)

Cet oiseau migrateur de la grosseur d'un moineau présente le dessus brun rayé de noir, un dessous blanc-roux, une poitrine rayée et une queue longue bordée de blanc. Deux signes distinctifs : une huppe courte et érectile et un ongle postérieur long et courbé. Mâles et femelles présentent les mêmes caractéristiques.

Les alouettes se dégustent le plus souvent en brochettes. On peut aussi les mettre en « sarcophage » : rôties, puis placées dans une grosse pomme de terre cuite, évidée, à moitié remplie de sa pulpe beurrée entourant l'oiseau.

Les ailes déployées paraissent longues et pointues, donnant un vol onduleux et puissant ; on remarque les rectrices blanches.

Cet oiseau apparaît en septembre et fréquente les chaumes et les champs, en mi-

▲ L'alouette envahit le ciel de son chant quand elle fait « le Saint-Esprit ».

lieu ouvert, en groupe de nombreux individus qui s'envolent un par un et se rejoignent en vol en chantant (on dit que l'alouette grisolle). Suivant les conditions climatiques, la migration a lieu surtout la nuit, jusque dans le Midi, l'Espagne voire l'Afrique du Nord.
L'alouette niche au sol dans la végétation entre avril et juillet. Les 2 ou 3 pontes comprennent environ 4 œufs blancs tachés de brun, couvés 14 jours par la femelle. Les jeunes restent au nid une dizaine de jours, nourris d'insectes ; ils volent vers 3 semaines. Ensuite, le régime alimentaire est principalement granivore comme celui des adultes.

La caille des blés *(Coturnix coturnix)*

C'est le seul oiseau représentant des gallinacés qui soit migrateur. D'une taille comparable à celle du merle, la caille des blés possède un cou et une queue plus courts. Le plumage est jaune-roux, marqué de raies dorsales jaunes et noires, les flancs sont rayés de blanc et le dessous est clair. Le mâle arbore une gorge rayée de noir, signe absent chez la femelle.
Le chant du mâle est ventriloque et trisyllabique, traduit autrefois par les paysans en « paie tes dettes ». On dit que la caille margotte, margaude, couraille ou cacaille.

> Il ne faut pas confondre la caille des blés avec la **caille japonaise**, légèrement plus grosse et uniquement issue d'élevage. C'est cette dernière que l'on trouve dans le commerce et la restauration, car la caille des blés est interdite à la vente.

▲ Les cailles ont souvent quitté le pays à l'ouverture.

Porté par des ailes courtes, le vol est droit et d'une hauteur assez faible. Les oiseaux fréquentent les cultures céréalières, les prés et les friches. L'extension des cultures de maïs en Europe et l'abandon progressif des cultures alimentaires (mil et sorgho) en Afrique sont des facteurs défavorables à l'oiseau qui trouve plus difficilement couvert de nidification et nourriture.
Les migrateurs apparaissent dès avril, arrivant d'Afrique tropicale ou septentrionale, de l'Espagne, où souvent ils se sont déjà reproduits une fois. Ils sont accompagnés par cette jeune génération qui participe à son tour à la reproduction dans nos contrées.

Le râle des genêts entreprend sa migration en même temps que celle des cailles. Pour sa taille supérieure et son plumage jaune gris-brun dominant, on l'appelle « le roi des cailles ». Il est très discret de comportement dans les prairies humides et les cultures fourragères qu'il fréquente de préférence. On ne relève guère sa présence que par son cri rauque qui lui a donné son nom scientifique *Crex crex*. En vol, il laisse ses pattes pendantes. Cette espèce est en voie de raréfaction, victime des fauchages précoces. Les jachères « faune sauvage » fournissent pour l'occasion un havre de tranquillité à cet oiseau protégé.

Le nid se présente comme une cuvette creusée à terre dans la végétation. La ponte comprend 10 à 20 œufs jaunes tachés de noir ou de brun, couvés 3 semaines. Nidifuges, les petits prennent leur envol vers 20 jours, leur régime est d'abord insectivore, puis principalement granivore. Les cailles engraissent vite (combustible pour les futurs longs déplacements migratoires), avant de reprendre leur voyage vers le sud et franchir la Méditerranée ou traverser l'Espagne et l'Italie dès la fin août. Pour cette raison, une ouverture anticipée de la chasse de la caille débute le 1er septembre dans les départements du Sud.

L'étourneau sansonnet

(Sturnus vulgaris)

Se rapprochant du merle par sa taille (28 cm), cet oiseau très répandu revêt un plumage noir à reflets brillants, vert redingote, qui présente la particularité de se tacheter de blanc en hiver. Le bec jaune est droit et fort. Les deux sexes présentent les mêmes caractéristiques.

Au sol, on peut différencier facilement l'étourneau qui marche, alors que le merle sautille. En vol, ses ailes courtes sont triangulaires et la queue est courte. Il se déplace fréquemment en groupes plutôt compacts. On retrouve ces bandes un peu partout. Nuisible en ville par ses cris et ses déjections à proximité de ses perchoirs, l'étourneau s'avère également dommageable dans certaines campagnes où il pille allégrement arbres fruitiers, vignes et culture d'ensilage. Certaines tentatives pour l'effaroucher (diffusion de cris de détresse) se sont révélées infructueuses, l'oiseau s'habituant assez rapidement au leurre. C'est un migrateur dont beaucoup de populations se sédentarisent lorsque les conditions climatiques le permettent et que la nourriture est abondante. Les populations plus nordiques migrent jusqu'en Afrique du Nord.

▲ L'étourneau sansonnet vit en bandes pouvant dépasser 100 000 individus.

En raison de la variété de son régime alimentaire, l'**étourneau sansonnet** est l'objet de protection ou de destruction suivant les pays où il séjourne, mesures qui peuvent paraître contradictoires. En effet, il est protégé dans les pays septentrionaux durant la phase de nourrissage insectivore des jeunes, car il quitte ces zones avant les fructifications. Il peut être nuisible lorsque sa diète devient fructivore et bactivore dans les vergers, les vignes et les oliveraies, c'est le cas en France et dans les pays méditerranéens.

Le nid est ménagé dans les arbres creux, les trous des murailles, sous les toits, dans les nichoirs. L'orifice est maculé de fientes blanches. La ponte d'avril comprend 4 à 5 œufs bleu-vert pâle, unis, couvés par la femelle pendant 14 jours. Les jeunes s'envolent vers l'âge de 20 jours. Ils ont alors un plumage brun-noir et le bec foncé. La nichée est exclusivement nourrie d'insectes, de larves et de vers. À cette période, le sansonnet est donc utile.

Les grives

Quatre espèces de grives se rencontrent en France. Ce sont des oiseaux migrateurs qui apparaissent dès octobre pour gagner des cieux plus cléments sur le pourtour méditerranéen et en Afrique du Nord. Leur remontée, pour une reproduction plus septentrionale, a lieu en mars.

La grive draine colonise souvent les jardins jusque dans les villes.

La **grive draine** *(Turdus viscivorus)* est la plus grande (26 cm), elle porte un plumage brun olive sur le dessus avec du roux. Le ventre est clair tacheté de brun, la queue est longue. Les deux sexes présentent les mêmes caractéristiques.
Durant le vol, qui est onduleux, on la reconnaît au dessous blanc de la queue, aux côtés et à la poitrine tachetés.
La draine fréquente presque tous les milieux arborés en plaine, les boqueteaux, les bocages, les vergers, les vignes, les parcs et l'orée des bois.
Le nid placé dans les creux d'une branche reçoit 2 pontes de 3 à 5 œufs verdâtres tachés de brun, couvés 15 jours. Les jeunes quittent le nid au bout de 15 jours. Ils sont nourris d'insectes, de larves et de vers, la diète devient surtout bactivore une fois adultes (baies, boules de gui, fruits et graines).

La **grive litorne** *(Turdus pilaris)* est un peu plus petite que la précédente (25 cm), avec un dos marron brun , le cou et le derrière gris-bleu, la queue noire, la poitrine

▲ La grive litorne, la plus grosse est la plus tardive visiteuse de notre pays.

et la gorge jaune rayé de noir, les côtés tâchés de brun et le dessous des ailes blanc. Les deux sexes présentent les mêmes caractéristiques. Le chant de la litorne est caractérisé par un « tia-tia » qui lui vaut souvent ce surnom.
En vol, on la reconnaît à sa queue noire, à sa poitrine rayée et à l'aspect blanc du dessous des ailes.
La litorne préfère les zones découvertes arborées et fraîches, particulièrement les vergers. La reproduction est semblable à l'espèce précédente, les jeunes étant également insectivores, puis se nourrissant de baies et de fruits.

La **grive mauvis** *(Turdus iliacus)* est la plus petite (20 cm) de toutes ses congénères. Brune avec un ventre et un sourcil plus clairs, elle est d'un roux vif sous les ailes et possède des côtés ainsi qu'une poitrine rayés de noir.
Quand elle vole, c'est principalement la rousseur des aisselles qui la distingue. Son apparition en octobre-novembre est toujours discrète, souvent en compagnie des autres espèces de grives.
Elle est présente dans beaucoup de zones cultivées (vignes et vergers) ainsi qu'en plaine. Reproduction et élevage des jeunes sont semblables à ceux des autres grives.

La **grive musicienne** *(Turdus philomelos)* mesure 22 cm. Le dos est marron sombre, la poitrine tachetée de noir et le ventre clair. Les deux sexes présentent les mêmes caractéristiques. Musicienne matinale, elle fait entendre son doux chant mélodieux dans les parcs et les jardins.

▲ Les grives mauvis migrent à l'époque des vendanges.

C'est la plus fréquente en France tout au long de l'année où elle se reproduit, rejointe en automne par des populations venant du nord et migrant vers le sud.
Reproduction et élevage des jeunes sont comparables aux autres espèces, avec une prédilection pour les escargots que les adultes extirpent de leurs coquilles après les avoir frappées sur le sol pour les casser.

Ce sont principalement les grives qui **disséminent le gui** sur les arbres, pommiers et peupliers en particulier. Les graines enfermées dans les baies de gui transitent souvent dans le tube digestif des grives sans être assimilées et restent fixées sur les branches dans les fientes qui y sont déposées et où elles germent.

▲ Les musiciennes constituent la majorité du tableau dans le Sud-Ouest.

Les grives se dégustent, vidées ou non suivant les régions et les habitudes locales, en brochettes ou en sarcophage, comme les alouettes.

▲ Hôte habituel de nos jardins, le merle noir est aussi un gibier.

Le merle noir *(Turdus merula)*

Cet oiseau très répandu se distingue par sa couleur noire et le cercle rouge qui entoure son œil. Le mâle porte un bec jaune, la femelle au plumage plutôt brun foncé et roux dessous un bec brun noir. Mesurant autour de 25 cm, il est présent dans de nombreux endroits (plaines et forêts, mais aussi parcs) où il se plaît à faire résonner son doux chant flûté au crépuscule ou pendant la nuit. On dit de lui qu'il siffle, tintinnabule ou flûte.

Beaucoup de merles sont sédentaires et se reproduisent en France, rejoints à l'automne par des populations venant du nord et gagnant le pourtour méditerranéen et l'Afrique du Nord.
Le nid est souvent placé dans le lierre et la vigne vierge le long des murs, dans les parcs, les jardins, les haies et les buissons. Reproduction et couvaison (œufs verdâtres tachés de noir) sont comparables à celles des grives. Le régime alimentaire est insectivore (la recherche des vers dans les pelouses est d'observation courante), bactivore et un peu granivore.
À terre, le merle sautille (a contrario de l'étourneau sansonnet qui marche). Bien que répandu partout, il a un comportement plutôt solitaire.

La perdrix grise *(Perdix perdix)*

Oiseau sédentaire principalement inféodé aux cultures céréalières des plaines du Bassin parisien et du Nord, la perdrix grise se rencontre également sur les pla-

▲ La perdrix grise, symbole des plaines céréalières, est le gibier roi de nombreux chasseurs.

La **chair de la perdrix grise** est très fine. C'est un régal que de goûter des perdreaux de l'année, le soir de l'ouverture, juste bardés et rôtis, entourés de frites finement coupées, et accompagnés d'une salade de mâche et d'un vin rouge léger pour ne pas masquer la délicate saveur des oiseaux.

teaux d'altitude du Massif central et dans les Pyrénées.

La perdrix grise présente une allure massive (30 cm) où domine un plumage gris-brun strié de marron. Brune sur la tête et la gorge, elle possède des pattes et un ventre gris. À l'âge adulte apparaît sur la poitrine une trace en fer à cheval brun-roux. Sa silhouette présente un bec pointu et une queue arrondie et courte.

On ne peut distinguer les sexes qu'en tenant les oiseaux en main. Le mâle porte des plumes scapulaires comportant une bande médiane blanche sur la tige centrale ; la femelle a des scapulaires dont la bande médiane est barrée de deux bandes transversales claires.

On dit que la perdrix cacabe.

En vol, souvent à faible hauteur, les ailes dirigées vers le bas alternent battements et planés.

La perdrix grise vit en compagnies qui se dispersent dès avril, avant la reproduction, à la recherche d'un lieu de nidification à terre, en bordure des champs de céréales à paille, des prés, des chemins. La ponte, début juin, comprend 10 à 12 œufs olive, couvés 24 jours par la femelle. Les pouillards sont nidifuges, suivant leur mère à la recherche d'insectes et de larves pendant environ 3 semaines. Lorsqu'ils volent, à l'âge de 2 semaines, leur diète devient principalement granivore comme celle des adultes.

Une ponte de remplacement peut intervenir en juillet, si la première a échoué, c'est le recoquetage.

La perdrix rouge *(Alectoris rufa)*

Plus grande (35 cm) et de constitution légèrement plus forte que sa cousine grise, la perdrix rouge présente sensiblement la

▲ En garrigue, dans les vignes, la perdrix rouge, hôte du Sud, est dans son milieu.

même silhouette. Le bec recourbé vers le bas est rouge corail comme les pattes. La queue et les ailes sont courtes et arrondies. Le plumage rouille présente des flancs gris bleuté et une gorge blanche délimitée par une bande noire se poursuivant en taches sombres. Un sourcil blanc surmonte l'œil orné d'une petite caroncule rouge. Les deux sexes présentent les mêmes caractéristiques.

En vol, on aperçoit la gorge blanche et sa bande noire. Cet oiseau piète beaucoup avant l'envol et trouve refuge dans les broussailles, les garrigues, les bosquets et se branche volontiers.

La perdrix rouge possède une attitude grégaire et aime vivre en compagnie dans les plaines, les vignes, les friches et les jachères. Elle a une prédilection pour les terres sèches, rocailleuses et ensoleillées. On la retrouve dans la moitié sud de la France, jusqu'en moyenne montagne, remontant aussi jusqu'à la Loire et au sud de la Bretagne. Dans ces zones limitrophes, elle côtoie la perdrix grise.

La reproduction, assez similaire à celle de cette dernière, débute en avril, la ponte comprend 8 à 15 œufs blancs tachés de brun. Le régime alimentaire des jeunes est d'abord insectivore puis granivore et bactivore (raisins).

La tourterelle des bois

(Streptopelia turtur)

Ressemblant à un petit pigeon (27 cm), ce bel oiseau migrateur aborde nos bois et forêts en avril (en même temps que le coucou) et les quitte dès août-septembre pour regagner l'Afrique du Nord, voire le Sénégal.

Le plumage est roux tacheté de noir principalement sur les ailes, la poitrine est rose et le ventre blanc. Les côtés du cou sont marqués de noir et de blanc. La

▲ La tourterelle des bois, qui fait venir les médias dans le Médoc le 1er mai !

> La migration des tourterelles des bois étant précoce, l'ouverture de la chasse de l'espèce à poste fixe débute à la fin août.

longue queue noire est bordée de blanc. Les pattes sont de teinte rouge bordeaux. Les deux sexes présentent les mêmes caractéristiques.
En vol, la tourterelle des bois se distingue surtout à sa longue queue bordée de noir, à sa rapidité et au fait que son corps balance de droite à gauche à chaque coup d'ailes.
Elle fréquente les bois, les haies, les bocages et les parcs, surtout en lisière. Le nid est aussi rudimentaire que celui du pigeon ramier, souvent à faible hauteur dans les arbres, les épines noires ou les haies et les bocages. Il reçoit 2 ou 3 pontes de 2 œufs blancs chacune, les parents les couvant 15 jours. Les jeunes quittent leur abri précaire vers 2 semaines.
Le régime alimentaire est essentiellement granivore.
En fait, cet oiseau, contrairement à ce que son nom laisserait prévoir, se chasse principalement en plaine ou en lisière des espaces boisés qu'elle quitte le matin pour se nourrir et qu'elle regagne le soir pour dormir. Il est rare de la tirer au bois car sa migration vers le sud débute tôt, avant l'ouverture générale et alors que les feuilles empêchent de chasser sous les couverts où la visibilité est très limitée.

La tourterelle turque

(Streptopelia decaocto)
Comme son nom l'indique, cette tourterelle est originaire du Moyen-Orient. De façon naturelle, elle a étendu peu à peu son aire de répartition vers l'Europe tout entière à partir des années 1950. Elle est maintenant parfaitement acclimatée et sédentarisée.
De taille inférieure à celle du pigeon (27 cm), elle porte un plumage beige pâle, légèrement plus foncé sur le dos. Le ventre est gris pâle, la poitrine rose et un collier noir marque l'arrière du cou. La queue, longue et blanche, est barrée de noir à son extrémité. Les deux sexes présentent les mêmes caractéristiques.
Toujours agitée, en mouvements incessants, paradant sans cesse, ne pouvant pas passer inaperçue, la tourterelle turque roucoule mais son cri est rauque, peu harmonieux.
La tourterelle turque fréquente les villes, les villages et les hameaux au voisinage des habitations, dans les parcs, les jardins et les haies. Elle aime se percher sur les fils électriques. Ce comportement commensal de l'homme la protège de fait, car les chasseurs ne peuvent tirer près des habitations.
Le régime alimentaire est à base de grains, de baies et de pousses végétales cueillies jusque dans les jardins.
Les parades se succèdent de mars à septembre. La femelle effectue 2 ou 3 pontes de 2 œufs blancs chacune, couvés par les deux parents, dans une sommaire cuvette

de brindilles placée à faible hauteur dans les arbres et les résineux d'ornement. L'éclosion a lieu au bout de 15 jours et les tourtereaux prennent leur essor au bout du même laps de temps.

▲ Autrefois domestique, la tourterelle turque envahit la France.

Le gibier à poil

Le lapin de garenne

(Oryctolagus cuniculus)

Jusqu'à la fin des années 1950, le lapin de garenne a été le gibier le plus commun et le plus chassé en France. L'apparition de la myxomatose en 1952 a provoqué une forte diminution, voire l'extinction de l'espèce dans la grande majorité des territoires.

Doté d'un pelage gris-brun allant vers le roux (nuque), le garenne ne pèse que 1,2 kg ; il est trapu et plus ramassé (42 cm) que son cousin le lièvre. Son ventre est blanc, sa queue courte s'orne de la même couleur gris-brun dessus, blanche dessous et noire au bout. La distinction avec le lièvre se fait grâce aux oreilles plus courtes que le nez de l'ani-

▲ Prolifique, adapté à tous les milieux, le lapin a longtemps constitué le fonds de chasse de notre pays.

Jusqu'à l'apparition de la myxomatose, les lapins domestiques et de garenne ont constitué le fond de l'alimentation carnée de presque toutes les familles, et surtout les plus démunies. La région du Nord-Pas-de-Calais se distingue par une recette de viande en pot : le « potjevlesch ».

Pour 6 à 8 personnes : 200 g de poulet, 200 g de lapin, 200 g de veau, désossés et découpés en dés, et 40 g d'échine de porc, 1 l de bière de garde, 5 gousses d'ail, 1 branche de céleri découpée, 1 bouquet garni, des grains de genièvre, 3 feuilles de gélatine.
Faire mariner la viande une journée dans la bière de garde avec l'ail, le céleri, le bouquet garni et quelques grains de genièvre. Faire ramollir les feuilles de gélatine dans de l'eau puis, dans une terrine à couvercle, mettre 3 couches de viande intercalées d'une feuille de gélatine, la dernière feuille couvrant la terrine. Arroser de la marinade. Luter le couvercle de la terrine avec une pâte de farine et d'eau, faire chauffer au four à 155 °C pendant 3 h, puis laisser refroidir. Servir en tranches à température ambiante, accompagnées d'une salade de mâche. Une bonne bière brune ou une bière de garde est indiquée en accompagnement.

mal lorsqu'on les rabat sur le devant et à l'absence d'extrémité noire. Les pattes avant sont plus courtes que les membres postérieurs, ce qui permet des bonds et des crochets vifs pour échapper aux poursuivants.
Le lapin clapit. Il prévient ses semblables d'un danger imminent en frappant le sol de ses pattes postérieures avant de courir à l'abri dans son terrier.
Les incisives sont à croissance continue, ce qui force le lapin à les user les unes contre les autres et à ronger des végétaux ligneux. La mâchoire supérieure porte 2 incisives fonctionnelles et 2 incisives atrophiées.

D'autres **maladies** frappent les lapins, telles que la coccidiose intestinale, entraînant des diarrhées, et la maladie virale hémorragique (VHD), mortelle, contre laquelle on est actuellement impuissant.

Les deux sexes présentent les mêmes caractéristiques. On ne peut les reconnaître que l'animal tenu en main et en écartant les poils pour observer les organes génitaux.

▲ Faciès léonin typique de la myxomatose.

Très ubiquiste, le lapin se rencontre dans tous les milieux plutôt secs, en plaine, dans les cultures, les jachères, les haies, les bois, dans les landes, les garrigues et le maquis, jusque dans les marais dans les zones non inondables.

Sédentaire, il creuse des terriers très ramifiés dans lesquels il vit en colonies. Au moment des naissances, la femelle creuse l'ébauche d'un terrier simple, appelé rabouillère, où elle met bas. Elle en rebouche l'orifice après chaque allaitement, deux fois dans la nuit.

Le régime alimentaire est exclusivement végétarien. En cas de prolifération, le lapin

L'appellation lapin de garenne vient des territoires clos ou ouverts dans lesquels on tenait les animaux depuis le Moyen Âge jusque sous la royauté. C'était un privilège seigneurial (les lapins fournissaient de la viande fraîche toute l'année, faute de moyens de la conserver). Ces territoires protégés étaient difficilement supportables pour les paysans du voisinage qui voyaient leurs cultures continuellement endommagées. Le privilège du droit de garenne a été aboli par la Révolution. Un privilège semblable, également aboli pour les mêmes raisons de prolifération des pigeons, concernait le droit de colombiers.

▲ Ce lapin qui faisait la joie de tous les chasseurs avant la terrible myxomatose.

peut causer des dommages importants aux cultures en herbe et aux plantations forestières dont il ronge les jeunes pousses ou les écorces.

Le garenne fait partie des lagomorphes (lièvre…) et en cela, il pratique la caecotrophie. En fait, il produit deux catégories d'excréments et ingère systématiquement un de ces deux types, à savoir celui qui ayant été très peu modifié par la digestion comporte des vitamines et des éléments nutritifs ajoutés par certaines bactéries intestinales au cours du premier transit.

L'activité du lapin se déroule principalement la nuit, mais il se nourrit aussi matin et soir aux abords des terriers. Dans la journée, il reste souvent blotti sous un couvert. Il est craintif car convoité par de nombreux ennemis : chiens, chats, renards, mustélidés, oiseaux de proie et corvidés.

La période principale de reproduction débute en février et se prolonge jusqu'en août. Les lapines peuvent être fécondées dès l'âge de 4 mois ; elles portent durant 1 mois, de 4 à 5 petits, 3 à 5 fois par an. Les lapereaux sont nus et aveugles, n'ouvrant les yeux qu'au bout de 10 jours. Ils quittent la rabouillère vers l'âge de 3 semaines, mais beaucoup d'entre eux n'échappent pas à leurs prédateurs.

La myxomatose est une maladie virale originaire d'Australie où elle a été volontairement propagée pour lutter contre les dommages que les lapins (introduits

▲ Le furet est le descendant domestiqué du putois, auxiliaire efficace pour la chasse du lapin.

d'Europe et ayant beaucoup proliféré par manque de prédateurs naturels) causaient aux pâturages à moutons.
Cette infection a également été introduite en Eure-et-Loir, en 1952, pour tenter de diminuer les dégâts des lapins sur les peuplements forestiers. Elle a très rapidement proliféré et s'est étendue, d'abord en France, puis au-delà des frontières, ayant trouvé chez les lapins un terrain favorable car dépourvu d'anticorps naturels contre cette affection nouvelle.
Le diagnostic de la myxomatose s'établit facilement à la vue des plaies purulentes autour des yeux, des muqueuses et des organes génitaux, puis sur les joues qui, déformées, donnent un faciès « léonin ». La mort intervient, le plus souvent, rapidement. Les principaux vecteurs du virus sont les moustiques, les puces et les tiques.
Les moyens de lutte contre la maladie sont très difficiles à mettre en œuvre dans la nature. Outre la prévention par isolement (grillage, enclos), la vaccination est possible. Elle est pratiquée en élevage pour les lapins de repeuplement ou les lapins domestiques. Dans la nature, on essaie la vaccination par des puces, préalablement chargées d'anticorps ou de virus inactivé, introduites dans les terriers. La reprise de lapins sauvages à l'aide de bourses et de furets, pour les vacciner et les relâcher, ne concerne qu'une partie trop faible d'une population pour enrayer une telle épidémie et présenter un effet durable.

Le lièvre brun *(Lepus europeanus)*

Ce mammifère de plaine, plus grand que le lapin (65 cm), est, lui aussi, bien connu. Le pelage du lièvre est brun-roux dessus et jaune-blanc dessous. Les oreilles, une fois rabattues vers l'avant, sont plus longues que le bout du museau et ont une extrémité noire, la queue courte est blanche à dessus noir, les yeux sont jaune brunâtre. Les membres postérieurs sont plus longs que les antérieurs et déterminent un mode de déplacement, qu'il soit lent ou très rapide, par une succession de bonds.
Les deux sexes présentent les mêmes caractéristiques et ne peuvent se reconnaître que l'animal tenu en main, en écartant les poils pour découvrir les organes génitaux. Le mâle est un bouquin, la femelle une hase et le jeune un levraut. Le lièvre vagit.
La détermination de l'âge se fait en palpant le membre antérieur qui présente un renflement cartilagineux, se trouvant en-

▲ Le lièvre vit beaucoup en plaine.

viron 1 cm au-dessus de l'articulation du pied chez le jeune de l'année. Ce renflement disparaît vers l'âge de 7 à 9 mois. Le rut ou bouquinage se déroule de la fin de l'hiver jusqu'en septembre. La hase est sexuellement mûre à 6 mois, le bouquin à plus de 1 an. Les 3 portées annuelles donnent 2 à 3 levrauts qui naissent simplement dans un gîte, couverts de poils, les yeux ouverts et munis de dents, à l'inverse des lapereaux. Ils se déplacent dès leur naissance, sont allaités de nuit environ

La reproduction du lièvre est caractérisée par la **superfétation**, phénomène qu'on observe chez la lapine : une hase peut être saillie alors qu'elle est encore pleine, ce qui limite à 40 jours l'intervalle entre 2 mises bas alors que la durée de la gestation est de 42 jours.

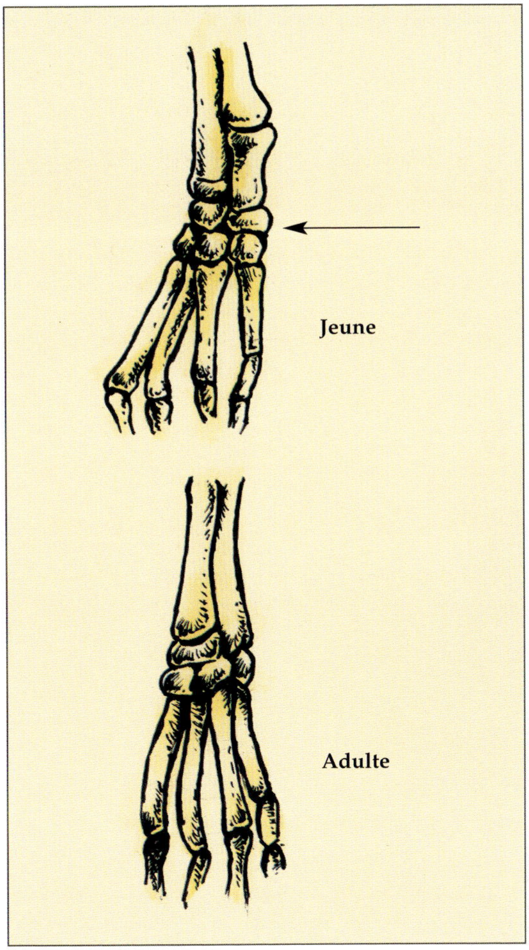

▲ La base de l'antérieur du lièvre permet d'identifier les jeunes.

▲ Le lièvre se distingue aisément de son cousin lapin par sa taille et par ses allures à la course.

1 mois, mais commencent à consommer des végétaux vers l'âge de 15 jours.
Le lièvre est solitaire, il ne rencontre ses semblables qu'au cours des bouquinages. Il ne creuse pas de terrier et se contente d'un gîte sommairement gratté sous un petit couvert, dans un sillon ou un repli de terrain où il s'installe face au vent. Il fréquente pratiquement tous les milieux : la plaine, le bois, les friches et les garrigues, voire les marais. En montagne, on le trouve jusqu'à 1 500 m où il côtoie le lièvre variable.
Son régime est herbivore. Les incisives sont à croissance continue et demandent à s'user continuellement par frottement. Comme le lapin, il pratique la caecotrophie (ingurgitation de crottes molles enrichies de protéines et de vitamines).

La tularémie est la principale maladie infectieuse du lièvre. Elle peut se transmettre à l'homme par manipulation. La bactérie se propage entre les animaux par contact direct, par absorption de nourriture souillée, par les excréments et par des parasites cutanés. Les tiques jouent le rôle de réservoir dans le milieu ambiant. Peu de signes extérieurs sont apparents sur un lièvre trouvé mort, sauf l'absence de rigidité cadavérique. L'autopsie révèle une congestion des viscères, du foie et de la rate. Le diagnostic se pose par analyse en laboratoire. Des pics de contagion s'observent en novembre et à la fin de l'hiver. Il n'existe pas de traitement pour les animaux sauvages.

Les animaux nuisibles

Le terme d'animal nuisible au sens strict n'a plus guère de fondement. En effet, tous les animaux ont leur place dans la nature et y jouent un rôle. Cependant, certains d'entre eux peuvent causer un préjudice ou entrent en compétition avec les activités humaines, agricoles, forestières, piscicoles, cynégétiques… ou bien présentent des risques d'ordre sanitaire ou accidentel (oiseaux sur les aéroports). C'est donc la prolifération de certaines populations animales (mammifères, oiseaux, insectes) qui devient nuisible parce que des dommages peuvent être alors importants.

L'appellation de nuisible demeure cependant d'usage courant parce qu'elle figure dans le code rural et le code de l'environnement. Il existe des espèces de gibier qui peuvent être classées nuisibles ; c'est le cas des cervidés, de l'étourneau sansonnet, du lapin de garenne, du pigeon ra-

▲ La belette, prédateur du surmulot avant tout, peut parfois s'attaquer à du gibier jeune.

mier, du sanglier. Dans ces cas, l'animal est décrit dans la rubrique du gibier.

Les animaux classés nuisibles sont chassables lorsque la chasse est ouverte. Des mesures de destruction sont également possibles (piégeage, tir, chasse au vol) en dehors des périodes d'ouverture.

On parle également de prédation et de prédateur pour les animaux ou espèces animales qui se nourrissent d'autres êtres vivants ou proies (en particulier les carnivores et les rapaces). Leur rôle « vétérinaire » et sanitaire n'est pas négligeable lorsqu'ils éliminent les animaux malades, faibles, blessés ainsi que les charognes.

Dans chaque département, le préfet fixe chaque année, à partir de la liste nationale des espèces susceptibles d'être classées nuisibles, celles qui le sont localement, les modes et les périodes de destruction hors ouverture de la chasse.

Les espèces nuisibles fréquentant principalement les forêts et les zones humides sont traitées dans les chapitres correspondants.

Les mammifères

La belette *(Mustela nivalis)*

C'est le plus petit carnivore (20 cm queue comprise) de l'ordre des mustélidés qui comprend plusieurs espèces nuisibles.

Le pelage est brun-roux en été, plus clair et gris en hiver. La gorge, la poitrine et le ventre sont blancs. La queue, qui mesure moins de la moitié de la longueur du corps et de la tête, reste brun cannelle toute l'année. Elle n'est jamais terminée de noir, signe distinctif de l'hermine. La tête est triangulaire, le corps fin et allongé, les pattes courtes, les oreilles arrondies.

Les deux sexes présentent les mêmes caractéristiques, mais la femelle est plus petite que le mâle. Ce petit mammifère se déplace par bonds et se dresse souvent sur les pattes postérieures pour explorer les environs du regard.

La forme allongée de la belette lui permet d'explorer toutes les cavités, les pierriers, les murailles et les bûchers, ainsi que les terriers de petits rongeurs qu'elle chasse sous terre, de nuit comme de jour. Elle capture également lapereaux, levrauts, grenouilles, oiseaux, couvées, insectes et affectionne les œufs.

La reproduction débute vers l'âge de 4 mois, d'avril à août. La gestation de 3 à 6 jeunes dure 6 semaines. Les jeunes naissent aveugles dans une galerie ou un trou. L'allaitement est d'environ 10 semaines. La reproduction est étroitement liée à l'abondance de la nourriture et de proies. Les naissances diminuent volontairement en période de disette.

Les prédateurs habituels de la belette sont les rapaces diurnes et nocturnes ainsi que les carnassiers à fourrure.

La fouine *(Martes foina)*

Ce mustélidé a la taille d'un petit chat (70 cm, la queue représentant la moitié de la taille du corps et de la tête), mais plus court sur pattes, avec une robe gris-brun, des oreilles petites et pointues, une truffe rose clair. Une tache pectorale blanche descend visiblement le long des pattes antérieures. Cela distingue la fouine de la martre dont la tache pectorale jaune irré-

▲ La fouine n'a pas peur de venir piller les poulaillers aux portes des maisons.

gulière ne touche pas les membres antérieurs. Les callosités plantaires des pieds de la fouine sont nues, sans poils. Les deux sexes présentent les mêmes caractéristiques.

La fouine vit dans les carrières, les granges et les bâtiments agricoles, voire dans les maisons, près des zones habitées. C'est le mustélidé le plus commensal de l'homme. Elle grimpe et nage avec agilité. Son activité nocturne la conduit à la chasse aux petits rongeurs, aux oiseaux, aux gros insectes et aux œufs dont elle est très friande, ainsi que des fruits. Elle est souvent l'auteur de « carnages » dans les poulaillers, les pigeonniers et les petits élevages domestiques, son instinct agressif se retournant contre les animaux qui l'entourent et ne peuvent s'enfuir.

Le rut a lieu en été et 2 à 5 jeunes naissent en avril suivant, par suite d'un phénomène

La **nidation différée, diapause** ou **dormance embryonnaire**, se rencontre chez plusieurs espèces animales, comme l'hermine, la fouine, le blaireau, l'ours, le chevreuil...
L'ovule fécondé ne se fixe que tardivement dans la muqueuse utérine et entre en quelque sorte en léthargie pendant plusieurs semaines, ce qui prolonge d'autant la durée de la gestation.
Outre un phénomène endocrinien, l'explication la plus plausible est : faire coïncider les naissances avec la belle saison quand la nourriture est plus abondante pour la mère, puis pour les jeunes.

de nidation différée. La véritable gestation dure 57 jours. L'allaitement se prolonge pendant 5 semaines.

Le putois *(Mustela putorius)*

Ce mustélidé, un peu plus petit que la fouine (60 cm), possède un corps longiligne, bas sur pattes, avec des oreilles arrondies. Le pelage est brun foncé, presque noir, plus sombre sur le dessous, la tête est rayée de clair sur le museau et au-dessus des yeux. Les côtés du cou et les flancs sont plus clairs que le ventre, tirant sur le jaune, aspect rare chez les animaux à fourrure.

Le putois a des glandes anales pouvant projeter une sécrétion malodorante quand il est excité, ce qui lui vaut l'appellation de « puant », comme d'ailleurs à l'ensemble des mustélidés. Les deux sexes présentent les mêmes caractéristiques, la femelle étant plus petite que le mâle.

Bien que piètre grimpeur, il fréquente les milieux boisés, principalement les lisières, la plaine, les endroits humides, s'installant dans un terrier. Il chasse la nuit les petits rongeurs (rats musqués, lapins et lièvres), les batraciens et les petits poissons et les oiseaux notamment en détruisant les œufs.

Le rut a lieu au printemps et 3 à 8 petits naissent 42 jours plus tard (sans diapause embryonnaire). Ils sont nidicoles, naissent aveugles et sont allaités pendant 8 semaines.

Le furet est une forme domestiquée du putois, de taille un peu moindre, souvent albinos, pouvant s'hybrider avec lui. Dans ce cas, on dit que le furet est « putoisé », son pelage étant alors plus sombre.
Le cri du furet est une sorte de ronronnement : « coco »... d'où souvent son appellation. C'est un animal propre, urinant et déféquant (il projette ses crottes à 15 cm de distance) en dehors de sa cage. On le rencontre de plus en plus souvent comme petit animal de compagnie.
La furette porte 4 à 8 petits durant 40 jours. Ils naissent aveugles, sourds et glabres et sont sevrés après 2 mois. Ils peuvent être dressés pour la chasse vers

Le renard roux *(Vulpes vulpes)*

Le renard est certainement le mammifère nuisible le plus commun et le plus connu. Son ancienne appellation était « goupil ».

Très ubiquiste, il fréquente tous les milieux, forêts, plaines, zones humides, et en montagne jusqu'à 2 500 m. On le trouve de plus en plus souvent dans les agglomérations petites ou grandes, attiré par les petits rongeurs, les poubelles et les dépôts d'ordures.

De la famille des canidés, sa taille (1,20 m du museau au bout de la queue), son pelage roux parfois rehaussé de poils noirs

Liste des espèces pouvant être classées nuisibles

Mammifères

- Belette *(Mustella nivalis)*
- Chien viverrin *(Nyctereutes procyonoides)*
- Fouine *(Martes foina)*
- Lapin de garenne *(Oryctolagus cuniculus)*
- Martre *(Martes martes)*
- Putois *(Putorius putorius)*
- Ragondin *(Myocastor coypus)*
- Rat musqué *(Ondatra zibethica)*
- Raton laveur *(Procyon lotor)*
- Renard *(Vulpes vulpes)*
- Sanglier *(Sus scrofa)*
- Vison d'Amérique *(Mustela vison)*

Oiseaux

- Corbeau freux *(Corvus frugeligus)*
- Corneille noire *(Corvus corone corone)*
- Étourneau sansonnet *(Sturnus vulgaris)*
- Geai des chênes *(Garrulus glandarius)*
- Pie bavarde *(Pica pica)*
- Pigeon ramier *(Columba palombus)*

Le renard est un prédateur opportuniste.

sur le dos (renard charbonnier), son ventre, son menton, ses flancs et sa queue blancs, ainsi que la pointe de ses oreilles noire le distinguent aisément. Les deux sexes présentent les mêmes caractéristiques. Le renard glapit.

Discret et solitaire, il creuse des terriers comprenant de nombreuses galeries et plusieurs issues ; parfois il agrandit un terrier de lapin ou emprunte celui d'un blaireau. Il marque son territoire par l'urine, les matières fécales et les sécrétions de glandes anales.

Le renard est actif la nuit au printemps et en automne, le jour en hiver, en été et pendant le rut.

Ce carnivore opportuniste se nourrit de petits mammifères, y compris les faons de chevreuil, d'oiseaux, il mange des charognes, les viscères des animaux vidés à la chasse et consomme également des fruits, des baies et, en zone urbaine, des ordures ménagères. Il peut ravager les petits élevages, dont les animaux de basse-cour, surtout en mai, pour nourrir sa portée.

Le rut a lieu à la fin de l'hiver, la gestation de 4 à 6 petits dure 52 jours. Les renardeaux naissent aveugles, sont couverts d'un poil laineux et sont allaités pendant 2 mois. Des proies sont apportées au terrier. Ils atteignent leur taille adulte à

▲ Les populations de renards croissent de manière inquiétante depuis l'éradication de la rage.

Le renard est le principal vecteur de la **rage** (rage vulpine), maladie virale infectieuse et dangereuse pour tous les animaux à sang chaud et pour l'homme.
La prévention de la maladie passe par la réduction des populations de renards. De récentes campagnes de vaccination antirabique ont été mises en place en France et dans les pays voisins, principalement aux frontières nord et est du pays, en épandant par hélicoptère des appâts contenant une capsule de vaccin. Le succès de l'opération est remarquable et la rage vulpine ne sévit plus en France.
En revanche, ce succès entraîne une augmentation des populations de renards qui peuvent être porteurs d'autres germes et d'autres maladies touchant les hommes, comme l'**echinococcose** alvéolaire (forme larvaire de ténia), la tuberculose, la listériose, la leptospirose...

7 mois. À l'automne, les renardeaux bientôt adultes quittent la cellule familiale pour coloniser un autre territoire.

Les oiseaux

Le corbeau freux *(Corvus frugilegus)*

De la famille des passereaux, le corbeau freux se distingue par sa taille légèrement moins importante que celle de la corneille. Son plumage entièrement noir porte des reflets violets. La base du grand bec droit est glabre et grisâtre ; les cuisses et le haut des pattes sont recouverts de plumes qui bouffent un peu comme des culottes. Les deux sexes présentent les mêmes caractéristiques. Le jeune est un corbillat, un corbillard ou un corbillot.
Grégaire, le freux vit, se perche le soir et niche le plus souvent en colonies dans les grands arbres. Son vol est rectiligne.
On dit que le corbeau croasse, babille, corbine, craille ou graille.
Cet oiseau fréquente les plaines, les cultures, les bois et les boqueteaux. Son régime alimentaire est omnivore : grains, fruits, plantules diverses, insectes, vers, mollusques, petits mammifères, détritus... Les dommages aux cultures peuvent être importants lorsque des bandes de nombreux corbeaux freux s'abattent sur un champ.

Par leur intelligence, leur faculté d'observation, leur prudence et leur mémoire, les **corbeaux** se classent parmi les oiseaux les plus évolués. Ils se domestiquent facilement.

▲ Le corbeau freux : un granivore sans impact sur le gibier.

Au début du printemps, les nids sont construits en colonies en haut des arbres, formant des corbeautières. Quatre ou cinq œufs verdâtres tachés de gris et de brun sont couvés 17 jours. Les corbillats les quittent au bout d'un mois et commencent par se percher sur les branches environnantes avant de s'émanciper définitivement.

La corneille noire

(Corvus corone corone)

Communément appelée corbeau, la corneille noire se distingue du corbeau freux par sa taille supérieure (45 cm), son plumage entièrement noir, la base du bec emplumée, l'absence de plumes bouffantes sur les cuisses et son comportement solitaire ou en couple. Les deux sexes présentent les mêmes caractéristiques. En vol, la queue et les ailes sont amples et frangées.

Comme le corbeau freux, la corneille croasse, babille, corbine, craille ou graille. Répandue partout, la corneille fréquente les plaines et les cultures, les bois, les parcs et les villes. Elle vit jusqu'à 2 000 m en montagne. Sédentaire ou migrateur partiel, la corneille est surtout erratique, se déplaçant suivant les opportunités alimentaires.

Omnivore, cet oiseau se nourrit de graines, de végétaux divers, de fruits, d'insectes, de vers, de mollusques, d'œufs

▲ La corneille noire est un redoutable pilleur de nid, elle peut même attaquer de jeunes oiseaux comme des levrauts.

et d'oisillons, de petits mammifères et de charognes. Les dommages aux espèces animales, gibier ou non, peuvent être très importants.

Le nid est placé haut dans un arbre, 4 à 5 œufs verdâtres tachés de gris et de brun sont couvés 3 semaines. Les jeunes, appelés aussi corneillons, corneillards ou corneillas, s'émancipent au bout d'un mois.

La pie bavarde *(Pica pica)*

De la même famille que les corvidés, la pie bavarde est commune partout. Elle mesure 45 cm dont 20 à 25 cm pour la queue. Son plumage unique est contrasté entre le noir à reflets verts pour le corps et la longue queue, et le blanc pour les flancs, le ventre et les plumes scapulaires. Son bec droit et fort est noir comme les pattes. Les deux sexes présentent les mêmes caractéristiques.

La pie bavarde, jase ou jacasse bruyamment.

En vol droit, avec des battements incessants, sa longue queue et son plumage « pie », on la distingue facilement.

Presque toutes les pies ont une attirance singulière pour les **objets brillants** qu'elles dérobent et enfouissent dans des cachettes. Elles s'apprivoisent aisément et imitent facilement le langage humain.

L'adjectif invariable « pie » s'applique aux chevaux et aux bovins dont le poil est blanc et noir (comme le plumage de la pie) ou blanc et roux.

Abondante et bien connue, quoique solitaire ou en couple, sédentaire, la pie fréquente tous les milieux, à la campagne, en plaine, dans les boqueteaux, les haies ou dans les parcs et les agglomérations.

Son régime alimentaire est celui d'un omnivore se nourrissant de graines, de fruits, d'insectes, de petits vertébrés, d'œufs et d'oisillons, de charognes. Elle peut commettre des dégâts dans les petits élevages et pille les nids à terre et dans les arbres.

Son nid est construit souvent haut dans un arbre, formé d'une coupe de boue garni de radicelles, coiffé par un dôme en branchages et accessible par un trou plus ou moins grand. Le couple ébauche fréquemment plusieurs nids avant d'en choisir un où 4 à 8 œufs vert clair tachés de gris-brun sont déposés et couvés 20 jours ; les jeunes en sortent au bout d'un mois.

▲ La pie détruit les nids de nombreuses espèces de gibier et de passereaux.

La gestion du gibier

En règle générale, la gestion consiste à amener une population de gibier à un niveau optimal tant au plan quantitatif que qualitatif. La recherche d'une densité maximale n'est pas un objectif en soi car elle peut engendrer des déséquilibres avec le milieu comme avec d'autres espèces, gibier ou prédateurs.
La capacité d'accueil de la plaine agricole peut être améliorée par des aménagements adaptés sans verser dans les excès d'une artificialisation de laboratoire. La gestion des prélèvements permet d'atteindre le niveau de population que l'on s'est fixé. Cet objectif doit prendre en compte les exigences des activités agricoles pratiquées mais aussi les conséquences sanitaires que peut engendrer une surpopulation.

Gestion du lièvre

La gestion du lièvre repose essentiellement sur deux éléments : la connaissance des populations et la période de chasse de l'espèce.

▲ L'observation du territoire tout au long de l'année est la clef de la gestion.

Exemple de calcul de prélèvements en région Île-de-France

IKA inférieur à 3	Pas de prélèvement
IKA entre 3 et 4	1 lièvre pour 30 ha
IKA entre 4 et 5	1 lièvre pour 25 ha
IKA entre 5 et 6	1 lièvre pour 20 ha
IKA supérieur à 6	de 1 lièvre pour 10 ha à 1 lièvre pour 3 ha

La méthode la plus utilisée est celle de l'indice kilométrique d'abondance (IKA). Un véhicule roulant à faible allure (un 4 x 4 permet de passer par tout temps) parcourt le territoire de nuit, une fois par mois au cours du premier trimestre de l'année, en empruntant des circuits pré-établis (une autorisation d'utilisation de sources lumineuses doit préalablement être obtenue de la Direction départemen-

▲ Le lièvre doit être marqué avant tout transport.

tale de l'agriculture et de la forêt). À bord, quatre opérateurs : un chauffeur, deux personnes qui éclairent 200 m de part et d'autre du véhicule à l'aide de projecteurs et annoncent tous les lièvres observés, le quatrième passager notant les informations sur la fiche de comptage.

Le résultat s'exprime en nombre de lièvres vus par kilomètre. Le chiffre retenu pour le circuit est le meilleur des trois passages. Pour que le comptage soit fiable, la longueur des circuits doit être proche de 1 km pour 100 ha de plaine.

La meilleure période pour ce comptage se situe entre vingt-deux heures et deux heures du matin. Des conditions météorologiques défavorables comme le brouillard ou une forte pluie conduisent à annuler la sortie.

Outre les lièvres, on en profite pour compter lapins, bécasses, renards et grands animaux.

Ce n'est en aucun cas une densité qui est obtenue par cette méthode mais un indice qui ne trouve de signification que par comparaison avec ceux des années antérieures, reflétant ainsi l'évolution des populations.

En fonction de la tendance constatée, les prélèvements seront ajustés selon les objectifs recherchés.

L'IKA sert de base pour le calcul d'un plan de chasse réglementaire ou volontaire. Cet indice est généralement calculé au niveau de la commune en faisant la moyenne des IKA des circuits qui la traversent. Il peut aussi être établi à l'échelle d'un canton, d'une unité de gestion ou d'un groupe de gestion cynégétique.

▲ Les dispositifs de marquage utilisés pour le plan de chasse du lièvre.

Lorsque le plan de chasse légal est en vigueur, le nombre de lièvres que chaque territoire est autorisé à tuer est fixé par arrêté préfectoral. Chaque animal prélevé doit être muni sur place du dispositif de marquage obligatoire.

L'évaluation par IKA est adaptée aux régions de grandes plaines. Là où le paysage est plus fermé, c'est la méthode de l'indice ponctuel d'abondance (IPA) qui est utilisée. Au lieu de parcourir des circuits, un opérateur seul explore des points fixes localisés sur carte. Sur chaque site, il balaye le terrain autour de lui sur 360° à l'aide d'un projecteur éclairant à 200 m. Comme pour les IKA, les résultats s'apprécient en les comparant d'une année sur l'autre.

Ces méthodes d'évaluation doivent toutefois être prises avec précaution car elles concernent des effectifs d'hiver, avant le pic de reproduction. Or celle-ci est déterminante pour connaître la population à l'ouverture. Les observations des acteurs du terrain (agriculteurs, chasseurs, gardes particuliers…) peuvent conduire à moduler le prélèvement initialement prévu. L'examen des animaux tués lors de la première chasse fournit une information précieuse. Si le nombre de jeunes de l'année au tableau représente 50 % ou moins, il faut arrêter tout de suite la chasse du lièvre ; s'il se situe au-dessus de 70 %, le prélèvement peut être opéré sans problème.

Une sage gestion de l'espèce impose de ne pas chasser le lièvre avant la deuxième quinzaine d'octobre. En effet, jusque-là, 80 % des hases sont gestantes ou allaitantes. On mesure dès lors les pertes indirectes importantes que peut occasionner une ouverture trop précoce. En revanche, rien ne s'oppose à la poursuite de la chasse jusqu'à fin décembre.

Gestion de la perdrix grise

S'il est une espèce qui nécessite une gestion méthodique, c'est bien la perdrix grise. En effet, son inféodation aux grandes plaines agricoles la rend particulièrement vulnérable. Ses effectifs sont presque partout en diminution, même en l'absence de chasse. Or, c'est le gibier pour lequel on dispose des outils de gestion les plus performants.

La première étape consiste à recenser les couples au printemps pour connaître le stock de reproducteurs. Plusieurs techniques sont utilisées en fonction de l'étendue de la surface à inventorier.

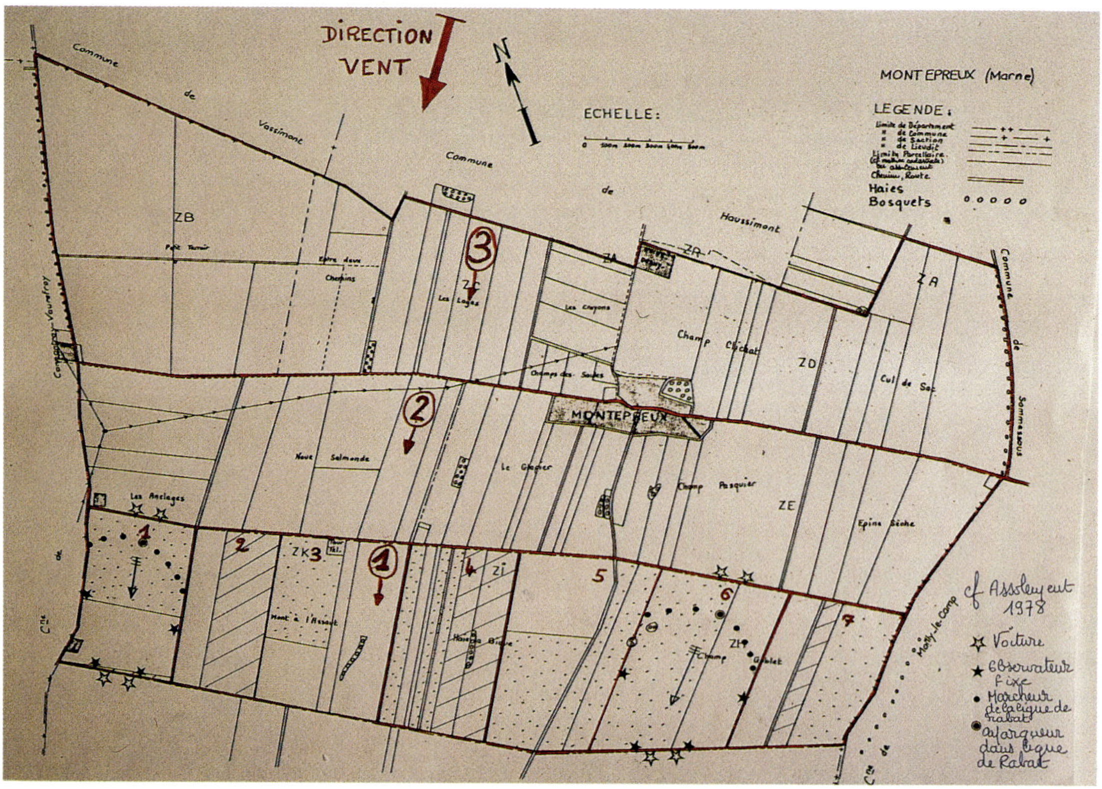

▲ Le comptage de perdrix : sur la carte figurent les emplacements des participants et la direction des déplacements.

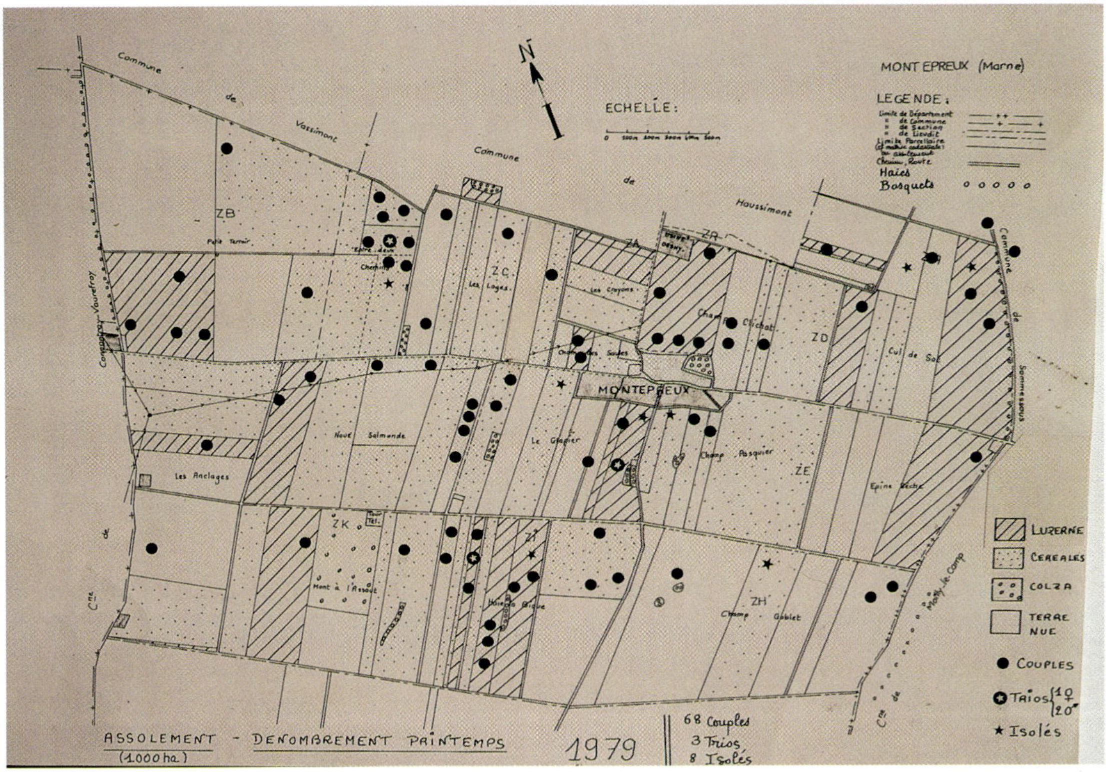

▲ Les couples comptés sont reportés sur la carte.

La battue à blanc

Elle convient pour des territoires de 300 à 600 ha, selon le nombre de participants mobilisables. Elle est effectuée en mars avant que les colzas ne soient trop hauts. Elle consiste en une succession de traques, en remontant au vent, pour éviter les doubles comptages. Une ligne de marcheurs progresse, vent dans le dos, espacés d'une cinquantaine de mètres, vers une ligne d'observateurs fixes postés tous les 80 à 100 m. Chaque participant compte les oiseaux qui franchissent la ligne sur sa droite ou sur sa gauche, selon les instructions, mais tous du même côté. Il note ses observations en distinguant couples, trios, oiseaux isolés et groupes. À l'issue de chaque traque, les résultats sont recueillis par un responsable qui les reportera ultérieurement sur carte (les trios comptent pour une unité de reproduction ; l'effectif d'un groupe est divisé par 2,3 pour obtenir le nombre d'unités qui le compose).

▲ La battue à blanc mobilise un nombre important de participants.

Calcul d'un plan de chasse perdrix (territoire de 400 ha de plaine)

Densité de printemps : .... 20 couples/100 ha

Population de printemps : .... 80 coqs
80 poules

Adultes à l'automne
(après mortalité estivale)
Coqs .... 80 – 10 % = 72
Poules .... 80 – 25 % = 60

Taux de reproduction : ..... 4 jeunes/poule d'été

Jeunes présents a l'automne : .... 60 x 4 = 240

Population avant chasse : .... 372 oiseaux

Objectif 1 : Maintenir la densité précédente (20 couples/100 ha)

Compte tenu de pertes hivernales de 40 %, il faut laisser 266 oiseaux

Plan de chasse : .... 372 – 266 = 106 perdrix

Objectif 2 : Amener la densité à 25 couples/100 ha

Compte tenu de pertes hivernales de 40 %, il faut laisser 333 oiseaux

Plan de chasse : .... 372 – 333 = 39 perdrix

Lorsque la zone à inventorier est très vaste (GIC ou unités de gestion de plusieurs milliers d'hectares), le comptage exhaustif est impossible. On procède alors par battues à blanc sur des carrés échantillons. Les carrés de 100 ha pour 1 000 ha de plaine doivent refléter l'assolement environnant, ils sont répertoriés sur carte et balisés avant le comptage.
Le résultat des comptages est le nombre d'unités de reproduction ramené à la surface comptée mesurée en centaines d'hectares : nombre de couples/100 ha.

Les IKA

Les battues à blanc exigent un nombre important de participants et sont réservées aux grandes plaines ouvertes. Comme pour le lièvre, on peut utiliser la technique des IKA pour la perdrix grise. Les circuits sont parcourus à deux reprises en mars, une fois le matin, l'autre en fin de journée, par une voiture roulant lentement à bord de laquelle se trouvent deux opérateurs, chacun observant de son côté jusqu'à 100 m. Les couples et trios repérés sont répertoriés et situés sur carte. Comme pour le lièvre, on tire un indice et non une densité. La tendance permet au gestionnaire d'apprécier l'évolution de la population de printemps par rapport à l'année précédente.

L'échantillonnage d'été

La population de printemps étant connue, il convient d'évaluer la reproduction.
L'échantillonnage d'été est la seule méthode fiable. Il consiste à observer un certain nombre de compagnies, le nombre d'oiseaux qui les composent, la répartition entre jeunes et adultes et l'âge des jeunes. Pour ce faire, dès la fin de la moisson des céréales, la plaine est parcourue par un observateur muni de jumelles à bord d'un véhicule roulant à petite vitesse dans les chaumes. Les sorties s'effectuent du lever du soleil jusqu'à dix ou onze heures, en fonction de la chaleur, et en fin de journée, de dix-sept heures jusqu'à la tombée de la nuit. Les bordures de couverts sont tout particulièrement explorées

▲ C'est en véhicule, en roulant à faible allure, qu'on échantillonne l'été.

en fin de matinée et en début de soirée. Dès qu'il voit des oiseaux, le conducteur s'arrête et détaille la compagnie (il n'est pas rare d'y trouver plus de deux adultes, voire uniquement des adultes, fin août). Chacune est numérotée, sa composition est indiquée sur la feuille de comptage, le numéro est reporté sur carte pour éviter les doublons. L'échantillonnage peut cesser lorsque 40 % des unités de reproduction recensées au printemps sur la même zone (ou sur le même circuit dans le cas des IKA) ont été retrouvées.

Le résultat s'exprime en nombre de jeunes par poule d'été. Ce résultat est très variable en fonction de la météorologie de mai et juin, de la précocité du début de moisson, des ressources alimentaires en insectes qui constituent le régime exclusif des poussins jusqu'à 3 semaines et de l'impact des prédateurs terrestres ou ailés. À partir de la densité de printemps et de l'échantillonnage d'été, on peut estimer la population avant chasse et, en fonction de l'objectif recherché au printemps suivant, calculer le prélèvement possible.

L'analyse des premiers tableaux de chasse permet de vérifier la proportion de jeunes.

Gestion de la perdrix rouge

Dans son principe, elle est identique à celle de la perdrix grise. Pourtant, les comptages de printemps, comme les échantillonnages d'été, sont plus difficiles à réaliser du fait de l'habitat de l'espèce. Les paysages bocagers, semi-boisés ou la garrigue interdisent les battues à blanc par manque de visibilité. La technique des IKA, tant au printemps qu'en été, peut

▲ Les comptages de perdrix rouge se font à partir de points fixes ou de circuits.

▲ Compagnie de perdrix dans un chaume au cours de l'échantillonage d'été.

▲ De plus en plus se met en place un plan de chasse pour la perdrix rouge.

être mise en œuvre là où le réseau de chemins carrossables est suffisamment dense. Lorsque ce n'est pas le cas, le comptage de printemps se fait avec des chiens d'arrêt sur des secteurs échantillons (une autorisation préalable de la Direction départementale de l'agriculture et de la forêt est nécessaire). L'observation des compagnies en été peut être faite en voiture ou depuis des points fixes choisis en fonction de leur fréquentation par les oiseaux en début et en fin de journée.
Dans la mesure où on ne peut calculer un plan de chasse (pas d'effectifs de printemps, seulement un indice), il est important d'analyser les premiers oiseaux tués pour déterminer la proportion de jeunes. Si elle est inférieure à 60 %, il faut arrêter la chasse.

Gestion du lapin

Si, autrefois, il a fallu gérer la surabondance, aujourd'hui, l'espèce ne se porte pas bien dans la plupart de nos régions, victime de la myxomatose récurrente et plus récemment du VHD.
Le comptage au phare en explorant les lisières de bois et de friches, répété plusieurs fois en début d'année, permet une comparaison de la population reproductrice par rapport à l'année précédente, mais ne préjuge en rien des accidents sanitaires qui peuvent survenir à partir de la fin août. Il faut donc poursuivre les observations nocturnes jusqu'à l'ouverture pour déceler les éventuelles chutes d'effectifs et réagir en matière de prélèvements. À cet effet, l'analyse des lapins tués permet d'identifier les jeunes par palpa-

▲ Le comptage de nuit au phare pour le lapin.

▲ La palpation de l'antérieur permet de distinguer le jeune de l'année.

tion de l'antérieur (comme pour le lièvre). De plus, il est possible de constater la présence d'animaux portant les traces d'une myxomatose dont ils ont guéri, ce qui indique une résistance à la maladie due à un affaiblissement du virus.

Si, en revanche, des dégâts agricoles significatifs sont constatés, il convient d'accentuer la pression de chasse en recourant notamment au furetage. En tout cas, le constat d'un début d'épidémie doit conduire à arrêter la chasse. Ici, la gestion est affaire de bon sens et de respect des équilibres.

Plan de gestion cynégétique

Sur la proposition de la fédération départementale ou interdépartementale des chasseurs, le préfet inscrit, dans l'arrêté annuel d'ouverture ou de fermeture de la chasse, les modalités de gestion d'une ou de plusieurs espèces de gibier lorsque celles-ci ne relèvent pas de la mise en œuvre du plan de chasse.

Ce plan de gestion cynégétique est souvent dû à l'initiative d'un groupement d'intérêt cynégétique qui le fait déjà

▲ L'analyse du tableau donne de précieuses informations sur la structure de la population.

appliquer par les gestionnaires des territoires qu'il regroupe; les dispositions prises par le préfet sont alors étendues à l'ensemble de la région précisée dans l'arrêté et à tous les titulaires de droit de chasse. Cela intéresse plus particulièrement le petit gibier et évite les inconvénients du morcellement des territoires et des enclaves cynégétiques où une gestion globale est difficile, voire impossible.

Gestion des migrateurs

En plaine, on ne rencontre d'espèces migratrices que pendant quelques semaines : tourterelles et alouettes en début de saison, vanneaux, grives et pluviers plus tard. Leur gestion ne peut être envisagée qu'au niveau international à l'échelle de leur aire de répartition. La synthèse des observations effectuées tout au long des saisons, tant par les organismes officiels des pays concernés que par les ornithologues bénévoles, doit permettre d'apprécier le bon état de conservation des espèces. C'est cette information, et seulement elle, qui doit commander les décisions des pays en matière de prélèvement : une reproduction tardive ou mauvaise doit entraîner une limitation voire l'arrêt momentané de la chasse de l'espèce. A contrario, si les indicateurs sont bons, la chasse peut s'exercer avec peu de contraintes. Rien n'est pire en matière de gestion des migrateurs que des positions figées.

Gestion des prédateurs

Aussi étonnant que cela puisse paraître, les espèces prédatrices doivent être gérées. S'il s'agit en général de diminuer les effectifs, il n'est ni possible ni souhaitable d'éradiquer une espèce. Il faut rétablir des équilibres parfois faussés pour des raisons diverses.

Le renard

Le fait qu'il chasse en plaine la nuit permet de disposer d'informations sur l'évolution de la population grâce aux comptages réalisés pour le lièvre, le lapin ou les

▲ Les comptages nocturnes permettent d'évaluer les populations de renards.

grands animaux. La gestion doit prendre en compte son rôle utile de prédateur de rongeurs et d'animaux malades ou diminués, mais aussi son impact sur les populations d'espèces fragiles ou en cours de reconstitution. Il faut également considérer que le renard n'a plus de prédateurs et qu'il véhicule des maladies dangereuses pour les animaux (gale sarcoptique) ou pour l'homme (échinococcose alvéolaire). Il est communément admis que la présence d'un couple de renards pour 500 ha est le niveau acceptable. Il est presque partout largement dépassé pour des raisons diverses : prolifération dans des zones urbaines ou industrielles non chassées, piégeage insuffisant, voire impossible, dans certains contextes, chasse peu performante.

Les mustélidés

En plaine, on ne rencontre guère que la belette, l'hermine (très rare et de plus protégée de fait puisque non piégeable) et la fouine, à proximité des habitations et des meules de paille.

La première, dont le régime alimentaire est constitué essentiellement de micromammifères, n'est pas un redoutable prédateur du gibier. La dernière, en revanche, beaucoup plus opportuniste, a un régime très varié qui porte sur les perdrix ou faisanes au nid, mais également sur les élevages de volailles ou de gibier où elle commet de véritables carnages. En priorité dans les zones urbaines (où elles commettent des déprédations importantes) et là où des espèces de gibier sont fragiles, les populations de fouines doivent être réduites autant que possible. On ne risque pas de mettre l'espèce en péril.

Les corvidés

Pies et corneilles méritent une attention toute particulière : redoutables prédatrices des œufs et des poussins de toutes les espèces d'oiseaux, elles bénéficient de havres de tranquillité dans les villages, parcs de loisirs, friches industrielles et en milieu urbain où elles ne sont ni chassées ni piégées. La chasse à tir n'étant pas un moyen performant pour limiter les populations, c'est en piégeant énergiquement qu'il est possible de contenir les effectifs à un niveau supportable.

Le corbeau freux, hôte habituel des plaines cultivées qu'il fréquente en bandes, ne constitue pas un danger pour le gibier. Les dégâts qu'il commet sont exclusivement agricoles sur les semis de céréales en particulier.

Les aménagements

L'objectif de l'aménagement de la plaine consiste à le rendre le plus attractif possible pour un maximum d'espèces à un niveau de population optimum : c'est la biodiversité qui concerne les espèces végétales, les insectes, les oiseaux et les mammifères. Outre la satisfaction pour l'esprit de participer à l'amélioration de l'environnement, d'augmenter la capacité d'accueil du gibier, elle apporte une garantie contre l'envahissement de telle ou telle espèce qui n'est possible que lorsque le milieu affiche une biodiversité limitée.

Les plaines agricoles, plus particulièrement celles du nord de la France, ont subi des transformations très importantes au cours des six dernières décennies, conséquence d'une augmentation planifiée de la productivité.

Les remembrements successifs, la diminution de l'éventail des cultures, l'utilisa-

▲ Un fossé large jalonné d'arbres constitue une rupture du milieu agricole.

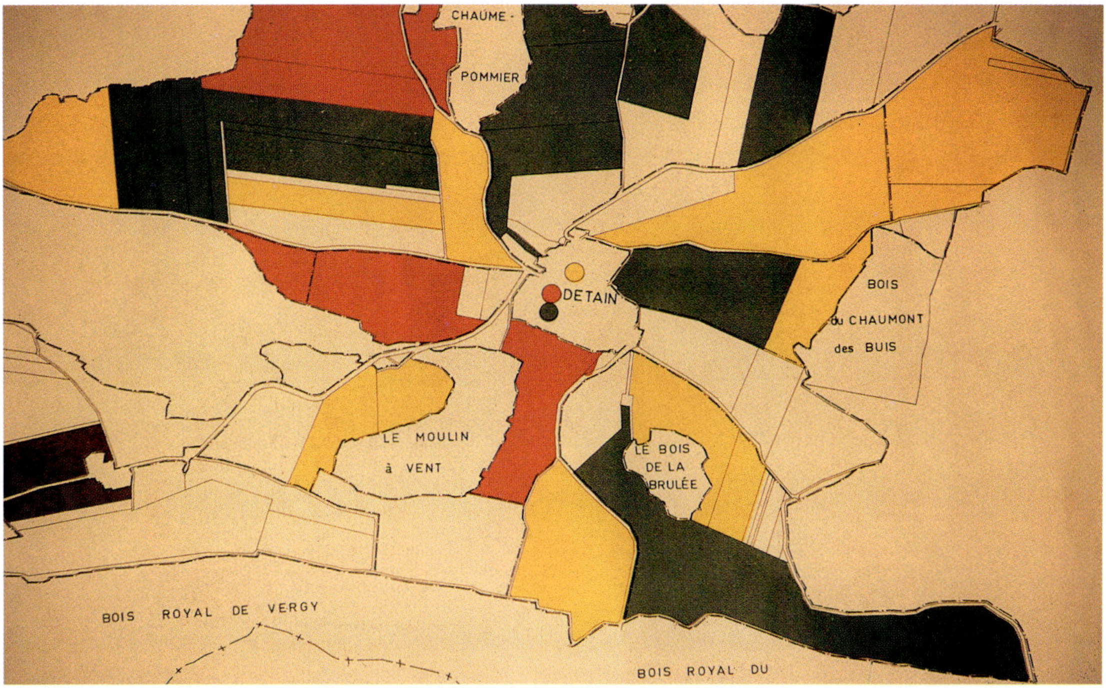

▲ Un parcellaire de grande taille : médiocre pour le gibier.

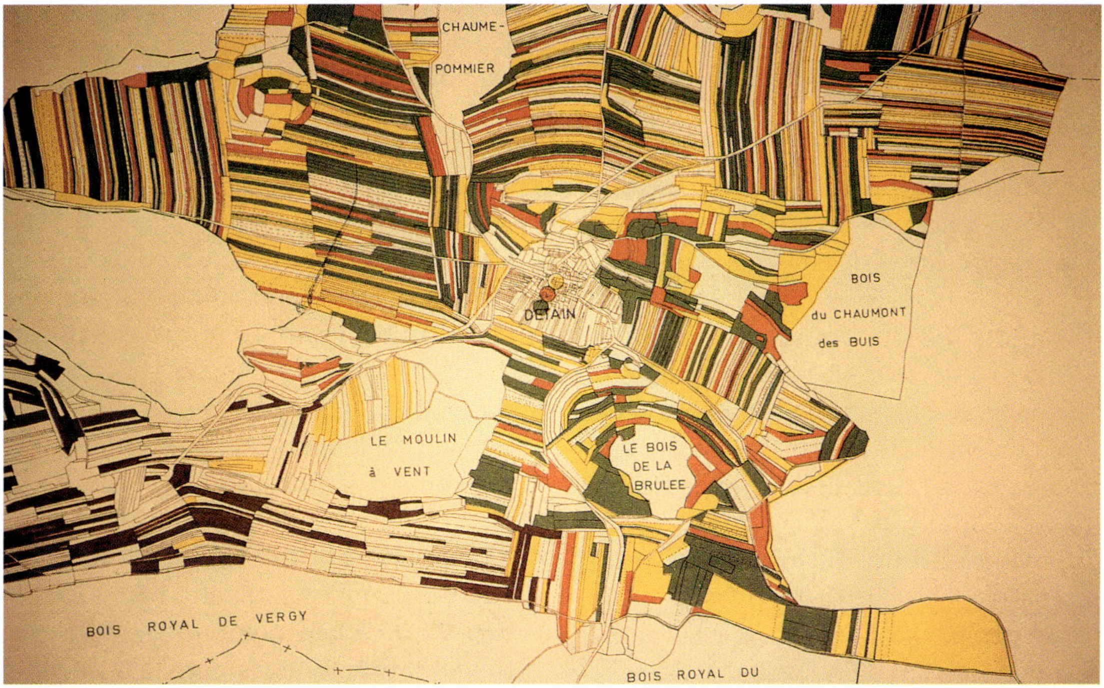

▲ Une multitude de parcelles augmentant l'effet de lisière est profitable à la faune sauvage.

▲ Un boqueteau de plaine, à conserver à tout prix, même s'il occasionne quelque gêne pour cultiver.

tion systématique de produits phytosanitaires rarement sélectifs et la progression constante de la dimension et de la vitesse de travail des engins agricoles ont gravement détérioré le milieu, limitant considérablement les possibilités de survie et de développement du gibier.

Dans la mesure où le chasseur dispose rarement de la maîtrise du sol, les aménagements, qui ont souvent un coût, ne peuvent être réalisés que s'il existe un dialogue constant avec les agriculteurs. Les moyens financiers dont disposent les chasseurs seraient mieux investis dans l'amélioration du milieu que dans des loyers prohibitifs injustifiés et dans l'achat de gibier de tir ne présentant aucun intérêt.

L'aménagement d'une plaine agricole repose sur un diagnostic préalable faisant ressortir les lacunes du territoire. Les actions sont alors ciblées pour compenser les points faibles.

L'assolement

La mécanisation agricole a conduit à des remembrements entraînant une augmentation importante de la dimension des parcelles avec pour conséquence la diminution de l'effet de lisière, facteur essentiel de la biodiversité. À ce constat vient s'ajouter la diminution du nombre de plantes cultivées pour des raisons tenant, d'une part aux prix fixés par la politique agricole commune, d'autre part à l'abandon d'un certain nombre d'activités autrefois traditionnelles dans les exploitations : élevage bovin, ovin, volailles,

lapins, porcs. L'éventail des productions nécessaires diminuant, la culture s'est limitée à quelques denrées rentables.
L'espèce la plus tributaire de la plaine agricole est la perdrix grise : la capacité d'accueil d'un territoire est directement proportionnelle à la circonférence des blocs de céréales à paille, les couples établissant leur nid dans les 50 m de bordure de ces cultures.
Si le diagnostic fait apparaître une surface des blocs de culture supérieure à 20 ha, il convient d'intervenir sur cet élément.

Modification de l'assolement

L'objectif est de ramener la taille moyenne des parcelles aussi près que possible de 10 ha, en évitant que deux cultures de même nature (maïs, betteraves, colza, pois d'une part, céréales d'autre part) se retrouvent côte à côte.
Une telle opération complique un peu le travail de l'agriculteur du fait de la dispersion des parcelles de même culture. Elle présente, en revanche, l'avantage de limiter l'impact des maladies et du parasitisme en divisant le risque dans l'espace.
Il peut être utile d'introduire de nouvelles cultures, à la fois pour allonger la durée de rotation de l'assolement et pour diversifier la production de l'exploitation. Les fourrages comme la luzerne et le trèfle restent en place plusieurs années, favorisent la restructuration des sols, fixent l'azote du sol et abritent des populations d'insectes indispensables aux jeunes perdrix nombreuses en quantité et en variété. En outre, la demande ne fléchit pas et les prix se maintiennent ou même progressent.

▲ La lisière des parcelles de blé peut être doublée.

Une bonne répartition des cultures dans la plaine offre à la faune davantage de lieux de reproduction, d'alimentation et de refuge facilement accessibles.

Recoupement des grandes parcelles

Si la modification de l'assolement préconisée plus haut ne peut être mise en œuvre, il est cependant possible d'aug-

▲ Il faut recouper les grandes parcelles.

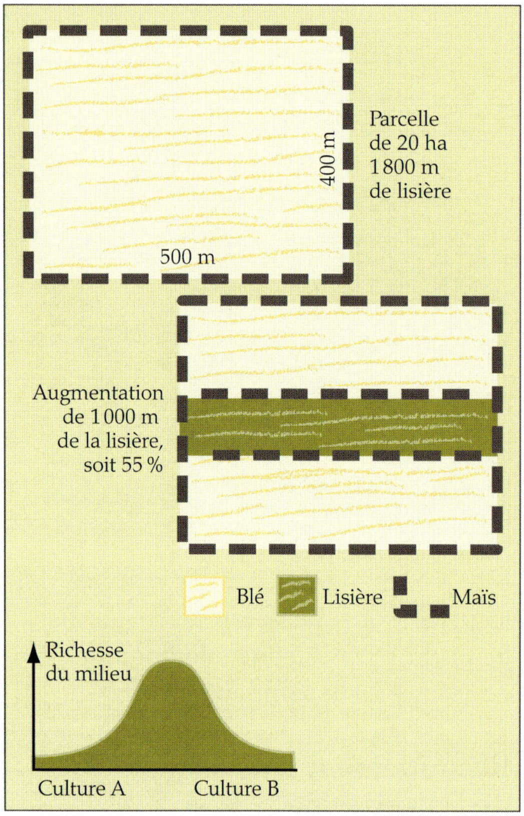

▲ Recoupement d'assolement.

menter l'effet de lisière en divisant les parcelles de plus de 20 ha par une bande intercalaire médiane d'une autre culture : céréale à paille dans un maïs, une betterave ou un colza et inversement.

La largeur de la bande est calculée en fonction de la dimension des rampes de traitement. La culture est récoltée normalement.

On aboutit à une augmentation substantielle de l'effet de lisière sans occasionner de grand dérangement pour la pratique agricole, car il existe souvent une culture de même nature à proximité de l'une ou l'autre extrémité de la bande qui peut être cultivée en même temps que celle-ci.

Les jachères

Conséquence de la politique agricole commune (PAC), les agriculteurs sont tenus de geler une partie de leurs terres dans le souci de limiter la production de denrées commercialisables. Le taux de gel a varié régulièrement au cours des années. Ces terres retirées de la surface exploitée offrent une opportunité particulièrement intéressante pour la faune sauvage à condition de les disposer judicieusement sur le territoire et de traiter ces jachères en fonction des lacunes constatées lors du diagnostic.

La jachère nue

Elle est pratiquement absente de nos paysages car elle n'offre aucun intérêt ni sur le plan agronomique ni sur le plan cynégétique.

La jachère spontanée

La parcelle récoltée est déchaumée puis laissée en état. Bientôt recouverte de repoussis de la culture précédente, elle offre

▲ Le broyage des jachères doit être précoce.

Liste officielle des plantes utilisables comme couvert dans le cadre des jachères tournantes
(autorisées et tolérées)

Brome cathartique (toléré)
Brome sitchensis (toléré)
Cresson alénois (toléré)
Dactyle
Fétuque élevée
Fétuque rouge
Fétuque ovine (tolérée)
Gesse commune
Lotier corniculé
Lupin blanc
Medicago (toléré)
Mélilot
Minette
Moha
Moutarde blanche
Navette fourragère
Pâturin commun (toléré)
Phacélie
Radis fourrager
Ray-grass anglais
Ray-grass d'Italie (toléré)
Ray-grass hybride
Sainfoin
Serradelle (tolérée)
Trèfle d'Alexandrie
Trèfle blanc
Trèfle hybride
Trèfle incarnat
Trèfle de Perse
Trèfle souterrain (toléré)
Trèfle violet
Vesce commune
Vesce velue
Vesce de Cerdagne

assez rapidement un couvert de qualité, les céréales et le colza en particulier, où le gibier trouve refuge et nourriture. De plus, ces parcelles ne font l'objet d'aucune intervention mécanique pendant l'hiver. La seule obligation à respecter est d'empêcher la montée à graine du couvert spontané et d'éviter la salissure des champs voisins par les mauvaises herbes et les chardons. Pour y satisfaire, on peut agir soit par voie chimique (glyphosate ou sulfosate pour les premières et débroussaillant pour les seconds), soit par broyage effectué assez haut pour laisser un couvert suffisant.

La jachère cultivée

Destinée à assurer une couverture hivernale du sol, à récupérer l'azote excédentaire et à limiter le développement des adventices, la jachère cultivée ne peut être ensemencée qu'avec des plantes autorisées par le ministère de l'Agriculture.

Dans les parcelles de petites dimensions difficiles à cultiver, le long des chemins, on préférera des couverts de légumineuses et de graminées en mélange ou en bandes alternées. Le long des bois et des haies, on privilégiera les graminées qui formeront une bande tampon avec les cultures où se développent de nombreux insectes utiles à l'agriculture et source de nourriture pour les oiseaux gibier.

La jachère faune sauvage

Elle constitue une exception dans la réglementation du gel des terres puisqu'elle permet de déroger à la liste des plantes dont l'implantation est autorisée sur les jachères. C'est pourquoi elle fait l'objet de

▲ Les jachères faune sauvage offrent une opportunité exceptionnelle d'aménager le territoire.

mesures strictes et d'un contrôle systématique.

Une convention départementale cosignée par le préfet, la chambre d'agriculture et la fédération des chasseurs établit la liste des plantes autorisées qui doivent être semées en mélange pour en empêcher la récolte. Elle fixe la nature et l'époque des interventions mécaniques ou chimiques autorisées.

Dans le respect de cette convention-cadre, les jachères faune sauvage font l'objet d'un contrat entre l'agriculteur, le détenteur du droit de chasse et la fédération des chasseurs, lequel permet à l'exploitant agricole de percevoir une indemnisation, versée par les chasseurs, correspondant aux surcoûts engendrés par la mise en place de ces jachères. Les plus couramment rencontrées sont la luzerne pure, les mélanges maïs-sorgho et millet-moha qui fournissent un couvert haut très prisé après la moisson, surtout si la plaine ne comporte pas de maïs pour permettre au gibier de s'abriter contre les prédateurs ailés. C'est pourquoi pour une pleine efficacité elles doivent se situer en milieu de plaine. S'agissant de cultures annuelles, elles doivent être renouvelées chaque année de même que le contrat.

Les jachères fleuries

Depuis plusieurs années, certaines fédérations départementales de chasseurs encouragent la création de jachères fleuries (jachères faune sauvage). Cela améliore la qualité des paysages, la biodiversité et la promotion des sports de pleine nature ; les promeneurs en conçoivent de la sympathie pour les chasseurs. Le choix des établissements qui produisent et commercialisent les semences se porte sur un mélange de variétés rustiques de plantes

▲ Une jachère peut comporter des céréales de repousse et des fleurs sauvages.

▲ Une jachère équivaut en attractivité à une culture à gibier lorsqu'elle est bien conduite.

annuelles à la floraison étalée dans le temps. Parallèlement à ce fleurissement, la petite faune sauvage se développe abondamment, passereaux et insectes notamment. Papillons pour les promeneurs et abeilles pollinisatrices pour les arboriculteurs, insectes et larves pour les pouillards y trouvent bien leur place.

Un contrat « jachères fleuries » est passé entre agriculteurs, chasseurs, Conseil général et Direction départementale de l'agriculture et de la forêt.

Les variétés retenues sont, par exemple, les soucis, les pois de senteur, les zinnias, les centaurées, les cosmos, les eschsoltzias (pavot de Californie).

Les espaces non cultivés

Dans une plaine agricole, les éléments du paysage que constituent les espaces non cultivés – haies, remises, boqueteaux, chemins, friches – ont une importance déterminante pour nombre d'espèces animales, gibier ou non.

S'ils n'existent pas, il faudra s'efforcer de les créer.

Les haies

Lorsqu'elles sont déjà présentes, elles doivent être entretenues tous les deux ans en alternant taille en hauteur et taille en épaisseur afin de lui donner vigueur tout

On peut planter une haie là où il n'y en a plus en utilisant des essences locales.

en évitant qu'elle déborde sur les cultures voisines. Un regarnissage régulier pour remplacer les arbustes morts permet en outre de diversifier les essences.

La haie joue un rôle d'abri contre les intempéries, de refuge contre les prédateurs ailés, mais elle doit être convenablement piégée car elle est fréquentée par le renard et les mustélidés. Une haie aux essences variées abrite une grande variété d'espèces : insectes, passereaux, colombidés et grives qui y nichent et s'y nourrissent, mais également lièvres, lapins et même chevreuils (« chevreuil de plaine ») qui la fréquentent volontiers.

La création d'une haie de toutes pièces est une opération assez complexe. Tout

Arbres de haut jet : châtaignier, chêne rouvre et pédonculé, chêne pubescent, chêne vert, cormier, cyprès, érable, frêne, hêtre, merisier, micocoulier, noyer, poirier, pommier, prunier, robinier, saule, tilleul, tremble.

Arbres à recéper : alisier, aulne, bouleau, cerisier, charme, châtaignier, chêne, cormier, érable, houx, laurier, mûrier, noisetier, sorbier.

Arbustes à favoriser : abélia à grandes fleurs, amélanchier, arbre à faisan (Leycesteria), bourdaine, buis, cornouiller, forsythia, fusain, genêt, genévrier, groseillier, laurier, lilas, magnolia, rhododendron, rosier, sureau, troène, vigne, viorne.

d'abord, l'emplacement : il doit être perpendiculaire aux vents dominants pour jouer son rôle d'abri, à l'écart des chemins fréquentés et des habitations pour éviter le dérangement par les promeneurs et les animaux domestiques. La haie peut s'appuyer sur un boqueteau ou sur une lisière de bois. Pour offrir un maximum d'efficacité, elle doit être complétée par une bande herbeuse adjacente d'une largeur minimale de 5 m (au-delà de 20 m, celle-ci peut être incluse dans la surface en jachère de l'exploitation), riche en insectes utiles.
Les essences locales doivent être variées tant en espèces qu'en hauteur. L'idéal consiste à inclure quelques arbres de haut jet et des fruitiers. En dernier lieu, il faut s'assurer de sa pérennité en concluant avec le propriétaire du sol un accord sur vingt ans au minimum.
La plantation s'effectue en quinconce, sur au moins trois rangs, espacés de 1 m, après paillage ou pose d'un film plastique destinés à empêcher l'envahissement par les adventices (le film est retiré lorsque la haie est bien installée). La meilleure période pour la plantation est novembre. Les plants doivent être choisis de plus de 40 cm, en godets ou à racines nues.

Les haies fleuries

À l'instar des jachères fleuries, de plus en plus de haies sont également fleuries. Il convient en effet de laisser pousser

▲ Les haies naturelles doivent êtres conservées : elles jouent aussi un rôle agronomique, appuyées sur une jachère, elles sont idéales pour la faune.

Haies : les espèces et leurs caractéristiques

Nom	Qualité du couvert	Rapidité de croissance	Sol			Entretien	Gibier		Feuillage	
			Sable	Calcaire	Humide		Couvert	Nourriture	Persistant	Caduc
Faux acacia (Robinier)	XX	XX	X			Recépage tous les 2 ans	Perdrix Faisan	Chevreuil		X
Aubépine	XXX	XX	X	X		Recépage tous les 5 ans	Tous	Faisan		X
Merisier	X	X		X		Recépage tous les 10 ans		Faisan		X
Charme	XX	XX		X		Recépage tous les 2 ans	Tous	Chevreuil		X
Chèvrefeuille	XX	XX	X	X		Taille tous les ans	Petit gibier	Chevreuil	X	
Cotonéaster	XXX	XX		X		Taille latérale tous les ans	Faisan Perdrix	Faisan		
Épicéa	XX	X	X	X		Étêtage à 8 ans	Petit gibier Chevreuil	Lièvre Lapin Chevreuil	X	
Fusain	XXX	XX			X	Taille tous les 3 ans	Tous	Chevreuil	X	
Genêt	XX	XXX	X	X	X	–	Tous	Lièvre Lapin Chevreuil		X
Laurier-cerise	XXX	XX		X		Taille tous les ans	Faisan	Chevreuil	X	
Noisetier	XX	XX	X	X		Taille à 2 m	Tous	Chevreuil		X
Bruyère	XX	XX	X			Coupe tous les 5 ans	Petit gibier		X	
Prunellier	XX	XX	X	X		Taille latérale tous les 2 ans	Petit gibier			X
Ronce	XX	XXX		X		Taille latérale tous les ans	Tous	Lièvre Lapin Chevreuil	X	
Saule	XX	XXX	X	X	X	Recépage tous les ans par tiers	Tous	Lièvre Lapin Chevreuil		X
Sorbier des oiseleurs	X	X		X		Taille tous les ans		Faisan Chevreuil Grives		X
Symphorine	XX	XXX		X	X	Tailles tous les 3 ans	Lièvre Lapin Perdrix Faisan			X
Troène	XX	XX	X	X	X	Taille tous les ans	Faisan Lièvre Perdrix	Chevreuil	X	
Pyracantha	XXX	X	X	X		Taille tous les 3 ans	Petit gibier			

des sous-étages de végétation arbustive sous les arbres de haute tige s'il en existe. Les chênes d'émonde des bocages normand et breton, tout comme les saules têtards, servent de support au lierre, intéressant pour les pigeons, les grives et les chevreuils. À l'abri, la tranquillité, la nourriture végétale, la provende fournie par les fruits, l'humidité maintenue plus longtemps, à tous ces avantages procurés par les haies, s'ajoute bien évidemment la présence d'une multitude d'insectes, de chenilles, de vers, de larves, de mollusques et d'animalcules dont le gibier et toute la faune sauvage ont un besoin impérieux. Bon nombre des plants à favoriser ou à transplanter se trouvent déjà pour la plupart dans la nature. Les autres proviennent du nettoyage d'un jardin ou d'un parc où ils prolifèrent. Pour compléter les essences végétales d'une haie, le choix d'espèces autochtones ou trouvées dans un milieu semblable à celui de la haie à garnir et ayant fait la preuve de leur adaptation locale constitue un gage de réussite. La haie champêtre et fleurie fait partie intégrante d'une politique globale de biodiversité, de développement durable et de valorisation des intérêts non agricoles du paysage rural.

Les chemins

Ils figurent généralement au cadastre pour des largeurs de 4 à 6 m, voire plus… ce qui, dans la réalité, est loin d'être vrai partout. La première chose à faire est de les rétablir à leur largeur initiale. La

▲ Un chemin aux bordures enherbées et jalonné d'arbres : une rareté !

bande de roulement des engins agricoles qui les empruntent laisse de part et d'autre des banquettes utilisables pour le gibier, constituées d'espèces végétales diversifiées – adventices en particulier – qui abritent de nombreux insectes facilement accessibles pour de jeunes poussins.

L'entretien des chemins comporte un broyage début avril pour éliminer les herbes sèches et favoriser la pousse d'herbe tendre qui, en croissant, camouflera les nids tout en offrant une nourriture de qualité pour les couveuses. Un deuxième broyage après la fin juillet évite la montée à graine des plantes indésirables. Le brûlage doit être formellement proscrit : il est dangereux pour toutes sortes d'animaux, inesthétique et, par l'odeur qu'il laisse, constitue un répulsif pour toute la faune.

Les intersections de chemins présentent souvent une zone de terre nue fréquentée par des oiseaux qui viennent s'y pouiller et par les lièvres qui s'y sèchent les pattes. L'ajout d'une pelletée de sable fin augmente l'efficacité du lieu, en particulier en permettant aux perdreaux de se défaire des boules de glaise qui, en séchant, les handicapent lourdement.

Les pieds de pylônes électriques

Ces espaces incultivables peuvent être aménagés pour la faune. Un accord préalable d'EDF est nécessaire. On peut y installer un couvert haut (féveroles, maïs, sorgho), des arbustes régulièrement rabattus à 1,20 m ou, simplement, y laisser pousser des adventices entretenues comme les chemins. Le choix est fait, comme toujours, en fonction du diagnostic.

Les boqueteaux et remises

Les premiers sont situés en milieu de plaine, les secondes s'appuient sur une lisière de bois. Leur rareté en fait leur valeur. Ils doivent donc être préservés, juridiquement si possible, en les classant dans le cadre des plans locaux d'urbanisme (PLU), autrefois POS.

Pour avoir l'impact positif optimum sur l'ensemble des espèces fréquentant la plaine, ils doivent comporter un maximum d'essences et toutes les strates de végétation. C'est l'objectif de l'aménagement de ce type de milieu. Il est souhaitable de conserver ou d'implanter une part d'essences à feuilles persistantes et une autre à feuilles caduques, de disposer de zones fourrées à couvert dense (prunelliers, ajoncs, genêts) alternant avec des espaces ouverts entretenus formant des clairières très fréquentées par la faune et où sera distribué, en hiver, du grain et du fourrage lorsque les ressources alimentaires se font rares, en particulier lors de périodes de gel et de neige.

Idéalement, il faudrait traiter les bordures de boqueteaux et remises en dégradé, depuis les arbres de haut jet du centre jusqu'aux cultures adjacentes.

Les friches

Ce sont des zones non cultivées à cause de l'affleurement de roches, de l'exiguïté de parcelles les rendant inexploitables ou résultant de l'abandon de certaines cultures, vignes ou arbres fruitiers.

Laissées à l'abandon, elles n'offrent pas d'intérêt : elles se couvrent progressivement d'une végétation homogène semiligneuse qui, en vieillissant, s'éclaircit

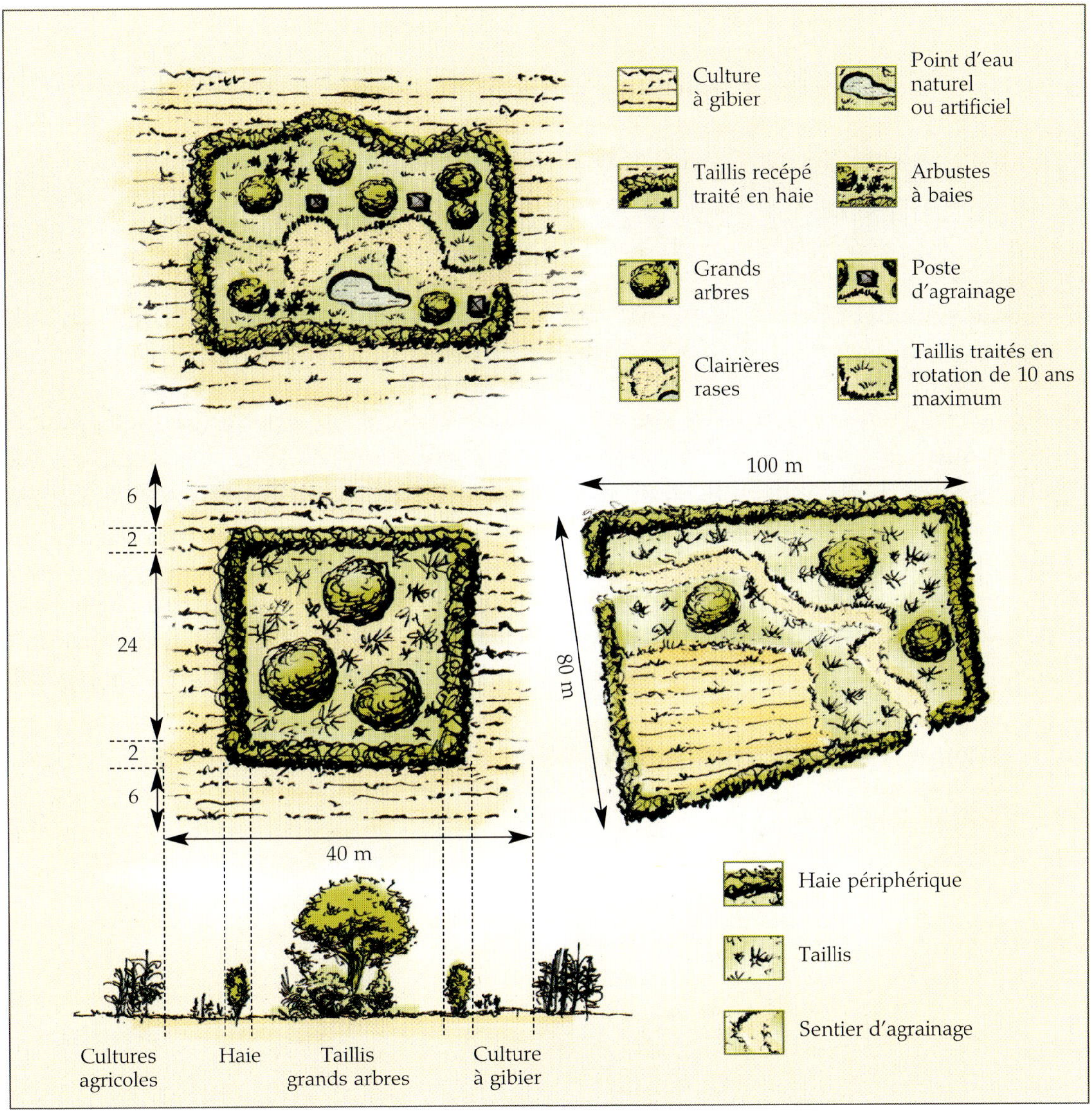

▲ Différents modes d'aménagement des boqueteaux et des remises.

avant de mourir. L'entretien consiste à alterner des zones maintenues en couvert ras et des secteurs où l'on favorise une végétation arbustive dense. Les vieilles vignes et les fruitiers doivent être conservés et entretenus, ils apportent une nourriture appréciée de nombreuses espèces.

Les buissons

Ils constituent des repères dans la plaine, des abris et des refuges et peuvent fournir quelques ressources alimentaires. S'ils n'existent pas déjà, ils peuvent être créés dans des endroits où ils ne gêneront pas les engins agricoles : angles de parcelles, pieds de poteaux électriques ou télépho-

Buissons naturels ou artificiels offrent un excellent refuge.

niques. On choisira des espèces autochtones rustiques (prunellier, églantier, troène, charme). La taille régulière en hauteur et en largeur permet d'obtenir une végétation touffue en haut et des pieds dégagés permettant une circulation aisée du gibier qui les fréquente.

Les cultures à gibier

C'est dans ce domaine que le partenariat avec les agriculteurs est le plus difficile à trouver : il s'agit en effet de soustraire à la production, en plus des jachères, des surfaces qui ne seront cultivées que pour le gibier. Il convient donc de proposer un juste prix couvrant le manque à gagner, le coût des semences, la mise en place de la culture et, le cas échéant, l'indemnisation des contraintes que peut entraîner cette pratique.

Les couverts

Ces cultures peuvent, contrairement aux jachères faune sauvage, être semées

Augmenter l'effet de lisière, c'est agir pour la perdrix.

▲ Le maïs offre refuge, abri et nourriture.

d'une seule variété, sans référence à une liste de plantes autorisées. À la différence des bandes intercalaires, elles ne sont pas récoltées car elles sont destinées à fournir couvert et nourriture au gibier.

Le maïs

Culture appréciée par toutes les espèces fréquentant la plaine, il est semé en avril. Sa hauteur, la facilité pour circuler entre les rangs et la nourriture abondante qu'il fournit se conservant longtemps en font un des meilleurs couverts. De plus, il peut être laissé en place tout l'hiver si la culture suivante est une culture de printemps. Pour faciliter la nourriture du gibier, les épis sont détachés à la main et laissés au sol à partir de la mi-novembre. On peut aussi effectuer un broyage partiel en bandes discontinues au fur et à mesure de la consommation par le gibier.

Le millet

Les deux variétés (millet à grappe et millet des oiseaux) se sèment en mai. Leurs graines sont très appréciées par de nombreuses espèces d'oiseaux et le couvert qu'elles offrent à l'automne est des plus utiles.

Le moha

Plante cousine du maïs, le moha constitue un couvert un peu moins haut et produit des graines qui tombent spontanément au sol. Moins prisé par les sangliers, il est peu sujet aux dégâts.
Une culture à gibier est conduite comme une production normale. Néanmoins, l'usage d'herbicides de prélevée et l'apport d'azote sont limités pour ne pas obtenir un couvert trop dense et disposer d'une strate herbacée au sol.

Les îlots de nidification

Ces aménagements ont pour but d'apporter sur une petite surface tous les éléments dont un couple de perdrix a besoin pour installer son nid, mener à bien la couvaison et l'éclosion des œufs, et d'as-

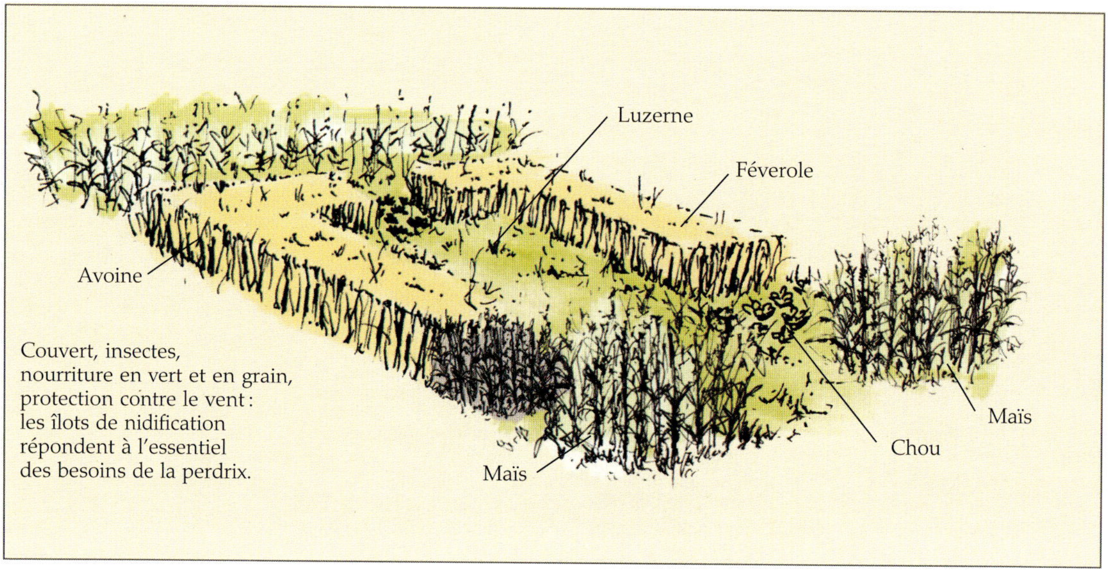

▲ L'îlot de nidification : un hôtel-restaurant-nurserie pour la perdrix.

surer la nourriture des premières semaines pour les jeunes.

Des carrés de 10 x 10 m sont jalonnés en bordure de parcelle tous les 50 à 80 m. Ils sont ensemencés de cinq variétés : avoine, féveroles, maïs, luzerne et choux fourragers. Une zone de 1 m^2 est conservée nue et recouverte de sable et de cendre de bois pour le pouillage des oiseaux. Le semis est effectué à la main.

L'intervalle entre les îlots est cultivé comme le reste de la parcelle mais exempt de traitement insecticide. À la récolte, les îlots peuvent être laissés en place jusqu'à la préparation du sol pour la culture suivante. Pour éviter un salissement des champs, il est souhaitable d'alterner chaque année la disposition des îlots de part et d'autre de la limite entre deux parcelles. Malgré la discontinuité du dispositif, il convient de piéger les extrémités de l'alignement.

Les bandes-abris

Si elles ne sont pas aussi sophistiquées que les îlots de nidification, elles jouent un rôle très utile pour le petit gibier de plaine puisqu'elles sont appelées à demeurer en place pendant plusieurs années. En outre, elles occasionnent moins de dérangement pour l'agriculteur.

Elles consistent en une bande d'une dizaine de mètres de large située en bordure de parcelle et en milieu de plaine,

▲ Buissons échelonnés sur une bande herbeuse.

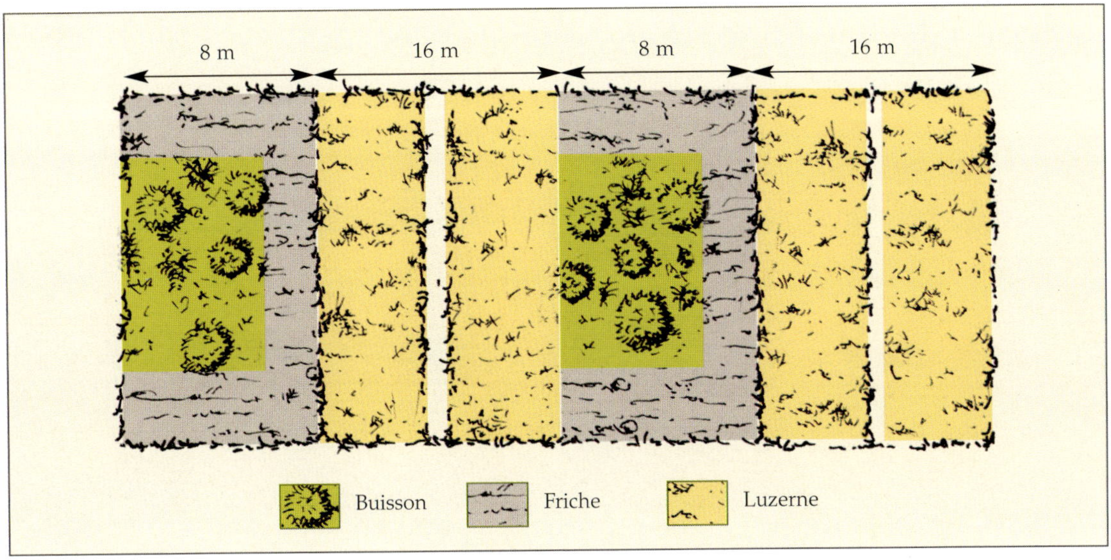

▲ Les bandes-abris offrent une succession d'éléments favorables au gibier.

ensemencée en luzerne. Tous les 20 m, un buisson de 4 x 4 m est implanté au milieu de la bande. À côté, un espace dégagé de 2 à 3 m² est réservé pour disposer un tas de cendre et de sable et pour installer agrainoir et abreuvoir permanents ou temporaires.
La luzerne, plante exceptionnellement riche en insectes, constitue un couvert nourricier pour les jeunes perdreaux, mais aussi pour les lièvres et les chevreuils qui fréquentent la plaine. Les buissons protègent le gibier et les postes d'agrainage alimentés pendant les périodes de disette favorisent la fixation des oiseaux sur le territoire.

Les implantations artificielles

Pour pallier les conséquences néfastes de l'agriculture moderne, un certain nombre de dispositifs peuvent être installés sur le territoire, en fonction des besoins identifiés.

Les postes d'agrainage et les abreuvoirs

Leur installation à demeure en bordure de chemin, en lisière de bois, sur les bandes-abris, auprès des haies et des buissons est souhaitable parce qu'ils s'intègrent dans

▲ Une tôle-abri avec un agrainoir et un récipient pour recueillir l'eau de pluie.

▲ Les milieux de garrigue et de maquis nécessitent des interventions pour ouvrir le milieu.

le paysage et dans les habitudes du gibier. Le recours à des dispositifs légers et amovibles peut rendre service dans l'urgence (bouteilles plastique suspendues, pleines de blé, demi-bidons remplis d'eau). Leur alimentation devrait être limitée aux périodes cruciales, mais force est de reconnaître que l'agriculture productiviste ne laisse guère de nourriture à disposition du gibier : déchaumage derrière la moissonneuse, destruction des repousses de céréales, terres nues en hiver.

En zone méditerranéenne , le petit gibier peut souffrir des périodes de sécheresse estivale ; des abreuvoirs en dur d'un diamètre de 2 m, en forme de vasque, sont situés à proximité de chemins carrossables pour faciliter leur approvisionnement.

Les réserves d'eau destinées à la lutte contre les incendies peuvent aussi servir d'abreuvoirs moyennant quelques aménagements pour éviter la noyade au gibier qui les fréquente.

Il faut cependant prendre garde à ne pas assister exagérément le gibier. En revanche, les périodes de gel prolongé, de fort enneigement ou les sécheresses justifient tout à fait l'intervention de l'homme.

Les tas de fumier

Le dépôt en plaine de tas de fumier de vache ou de cheval au moment de l'éclosion des jeunes perdreaux est destiné à leur fournir, en quantité, les insectes nécessaires à leur régime pendant les quatre premières semaines de leur vie. Le taux de survie des jeunes en dépend, en particulier lorsque les températures sont froides, limitant fortement l'éclosion des insectes dans la végétation.

Les tas de sable et de cendre

Ils ont un double rôle : c'est l'endroit où les oiseaux viennent se pouiller (comportement observé pour toutes les espèces, plus important qu'on ne l'imagine), se sécher et se défaire des boules de glaise qui emprisonnent parfois leurs pattes en hiver.

Le gui

Les lièvres sont très friands de ce parasite de nos arbres. Disposer des tas en plaine à leur intention est à la fois un apport de nourriture en hiver et une bonne occasion de débarrasser les arbres de leur gui.

Les huttes

Dans les grandes plaines céréalières ou betteravières, l'installation dans la bordure des céréales à paille de huttes constituées d'un faisceau de branchages légers permet aux perdrix de se repérer et de mieux retrouver leur nid.

▲ Les points d'eau sont nécessaires en zone méditerranéenne.

▲ Aucun animal ne peut résister à ce mur de flammes !

Les pratiques agricoles

Outre les aménagements qu'il est possible de mettre en place en fonction du contexte et de la coopération des agriculteurs, il est souhaitable d'obtenir de ces derniers l'abandon de certaines pratiques. La négociation doit permettre de fixer le dédommagement si celui-ci se justifie.

Brûlage des chaumes

Cette pratique, très préjudiciable pour le gibier qui souvent ne peut s'échapper, est, en outre, discutable sur le plan agronomique (perte de matière organique transformée en minéraux lessivés à la première pluie).

Le broyage des pailles

Lorsqu'il n'est pas effectué directement par la moissonneuse-batteuse, mais

▲ Le broyage des pailles peut être meurtrier pour le gibier.

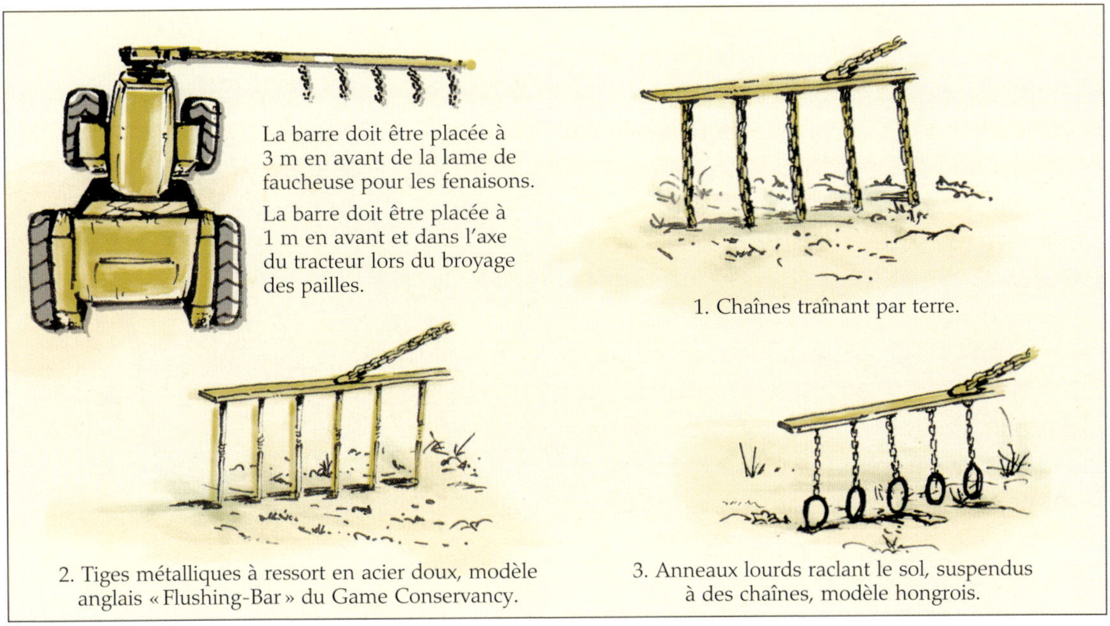

▲ Différents types de barres d'envol.

quelques jours plus tard avec un broyeur tracté, il est meurtrier pour le gibier qui s'est réfugié sous les andains. S'il est absolument nécessaire, l'installation d'une barre d'envol sur le tracteur est recommandée en avant du broyeur.

Les traitements insecticides systématiques

Sur les céréales à paille, les traitements insecticides ne doivent être effectués que si le risque d'invasion par les pucerons est réel. Seule une visite quotidienne dans le

▲ Les traitements insecticides suppriment la ressource pour les jeunes perdrix.

champ permet de le contrôler. Éviter de traiter une bande de 8 à 10 m autour du champ ne met pas en péril la récolte, économise le produit et laisse des insectes à la disposition des perdrix.

La technique de récolte

La récolte de la parcelle en passages concentriques de la périphérie vers le centre entraîne une mortalité importante du gibier, jeunes et adultes, oiseaux et mammifères, surtout compte tenu de la vitesse de progression des engins.

Commencer la récolte par le centre de la parcelle ou par un côté en progressant par passages parallèles permet au gibier de s'échapper vers les cultures voisines. Cette pratique n'a aucun coût.

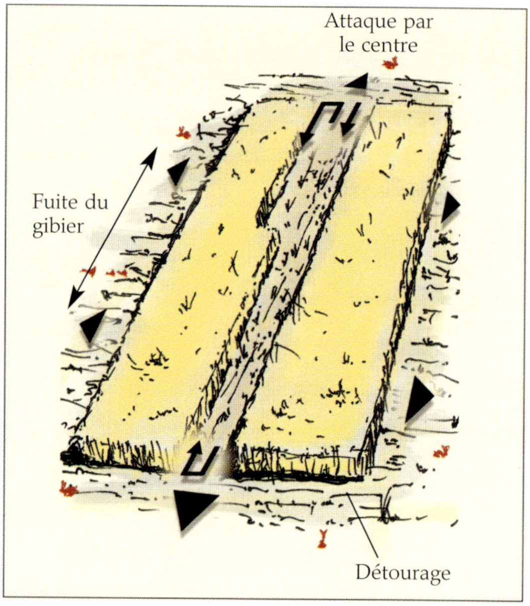

▲ Récolte d'une parcelle pour éviter la destruction du gibier.

▲ Une barre d'envol épargne nombre d'oiseaux lors de la fenaison.

Les modes de chasse

La chasse en plaine est probablement celle qui parle le plus à tous ceux, chasseurs ou non, qui fréquentent ce paysage à l'automne. C'est la chasse populaire par excellence, elle s'exerce au vu et au su de tous, partout où existent des milieux ouverts. C'est d'ailleurs l'image du chasseur parcourant avec son chien chaumes et labours qui est la plus évocatrice pour le grand public.
La chasse en plaine concerne principalement deux espèces : la perdrix et le lièvre, accessoirement les migrateurs.

Les chasses à tir

Ce sont les plus pratiquées avec ou sans chien, en battue ou à l'affût. Ce sont plutôt des chasses de début de saison qui s'achèvent à la fin novembre.

La chasse au chien d'arrêt

C'est une pratique de puristes qui demande une étroite complicité et une entente parfaite entre le chien et le chasseur. C'est l'homme qui choisit les terrains qui seront parcourus et l'ordre dans lequel ils le seront en s'appuyant sur son expérience et sur sa connaissance des lieux. Si la nuit a été claire, le temps sec et que la chaleur monte rapidement en début de matinée, on s'oriente d'abord vers les chaumes où l'on trouve les lièvres dans les cuvettes que forme le terrain, les perdrix plutôt sur les points hauts où elles ont passé la nuit. La perdrix rouge, elle, se rencontre à proximité des cultures où elle se nourrit. L'après-midi, on s'oriente vers les couverts qui conservent un peu de fraîcheur : betteraves et luzernes, où on peut avoir la chance de rencontrer des cailles en début de saison, puis repousses de colza ou buissons et garrigue pour apercevoir la perdrix rouge.
Si, en revanche, la nuit a été pluvieuse avec du vent, la quête se porte vers les endroits les plus abrités du territoire : bordures de bois, friches, labours et champs fraîchement déchaumés où lièvres et perdrix se sont mis à l'abri.

▲ Le couple chasseur-chien, une équipe soudée.

▲ Savoir exploiter le terrain avec une équipe d'auxiliaires.

Si le lièvre peut bondir à l'arrêt du chien tout au long de la saison, les perdrix ne se laissent surprendre qu'en début de chasse. L'expérience aidant et la végétation se raréfiant, elles deviennent très méfiantes et rapidement inapprochables sauf si l'on parvient à les remiser dans une parcelle de betterave ou un chaume de maïs.

En règle générale, le champ doit être abordé face au vent pour permettre au chien de quêter en balayant le terrain dans le sens de la progression. Lorsqu'il ralentit, remonte au vent sur une émanation en raccourcissant ses lacets, le chasseur doit s'efforcer de le rejoindre sans courir et se tenir prêt à tirer. C'est l'attitude du chien à l'arrêt qui lui indique s'il s'agit d'un lièvre, d'une perdrix ou d'une caille. L'académisme le plus strict interdit de tirer un gibier qui n'a pas été arrêté correctement par le chien, même s'il part à portée.

▲ La lisière des maïs,
à exploiter avec un bon chien.

Dans une compagnie de perdrix, il faut toujours choisir un oiseau et ne pas en changer puis tenter le doublé si le premier tombe. Le tir « dans le tas » se solde toujours par un raté. Si c'est un lièvre qui déboule, souvent très près, il faut lui laisser parcourir une vingtaine de mètres avant de le tirer. La caille volant bas, son tir nécessite la plus grande prudence.
Il n'est pas possible de chasser en permanence face au vent sauf à effectuer des contre-marches, chien en laisse, chaque fois qu'on arrive à la limite du territoire. Lorsqu'on a le vent dans le dos, le chien part loin devant et revient vers le chasseur en quêtant, ce qui occasionne parfois des arrêts spectaculaires sur des perdrix coincées entre le chasseur et son chien. La chasse à la perdrix rouge ne diffère de celle de la grise que par le milieu où elle se pratique : paysages bocagers, garrigue ou vignes. Le travail du chien est le même sauf dans ces dernières où la végétation ne permet pas de voir l'arrêt ; une clochette au collier sera précieuse pour le localiser et venir le servir.

▲ Progresser le long des haies permet de tirer grives et merles.

La chasse devant soi sans chien

Même sans chien, il est possible de réussir en chassant en plaine. Il faut compenser l'absence de ce partenaire par une connaissance approfondie du territoire et des habitudes du gibier. La progression est lente, entrecoupée de nombreux arrêts qui provoquent souvent le départ du gibier. L'exploitation du terrain est minutieuse, explorant toutes les caches possibles du gibier. On observe les autres chasseurs évoluant dans la plaine en essayant de se trouver sur la trajectoire de fuite de gibier qu'ils pourraient lever.

▲ La chasse devant soi a son charme...

Grives et merles se chassent le long des haies, de préférence à deux fusils qui progressent chacun de leur côté au même niveau, vent de face : soit les oiseaux jaillissent vers l'espace ouvert offrant un tir assez facile, soit ils ne font qu'un crochet pour rentrer immédiatement dans la haie, ce qui est beaucoup plus difficile à réussir.

La chasse au poste

Pour la chasse des migrateurs, c'est en chassant à poste fixe qu'on a les meilleurs résultats. Pour les pigeons et les tourterelles, il convient de se dissimuler dans une haie, au pied d'un arbre isolé, à proximité des endroits qu'ils fréquentent. On peut aussi s'installer dans une hutte sommaire en branchages ou construite avec des bottes de paille. En fonction de la réglementation en vigueur dans le département, le chasseur peut utiliser des appelants artificiels et les premiers oiseaux tués pour pigeons et vanneaux et, pour ce dernier, l'appeau qui se révèle très efficace.

▲ Chasse individuelle ne signifie pas chasse solitaire.

▲ La chasse à la cabane traditionnelle pour les grives dans le Sud-Est.

La chasse en battue

C'est le mode de chasse classique de la perdrix grise dans les grandes plaines du nord de la France. On y tire accessoirement le lièvre. Il existe deux manières d'opérer.

Le rabat est effectué par une ligne de chasseurs marchant vent dans le dos vers des tireurs postés, camouflés ou non, derrière des affûts naturels ou artificiels. Les oiseaux prennent vitesse et hauteur pour franchir la ligne, occasionnant des coups de fusil spectaculaires. Quelques-uns rebroussent sur la ligne des marcheurs qu'ils franchissent souvent au ras du sol contre le vent.

La seconde pratique consiste à disposer les chasseurs en cercle autour d'une plaine pour qu'ils progressent en convergeant vers le centre du dispositif. Pour réussir, il faut conserver des intervalles égaux entre les chasseurs pour ne pas former le trou dont le gibier sait admirablement tirer profit. La plus grande prudence

▲ Une compagnie de perdrix rouges est sans doute au nez des chiens.

▲ Par des journées chaudes et en l'absence de couverts, le travail des chiens est ardu.

s'impose : lorsque le diamètre du cercle atteint 300 m, seuls les tirs en l'air et derrière restent autorisés comme, d'ailleurs, à la fin de la battue décrite plus haut.

À l'exception des chaudrons alsaciens, le tir du lièvre dans ces battues répugne nombre de chasseurs qui le considèrent trop facile.

Les tireurs peuvent être accompagnés de chiens de rapport à la condition qu'ils soient parfaitement éduqués, sachent marcher au talon ou demeurer au pied sans laisse et ne commencent à chercher le gibier tombé qu'au commandement.

Les chasses sans fusil

C'est essentiellement en plaine que se pratiquent ces chasses particulières que sont la vénerie du lièvre et la chasse au vol. Elles ont plusieurs points communs : ce sont des chasses demandant beaucoup de connaissances et de savoir-faire, elles sont pratiquées par des passionnés et n'opèrent que de faibles prélèvements.

La chasse au vol

Les deux modes de chasse au vol se pratiquent en plaine, même si, du fait du gibier rencontré, c'est le terrain de prédilection du haut vol. Celle-ci, pratiquée avec des faucons (pèlerin le plus souvent mais aussi lanier ou sacre), s'intéresse prioritairement à la perdrix mais également au faisan. La pie, la corneille et le pigeon sont chassés occasionnellement. L'oiseau est posé sur le poing ganté de son maître, muni d'un chaperon qui l'aveugle. Quand le chien, troisième membre de l'équipe, marque l'arrêt, le chasseur retire le chaperon, l'oiseau prend son essor et monte parfois à plus de 100 m, à la verticale du chien. Sur ordre, le chien rompt l'arrêt et fait voler la perdrix. Le faucon pique alors sur sa proie à une vitesse pouvant atteindre 200 km/h, ailes serrées, lui décoche un coup violent avec ses serres, l'assommant ou le tuant net, puis vient se poser sur sa victime.

▲ Chasse de puriste et chasse naturelle.

La chasse de bas vol fait appel à l'autour des palombes et, de plus en plus, à la buse

▲ La chasse au vol : un art ancestral qui nous vient de la nuit des temps.

de Harris. Elle concerne faisans, lapins et lièvres. Le chasseur, assisté de chiens d'arrêt ou de broussailleurs, parcourt le terrain, son oiseau non aveuglé sur le poing. Au départ du gibier, l'oiseau s'envole, prend en chasse sa proie dans son sillage, la rattrape, la saisit dans ses serres, puis tombe avec elle, avant de l'achever d'un coup de bec.

Dans tous les cas, l'oiseau qui a fait prise est récompensé par un petit morceau de viande.

La chasse au vol est une véritable chasse de puristes qui exige beaucoup de patience et de connaissances. L'oiseau n'a qu'un maître, il ne peut être confié à un tiers, il ne chasse bien que s'il a l'occasion de le faire régulièrement. Or, les responsables de chasse sont trop souvent réticents à inviter un fauconnier ou un autoursier, bien que les prélèvements soient très faibles.

Une réglementation très stricte encadre la chasse au vol puisque les rapaces sont tous protégés. La plupart des oiseaux utilisés en chasse au vol sont issus de captivité, ils sont bagués et circulent avec un passeport délivré par l'administration.

▲ La chasse c'est aussi le cadeau qu'offrent des paysages grandioses.

▲ La vénerie à pied conquiert un public toujours plus large.

La chasse à courre

C'est le lièvre qui est ainsi chassé en plaine (le lapin est plutôt chassé dans des milieux plus fourrés).

Il s'agit d'un art extrêmement subtil : les veneurs qui utilisent la trompe de chasse ou la pibole pour communiquer entre eux, se déplacent à pied, courant en tous terrains pendant parfois des heures. Rien ne ressemble tant à un lièvre qu'un autre lièvre, ce qui nécessite sagesse des chiens et rigueur des veneurs. Enfin, si l'animal est bien malmené, son odeur diminue jusqu'à disparaître quand il est sur ses fins, rendant ardu le travail des chiens.

Le lièvre chassé utilise les mêmes ruses que tous les animaux de vénerie : il emprunte les routes, les chemins pierrés et même les ruisseaux pour ne pas laisser d'odeur, passe au milieu des troupeaux, traverse des champs où un traitement ou un épandage de fumier a été effectué. Il met à profit les haies et boqueteaux pour doubler ses voies à l'abri du regard des chasseurs, tape au change et trouve refuge dans les endroits les plus inattendus : canalisations, meules de paille, arbres inclinés et, même, corps de bâtiments.

La prise est moins fréquente qu'en grande vénerie, sauf pour quelques équi-

▲ La chasse au furet exige une prudence de chaque instant ... et le silence !

pages renommés. Le cérémonial de la curée est identique.
Le nombre d'équipages de lièvres est en constante progression et suscite un engouement grandissant : nombre de chiens restreint, exigence moindre en matière de surfaces nécessaires, coût relativement modeste des cotisations.
La chasse à courre du lièvre est une excellente école pour ceux qui veulent découvrir la vénerie.

La chasse du lapin de garenne

La chasse au furet

S'il est toujours possible de rencontrer le lapin au cours de chasses dans des milieux aussi différents que la plaine, le marais, le bois ou la garrigue, cette espèce fait l'objet d'une chasse spécifique : la chasse au furet. Ce précieux auxiliaire, cousin du putois dont il descend, est un prédateur redouté du lapin qu'il saigne s'il arrive à le saisir à la gorge. Il s'agit d'une chasse naturelle basée sur l'atavisme des deux protagonistes.
On trouve des terriers dans les endroits les plus divers : talus d'autoroutes ou de voies ferrées, carrières, bordures de fleuves ou de rivières, garrigue, marais asséchés, voire dans les fondations de bâtiments qu'ils minent complètement. Il suffit que le sol soit meuble ou comprenne des galeries naturelles ou artificielles.
La chasse au furet nécessite une très sérieuse discipline car elle peut être dangereuse. Les participants doivent être silencieux, d'une prudence extrême, tout en étant capables de tirer très vite.

▲ Un paysage bocager aux cultures variées est un excellent milieu pour le lapin de garenne.

Un beau temps froid et sec est particulièrement favorable à ce mode de chasse. En effet, s'il a plu au cours de la nuit, les lapins répugnant à rentrer mouillés au trou, la chasse sera infructueuse.

En général, les chasseurs, au nombre de trois à cinq, se postent au-dessus du terrier, en cercle, se tournant le dos de manière à couvrir les 360° alentour ou, en ligne, selon la disposition des gueules. Un furet est introduit dans une des ouvertures par un des chasseurs ou un accompagnateur qui rejoint immédiatement les autres. Les fusils ne sont fermés qu'à ce moment.

Le furet parcourt les galeries en se servant de son odorat. Les occupants fuient devant lui, mais, parfois, l'un d'eux se fait coincer dans un cul-de-sac où le furet tente de le déloger en lui grattant vigoureusement le postérieur avec ses griffes.

La durée de l'attente varie selon les dimensions du terrier, le nombre de lapins qui s'y trouvent, l'ardeur et l'expérience du furet. La sortie des lapins est précédée d'un roulement caractéristique audible depuis la surface. Ils giclent littéralement, parfois en se suivant ou simultanément depuis plusieurs trous.

▲ La chasse du lapin aux chiens courants dans les milieux méditerranéens.

Le tir, instinctif, est le résultat d'une pratique régulière. Un lapin blessé doit être immédiatement doublé pour éviter qu'il se traîne jusqu'à une gueule, où il risque d'être saigné par le furet qui va alors s'endormir pour un long moment. Si l'on n'a pas pu l'éviter, dès la sortie du furet, il faut abandonner ce terrier. Lorsque le furet est endormi dans le terrier, on dit qu'il « colle ». Si pour diverses raisons, on ne peut attendre son réveil, on bouche toutes les gueules avec de la paille et du papier journal. Le lendemain, on trouvera le furet endormi dans la paille d'une des sorties. Pour ménager ces auxiliaires, il convient d'utiliser deux furets en alternance.

La chasse aux chiens

Toutes les races de chiens sont susceptibles de chasser le lapin : chiens d'arrêt, broussailleurs, fox-terriers, chiens courants. Avec les deux premiers, on explore les secteurs au couvert arbustif discontinu comprenant de petits ronciers et des zones dégagées où les lapins aiment se tenir le matin après une nuit froide ou humide, les cultures et pâtures le long des bois, les versants de garrigue bien ensoleillés. Le lapin part souvent au nez du chien, il faut donc lui laisser prendre du champ avant de tirer, mais pas trop car il fuit vers le couvert le plus proche où il disparaîtra aussitôt.

Pour chasser au chien courant ou avec des fox-terriers, il faut préalablement boucher les gueules des terriers en fin de nuit, lorsque les lapins sont encore au gagnage, pour les contraindre à demeurer à l'extérieur. Les fusils sont placés aux angles des allées, spécialement tracées à cet effet, qui délimitent le carré à prospecter, puis les chiens sont lâchés.

Si le territoire est vif, il se forme plusieurs chasses à grands renforts de récris. Le lapin règle son allure sur celle de ses poursuivants, ralentis par la végétation. Il se présente donc aux abords de l'allée à petite vitesse, ce qui facilite le tir. En revanche, si les chiens le talonnent, il traverse le layon comme une balle.

Il existe encore quelques beaux territoires à lapins dans notre pays mais ils se raréfient sous l'effet conjugué des deux maladies qui déciment l'espèce : la myxomatose et le virus hémorragique (VHD).

Reprises de lapins vivants

Dans un but de repeuplement, on peut utiliser les furets pour capturer des lapins vivants. La technique ressemble à celle de la chasse, sauf qu'on place une bourse devant chaque gueule du terrier. Il s'agit d'un filet muni d'une cordelière attachée à un piquet. Quand le lapin sort, il se maille dans la bourse qui se referme sur lui.

En général, on met les lapins capturés dans des sacs de jute avant de les installer dans des caisses aménagées.

On ne peut transporter des lapins vivants que muni d'une autorisation délivrée par la Direction départementale de l'agriculture et de la forêt du lieu de capture qui ne la délivre que si l'espèce n'est pas classée nuisible dans la zone où les animaux doivent être relâchés. La vaccination contre la myxomatose est souvent effectuée à cette occasion.

La chasse en forêt

Les espèces

Le gibier à plume

La bécasse des bois

(Scolopax rusticola)

Cet oiseau est l'un des gibiers les plus convoités, vénérés même, mythiques pour beaucoup de chasseurs qui n'ont pas de mots assez forts pour le décrire : « mordorée », « dame au long bec », « reine des bois »...

De la taille d'une perdrix, elle arbore un plumage brun-roux, marqué de noir, le dessous plus clair, barré de foncé, la tête ronde à bandes sombres et isabelle (jaune pâle), de grands yeux noirs, ronds, placés haut, donnant un champ visuel de 360°. Son bec est droit et long (7 cm).

Les pattes et la queue (qui porte des plumes blanches) sont courtes, les ailes longues et arrondies. Les deux sexes pré-

▲ La bécasse, oiseau mythique convoité par tout chasseur.

***Son parfum,** à la cuisson, embaume la maison.*
Le foie de la bécasse n'a pas de fiel. L'habitude de l'oiseau de se vider à l'envol fait que l'on ne le vide pas avant de le cuisiner. Seul le gésier est à retirer, par le cou ou après cuisson. La chair de couleur foncée est délectable.
La bécasse peut se déguster bardée, rôtie sur canapé. Mettre à four chaud pendant 15 min, puis sortir l'oiseau, le vider avec une petite cuillère, enlever le gésier, remettre sur canapé 10 min. Pendant ce temps, pour préparer la sauce, écraser les entrailles juste sortis de l'oiseau en les mélangeant avec foie gras, beurre, sel, poivre, crème fraîche. Flamber au cognac ou au calvados, servir avec des frites fines ou des chips et une salade.

sentent les mêmes caractéristiques. Une particularité remarquable est la plume du peintre ou épiptère ou encore surrémige, lancéolée et rigide, située au bord externe de l'aile ; elle servait effectivement aux peintres anciens pour des dessins précis, ainsi qu'aux horlogers pour nettoyer les mécanismes délicats.

La bécasse est un oiseau migrateur qui vient de ses lieux de reproduction septentrionaux et nord-orientaux, fin octobre. Lorsque le sol est gelé et qu'elle ne peut plus le fouiller, elle se déplace vers les zones tempérées atlantiques et méridionales, voire en Afrique du Nord. La migration de retour pour nidifier a lieu en mars.

L'oiseau fréquente les forêts, les bois et les boqueteaux, les haies et les landes. Son activité est principalement nocturne lorsqu'elle quitte le couvert au crépuscule pour aller vermiller dans les prairies. Elle regagne sa place au bois dès l'aube. Ces déplacements, appelés « passées », étaient l'occasion de tirs au poste, forme de chasse maintenant interdite.

Son régime alimentaire est varié : lombrics, larves, insectes, petits mollusques, quelques matières végétales. Les fientes sont appelées miroirs. La bécasse a l'habitude de se soulager à l'envol.

La reproduction débute en mars, certains oiseaux nichent en France, mais la majorité d'entre eux migre très au nord. Le mâle effectue un cérémonial curieux qui consiste à voler en cercle au crépuscule en poussant un cri sonore grave suivi de cris plus aigus, c'est la « croule », destinée à séduire les femelles au sol. Perdant alors une partie de sa vigilance, il offrait l'occasion de tirs dont la pratique est dorénavant interdite.

Le nid est situé à terre, à l'abri d'une souche ou d'un écran végétal ; 2 pontes ont lieu en avril et juin, de 4 œufs gris-brun tachés de roux, couvés 21 jours par la femelle. Les poussins sont nidifuges.

Le faisan commun

(Phasianus colchicus)

Cet oiseau est bien connu des chasseurs. Originaire du Caucase, il a été introduit dès le Moyen Âge.

De la taille d'un coq domestique, il possède une longue queue droite (45 cm), un plumage brillant brun cuivré, une tête

▲ Chaque coq dominant possède plusieurs poules.

rouge, un cou bleu-vert, un ventre tirant sur le pourpre, des ergots forts. La poule est un peu plus petite, avec un plumage roux fauve uniforme et une queue plus courte.

Plusieurs variétés comprennent : le faisan versicolore avec le dessus de la tête, le cou et la poitrine bleu foncé à reflets vert métallique, la poule est uniformément foncée ; le faisan à collier, qui se distingue par cette marque ; certains faisans sont de couleur très claire ; d'autres, au contraire, sont dits obscurs. Des croisements entre ces variétés font que les caractères ci-dessus ne sont pas toujours constants.

Le chant du faisan est rauque et métallique, on dit qu'il criaille.

Sédentaire, très ubiquiste, on le rencontre aussi bien au bois qu'en plaine, dans les cultures, les fourrés, les landes, les friches, les bocages, les lisières, volontiers près de l'eau. Il évite les grandes plaines et les grandes forêts. Il se perche souvent et se

▲ Le faisan naturel est un extraordinaire gibier.

*Le **suprême de faisane** se confectionne en levant les filets sans la peau, salés, poivrés, cuits 3 minutes au beurre avec un peu d'huile dans une sauteuse ; celle-ci est déglacée au vin blanc, grattée avec une spatule en bois. Ajouter de la crème fraîche et laisser cuire doucement jusqu'à l'onctuosité désirée. Servir avec du riz, de la salade, quelques toasts, la sauce à part.*

branche le soir pour passer la nuit à l'abri des prédateurs.

Le faisan est un granivore complétant sa diète de fruits, de glands, de baies, d'insectes, de vers, d'œufs de fourmi et de petits mollusques. Cette alimentation carnée est indispensable aux faisandeaux jusqu'à l'âge d'un mois.

Le mâle est polygame, recherchant les poules implantées sur son territoire. Le nid est gratté à terre, à l'abri de la végétation. En mai, 8 à 15 œufs brun-vert luisants sont pondus et couvés par la femelle ; l'incubation dure 25 jours. Les pouillards sont nidifuges et suivent leur mère à la recherche de leur nourriture carnée. À l'automne, la première mue des jeunes coqs leur donne un plumage très proche de celui de l'adulte, on dit qu'ils sont maillés.

Le faisan vénéré *(Syrmaticus reevesi)*

C'est un gibier magnifique, originaire d'Orient, plus forestier que le faisan commun, dont il a la forme générale, mais qu'il surpasse en taille. Le mâle se distingue par une longue queue atteignant 2 m, un plumage jaune doré métallique festonné de noir et de blanc sur les flancs, une tête et un cou blancs marqués d'un masque et d'un collier noirs. La poule est d'un brun plus terne et sa queue plus courte.

Le vénéré a une prédilection pour les futaies feuillues, sortant peu en plaine, si ce

▲ Le faisan vénéré, oiseau de futaie.

n'est sur les lisières. Il se branche à l'occasion et, le cou tendu, piète souvent devant le chien.
Son régime alimentaire et sa reproduction sont semblables à ceux du faisan commun.

Le pigeon biset *(Columba livia)*

Plus petit que le pigeon ramier, le biset se distingue par son plumage gris-bleu et le bas du dos blanc, le cou à reflets verdâtre brillant et des ailes barrées et terminées de noir comme l'extrémité de la queue. Le bec est foncé. Les deux sexes présentent les mêmes caractéristiques.
Cette espèce sauvage sédentaire n'est pas très commune dans la nature, préférant vivre en colonies dans les falaises côtières de Normandie, de Bretagne et de Corse, ainsi que dans les rochers du Massif central. Elle a été domestiquée depuis longtemps, et est à l'origine des pigeons d'élevage, de ceux des villes et des pigeons voyageurs.
Le nid rupestre fait de brindilles se situe dans des grottes ou des cavités rocheuses. De 2 à 3 pontes de 2 œufs blancs se succèdent du printemps à l'été, couvés 17 jours par les deux parents qui nourrissent les pigeonneaux à l'aide du « lait de pigeon ». Ces derniers restent au nid 3 semaines.
La nourriture est principalement granivore, agrémentée de petits mollusques, y compris de bigorneaux.

Le pigeon colombin *(Columba oenas)*

De la taille du précédent, le colombin s'en distingue par l'absence de plumes blanches et par des barres alaires noires interrompues et peu marquées. Les deux sexes présentent les mêmes caractéristiques.
Moins nombreux que les ramiers, ils se déplacent souvent avec eux lorsqu'ils migrent, en provenance du nord de l'Europe. La plupart des colombins sont sédentaires.
Ce pigeon est franchement forestier, habitant les peuplements assez clairs, les haies, les landes et les parcs, endroits où il trouve des arbres creux pour y établir son nid.
La reproduction est semblable à celle des autres pigeons.
La nourriture est surtout granivore, comprenant aussi des fruits forestiers, des glands, des faines, des baies et quelques invertébrés.

Le pigeon ramier *(Columba palombus)*

C'est le plus commun, le plus connu et le plus grand (40 cm) des pigeons sauvages. Au sud d'une ligne approximative de la Vendée au Massif central, il prend le nom de palombe.
Le pigeon ramier a un plumage bleu-gris, un dessous vineux, des ailes aux extrémités noires et portant des épaulettes blanches ; le bout de la queue est noir, le bec porte une protubérance claire et le cou est marqué de deux taches latérales blanches.
L'oiseau roucoule, caracoule ou frigotte.
Son activité est diurne. Il fréquente les forêts, les bois et boqueteaux, les cultures, les friches, les parcs et jardins jusqu'en ville. Très commun partout, il devient l'un des premiers gibiers en France. C'est un migrateur dont de nombreuses populations

▲ Le pigeon ramier devient palombe au sud de la Loire où il est l'objet de toutes les passions.

descendent des pays nordiques, entraînant avec elles, vers les pays méditerranéens, en octobre, les ramiers établis chez nous. Cependant, de nombreux individus sont plutôt erratiques, se sédentarisant et hivernant lorsque le climat le permet ainsi que l'abondance de la nourriture, comme le maïs et les céréales, les oléo-protéagineux (pois, fèves, tournesol, colza), les glands et les faines. Les Britanniques considèrent les pigeons ramiers comme sédentaires.

Le nid est une rudimentaire plate-forme de brindilles posée à faible hauteur, dans

> Les pigeonneaux nidicoles, bisets, colombins et ramiers sont nourris par les deux parents, à l'aide du « **lait de pigeon** », sécrétion du jabot régurgitée dans leur bec. Ensuite, cette sécrétion est progressivement mélangée à des graines et autres aliments secs avant de se tarir.

les arbres, les arbustes, les épines, les haies, le lierre. Il reçoit 2 ou 3 pontes de 2 œufs blanc brillant chacune, couvés 17 jours par les deux parents. L'envol intervient un mois après.

Le gibier à poil

Le cerf élaphe *(Cervus elaphus)*

Le cerf élaphe ou cerf d'Europe, emblème des forêts, est le plus grand mammifère sauvage autochtone.

Le mâle mesure 1,30 m au garrot, 2 à 2,30 m de longueur, pour un poids de 120 à 200 kg. Il porte des bois caducs (la ramure), on dit qu'il est coiffé. Ces bois tombent à la fin de l'hiver, le cerf est alors dit « mulet ». La ramure est plus ou moins ramifiée de pointes appelées andouillers ou cors. Les bois sont des formations osseuses, produites par la peau, reliées au front par des excroissances appelées pivots. Lors de leur repousse, les bois sont habillés de cette peau, le velours, dont le cerf se débarrasse à la fin de leur croissance en se frottant aux troncs (fraie). Ces bois sont simples (dagues) à la deuxième année du jeune cerf, d'où le nom de daguet. Ces pointes tombent en avril de l'année suivante ; ensuite les bois tombent et se refont chaque année un peu plus tôt tout en se modifiant, sans qu'il y ait une relation entre le nombre d'andouillers et l'âge de l'animal. L'apogée de la ramure se situe entre 8 et 12 ans. Vers 14 ans, elle décline, on dit que le cerf ravale. Dans le même temps, les pivots perdent en hauteur ce qu'ils gagnent en diamètre.

Pour qualifier une ramure (trophée), on multiplie par deux le nombre d'andouillers présents sur le bois le plus fourni ; un cerf 12 cors a 6 pointes de chaque côté. Un cerf 12 cors irrégulier a 6 pointes d'un côté et 4 ou 5 cors de l'autre. L'appellation des cerfs selon leur ramure et l'évaluation approximative de leur âge est affaire de tradition et emprunte des termes utilisés de longue date par la vénerie.

Ces évaluations à la vue sont approximatives et complétées par l'aspect physique :

– jeunes cerfs (1 à 4 ans), tête étroite, portée haut, croupe anguleuse ;
– cerfs d'âge moyen (5 à 8 ans), développement de la crinière et du fanon, garrot marqué ;
– cerfs adultes et vieux (9 ans et plus), garrot proéminent, cou large, tête dans le prolongement du corps.

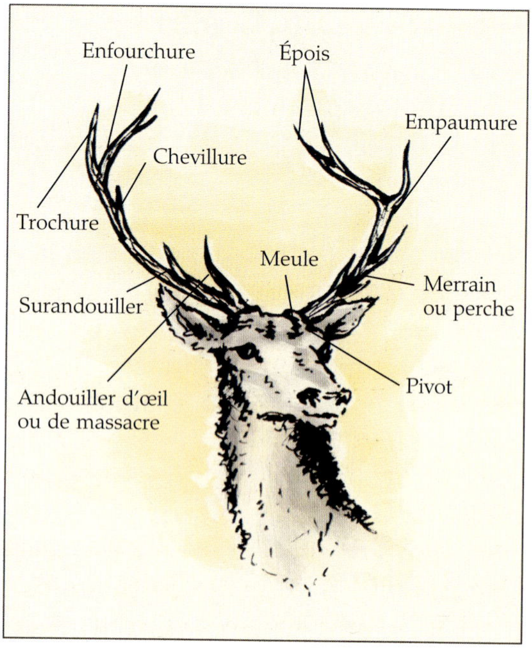

▲ Les bois du cerf.

▲ Les animaux se regroupent en hiver : ici cerfs mulet et coiffé.

La méthode d'évaluation de l'âge la plus sûre consiste à étudier la dentition. Le cerf adulte a 34 dents selon la formule 0133/3133 donnant le nombre de dents par demi-mâchoire supérieure et inférieure : incisives, canines, prémolaires et molaires. Il n'y a pas d'incisives à la mâchoire supérieure, elles sont remplacées par un dur bourrelet de la gencive. À la mâchoire inférieure, la canine a migré vers l'avant donnant une quatrième incisive. Ces dents s'usent avec l'âge, le type de nourriture, la nature du biotope et l'état physiologique de l'animal ; c'est une affaire de spécialiste.

Les seules certitudes existant concernent la détermination de l'âge des jeunes par les dentures : jusqu'à 30 mois, on voit la chute des dents de lait et leur remplacement par les dents définitives. Les incisives de lait, en bas, sont remplacées par les définitives, vers 14 mois pour les premières, 18 mois pour les deuxièmes, 20 mois pour les troisièmes, la quatrième, quant à elle, apparaît à 24 mois.

La troisième prémolaire de lait est trilobée. Elle est remplacée par une prémolaire définitive bilobée à 26 mois. La troisième molaire définitive est elle aussi trilobée et apparaît à 2 ans et demi alors que les deux premières molaires sont bilobées.

La biche est plus petite que le cerf (1,20 m, 1,80 m et 60 à 120 kg). Elle ne porte pas de bois. La bichette (1 à 2 ans) est encore assez petite en comparaison de sa mère, tandis que la biche âgée est

Une marinade pour la venaison de grand gibier se confectionne crue ou cuite 24 heures à l'avance. Mettre en terrine des oignons et des carottes en rondelles, des échalotes hachées, du céleri et du persil, un bouquet garni, de l'ail et quelques clous de girofle, du poivre en grains et des baies de genièvre. Ne pas mettre de sel dans une marinade. Ajouter les morceaux à mariner, couvrir de vin blanc ou rouge suivant le goût, puis verser 2 cuillerées d'huile et de vinaigre, et laisser mariner.
La marinade cuite utilise les mêmes ingrédients. Mettre les petits légumes préalablement à revenir pour leur donner une belle couleur. Ajouter le vin et faire cuire à feu doux 1 h. La marinade refroidie, y ajouter la viande.

Les bouchers ne distinguent généralement pas les sexes et ne parlent volontiers que de biche. Mieux vaut choisir la venaison d'animaux jeunes, celle de cervidés plus âgés méritant une marinade pour attendrir le morceau et atténuer la puissance du goût (il s'agit quand même de gibier).
En civet, des morceaux d'épaule et de parure, découpés en dés, salés, poivrés, sont mis à revenir en cocotte dans un mélange de beurre et d'huile, puis farinés (en laissant roussir) et flambés au cognac ou au calvados.

Ajouter carotte et oignon découpés, bouquet garni, mouiller de la marinade en couvrant la viande, laisser cuire 1 h 30 à couvert et à feu doux. Passer la sauce au chinois, la lier à la crème fraîche pour un dernier bouillon. La venaison s'accommode bien de gelée de groseille ou de myrtille et d'une purée de marron ou de céleri.

maigre, semble haute sur pattes, portant une tête longue et anguleuse de plus en plus basse avec les ans. L'apparition des dents et leur usure sont comparables à celles des mâles.
Le pelage de ces cervidés est brun-rouge en été (gibier rouge) et gris-brun en hiver, avec une tache postérieure claire. La queue, de même teinte que la robe, est courte. Le faon porte une robe tachetée de blanc jusqu'à 2-3 mois.
Le cerf brame, rait ou rée. La biche est plus discrète en appelant son faon. Cependant, les deux sexes émettent un cri d'alerte bref et rauque.
Le cerf peut habiter toutes les forêts, feuillues ou résineuses, les bois et les bos-

▲ Le cerf reste un animal de légende.

quets, jusqu'à 1 500 m en montagne, préférant les lieux dégagés pour se déplacer, gagnant les taillis et les sous-bois épais pour y trouver calme, repos et pitance. La nuit, il sort volontiers en plaine pour se nourrir, on dit qu'il viande. Il aime l'eau et les souilles pour se rafraîchir et se débarrasser de parasites externes dans la boue et le sable.

Le cerf est un animal grégaire vivant en harde hiérarchisée généralement menée par une biche dominante. On rencontre des hardes de biches constituées de plusieurs cellules familiales comprenant chacune une biche suitée de son faon de l'année et de la bichette ou du daguet de l'année précédente. Des hardes de mâles sont formées de cerfs de 2 ans et plus. L'hiver, des hardes mixtes peuvent regrouper plusieurs dizaines d'individus. Enfin, des hardes de brame comprennent des femelles et leurs faons avec un cerf dominant appelé « maître de place ».

Les animaux sont des herbivores ruminants, se nourrissant de plantes herbacées, de céréales en cours de végétation,

▲ La ramure se développe avec l'âge.

de grains et de graines, de ronce et de lierre, de rameaux et de bourgeons d'arbustes et d'arbres, d'écorce, de fruits forestiers (glands, faines), de pommes… Il leur faut beaucoup de lest intestinal (cellulose) pour faciliter la rumination et la digestion. La prise de nourriture ou gagnage a lieu quatre à cinq fois par 24 heures, surtout pendant la nuit.

Le foie ne possède pas de vésicule biliaire ; les excréments ou fumées sont brun foncé. Ils sont, chez le mâle, de 20 à 25 mm de long, 13 à 18 mm de large, cylindriques, en forme d'obus, avec une extrémité allongée et l'autre présentant un renfoncement leur permettant de s'emboîter. Les fumées des biches sont plus petites et leur côté arrondi n'est pas déprimé.

La reproduction se déroule de la mi-septembre à la mi-octobre, c'est l'époque du rut ou du brame.

Dans la nature, l'équilibre des sexes est d'un mâle pour une femelle. La femelle peut être fécondée dès sa deuxième année, plus tardivement si le milieu est pauvre, la population très nombreuse ou le climat défavorable.

C'est la période physiologique favorable des biches qui déclenche le brame. Le cerf est polygame. Un cerf dominant contrôle plusieurs femelles sur une place de brame, marquant son territoire par son raire ou brame, ses excréments et l'odeur produite par des glandes dont principalement celle située à la base de la

Les dommages aux peuplements forestiers sont provoqués par l'abroutissement des jeunes rameaux et des bourgeons, par l'écorçage des arbres, par les frottis au moment de la chute des velours (fraie) et à l'époque de la reproduction.

En cas de concentration des animaux, les dommages agricoles sur céréales, principalement aux stades des grains laiteux et pâteux, sur colza et autres productions végétales, peuvent être importants.

Âge	Nom
0 à 6 mois	faon
6 mois à 1 an	hère
1 à 2 ans	daguet
2 à 3 ans	2ᵉ tête
3 à 4 ans	3ᵉ tête
4 à 5 ans	4ᵉ tête
6 à 7 ans	5ᵉ tête ou 10 cors jeunement
7 à 8 ans	6ᵉ tête ou 10 cors
8 ans et plus (alors que l'animal peut porter 6, 8, 10 cors ou plus)	7ᵉ tête ou grand 10 cors
10 ans et plus (avant de ravaler)	cerf royal
ensuite	grand vieux cerf

▲ Biche et faon restent ensemble pendant un an.

▲ Évolution des bois du même cerf ; on retrouve des caractéristiques année après année.

queue, dite glande du goupillon. Alentour de la place de brame, de jeunes cerfs, tenus à l'écart par le grand mâle, guettent une occasion favorable pour participer à la reproduction.

La biche porte de 230 à 240 jours et met bas un seul faon, fin mai, début juin. Les naissances gémellaires sont rares. Elle allaite 8 à 10 mois, mais le faon commence à se nourrir dès 3 mois.

Une biche devient bréhaigne (stérile) avec l'âge.

Le pied du cerf est caractérisé par un sabot à deux onglons (pinces) et par l'atrophie des deux doigts postérieurs (les os) qui ne marquent pas le sol dur. L'empreinte du mâle est plus large, plus ronde, plus longue à l'avant que celle de la biche dont le talon est moins marqué. Avec l'âge, la foulée du cerf se modifie. Les jeunes mâles « outrepassent » ou se « méjugent » car le pied arrière dépasse le pied avant. Puis les allures deviennent régulières quand les empreintes des pieds coïncident, l'animal se « juge ». Chez le vieux cerf, le pied arrière retarde, il se « déjuge ».

La biche pleine a les pinces arrière écartées et tournées vers l'extérieur à cause du poids du fœtus.

Le cheptel national avoisine 120 000 individus et 36 000 sont au tableau de chasse chaque année.

Le cerf Sika *(Cervus sika nippon)*

Introduit en France à la fin du XIXe siècle, à la suite d'un cadeau de l'empereur du Japon, il a proliféré en enclos avant de coloniser plusieurs espaces boisés (forêt de la Hardt en Alsace, Armainvilliers en Seine-et-Marne, Ubaye dans les Alpes-Maritimes), ainsi que dans l'île de Porquerolles d'où il a été éliminé dans le cadre de la politique suivie par le parc national. D'autres petites colonies subsistent çà et là, si des individus s'échappent d'enclos.

▲ Originaire du Japon, le cerf Sika est le plus souvent un animal de parc.

Plus petit que le cerf élaphe, le cerf Sika mâle adulte mesure 1,30 m de long, 0,9 m au garrot et pèse de 50 à 60 kg. La femelle est un peu moins grande. Le pelage est foncé, roux tacheté de blanc en été, gris-brun en hiver et marqué d'une grande tache blanche à l'arrière. La queue est blanche.

Les bois du mâle sont peu développés, portant quatre andouillers au plus de chaque côté.

Le rut a lieu en novembre, décalé d'un mois par rapport à celui du cerf élaphe. Cela n'empêche pas l'hybridation des deux espèces. Les sujets qui en sont issus sont fertiles, ce qui est gravement dommageable pour la pureté génétique du cerf d'Europe. Heureusement, ce risque est assez minime, mais les forestiers britanniques l'observent couramment et des mesures de protection drastiques de l'espèce élaphe ont été prises au Royaume-Uni. Les tentatives d'introduction du Sika en forêt doivent donc être évitées à tout prix.

Le cerf Sika a un comportement discret, semblable à celui du chevreuil ; les dommages qu'il cause aux peuplements forestiers par abroutissement, frottis et écorçage peuvent néanmoins être importants. Environ 150 individus sont prélevés chaque année à la chasse en milieu ouvert.

Le chevreuil *(Capreolus capreolus)*

Ruminant de plus petite taille que le cerf élaphe (0,7 m au garrot, 1,10 m de long, et pesant de 18 à 30 kg), le chevreuil a un pelage roux vif en été (gibier rouge) et gris-brun en hiver ; une tache claire (miroir ou roze) marque les fessiers, la queue est pratiquement absente. Certains indi-

▲ Les vieux brocards sont territoriaux, ils chassent les plus jeunes.

vidus ont une tache claire sous la gorge : la serviette. Le faon est tacheté de blanc pendant deux mois.
Le mâle est un brocard, la femelle une chevrette, le jeune jusque vers 2 mois un faon, puis un chevrillard le reste de sa première année. Le chevreuil aboie de façon rauque et brève en cas d'inquiétude

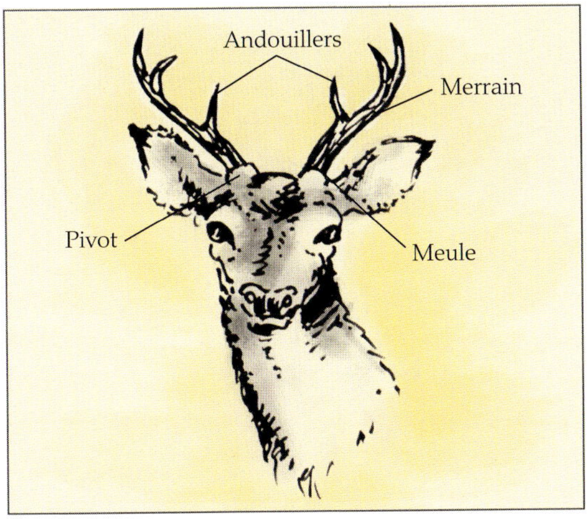

▲ Les bois du chevreuil.

ou de danger. Au moment du rut, la chevrette pousse de petits piaulements, parfois mis à profit par les chasseurs qui les imitent, lors de la chasse à l'affût ou à l'approche, pour attirer un brocard.
Seul le brocard porte des bois caducs qui ont la forme d'une simple dague ou broque la première année (d'où le nom de brocard), puis atteignent 25 cm et portent deux puis trois pointes ou andouillers. Ces bois se développent selon les conditions de vie des animaux (comme les cerfs) ; ils peuvent varier d'une année à l'autre et ne sont pas en rapport avec l'âge. Les bois se réduisent parfois à des boutons ou au contraire présentent un développement inhabituel (tête bizarde). La chute des bois intervient en novembre et leur refait débute presque aussitôt sous un velours (peau richement vascularisée) dont l'animal se défait (fraie) dès fin février pour les plus âgés, en avril pour les plus jeunes, en

Le chevreuil rassemble toutes les qualités d'une excellente venaison et c'est un festival de saveurs. La chair se suffit à elle-même et ne demande que rarement une marinade.

Une gigue de chevreuil au four est parfaite au naturel. Saler et poivrer et, si besoin est, envelopper le cuissot d'une crépinette de veau ou de porc ou d'une feuille de papier d'aluminium pour éviter une trop forte dessiccation de la viande. Faire cuire à four chaud en arrosant régulièrement d'huile et de beurre fondu (sauf s'il y a une crépinette), 45 à 55 minutes selon que l'on désire une venaison saignante, rosée ou à point. Dégraisser la plaque de cuisson, en gratter les sucs, déglacer au vin blanc ; laisser réduire la sauce en la liant à la crème, maintenir la viande au chaud à part, servir et découper comme un gigot.

se frottant aux branches ou aux troncs. L'ampleur des bois diminue vers l'âge de 7 ou 8 ans, l'animal ravale.

On reconnaît les sexes par les bois chez le mâle, son pinceau pénien et son miroir qui a la forme d'un haricot en hiver. La femelle porte une brosse, touffe de poils à l'orifice urogénital, qui émerge du miroir en forme de cœur. Les crottes ou fumées s'appellent des moquettes, semblables chez les deux sexes. Le sabot à deux onglons (pied) marque peu le sol et les os rudimentaires des doigts atrophiés ne sont visibles qu'au galop sur terrain mou. La chevrette gravide a les pieds postérieurs tournés vers l'extérieur et les onglons écartés du fait du poids du fœtus.

Le chevreuil porte 32 dents, selon la formule : 0 I, 0 C3 PM, 3 M à la demi-mâchoire supérieure et 4 I, 0C, 3 PM, 3 M à la demi-mâchoire inférieure (I : incisive, C : canine, PM : prémolaire, M : molaire). La gencive supérieure, sans incisives, est renforcée par un bourrelet. Le faon n'a pas de molaires. Sa première molaire apparaît à 4 mois, la deuxième à 6 mois et la troisième, qui est trilobée, à 1 an. À cet âge, les dents de lait tombent et sont remplacées par des dents définitives dont la troisième molaire est bilobée. Ensuite, l'usure des dents augmente avec l'âge ; l'évaluation de l'âge des adultes par l'examen des molaires devient affaire de spécialiste.

Herbivore, le chevreuil est un forestier sédentaire, territorial, solitaire, aimant

▲ Une chevrette adulte produit généralement deux jeunes par an.

▲ Le chevreuil progresse dans tout le pays grâce au plan de chasse.

les paysages morcelés, les taillis, les boqueteaux, les landes et les peuplements diversifiés. Des hardes se forment en hiver, le comportement individuel apparaissant dès le printemps, période à laquelle le brocard marque son territoire par des frottis, des grattis sur le sol (regalis) et des odeurs d'urine et de glandes interdigitales.

La nourriture semi-ligneuse ou ligneuse est variée, sélective et fréquente car son estomac est petit. Le chevreuil préfère les ronces et le lierre, les bourgeons, les jeunes pousses, diverses herbes (25 % du régime au printemps et 7 % en hiver), les fruits cultivés et forestiers (glands, faines, châtaignes), les céréales en herbe, le colza, etc. Les besoins en eau sont minimes, il n'y a pas de souille. Les dommages aux cultures sont assez rares étant donné la sélectivité de la prise de nourriture, mais les dégâts aux peuplements forestiers deviennent notables par abroutissement des bourgeons terminaux et des jeunes pousses (chêne, frêne, sapin pectiné, douglas, chêne d'Amérique, merisier) et par frottis.

Le rapport des sexes est équilibré : un brocard pour une chevrette, même si le brocard est polygame.

Le rut débute en juillet et se poursuit en août. L'embryon se développe pendant 2 mois, puis intervient une pause embryonnaire d'environ 4 mois et demi (nidation différée) ; la gestation reprend alors normalement jusqu'à la mise bas en mai-juin. Les naissances gémellaires représentent la norme. Un faon unique marque une déficience de la mère ou une densité de population excessive.

Les faons restent immobiles plusieurs jours ; la mère les allaite la nuit. Leurs prédateurs principaux sont les chiens errants, les renards et les sangliers. Le fauchage des prés et des jachères est également une cause régulière de mortalité. Ils suivent leur mère au bout d'une semaine et commencent à varier leur nourriture vers le mois d'août. Le sevrage a lieu au début de l'hiver. Septembre devient critique pour les chevreuils qui ont besoin de nourriture abondante pour l'allaitement et la constitution de réserves graisseuses avant l'hiver.

L'expansion du chevreuil en France est continue (grâce au plan de chasse et à des lâchers). On le trouve maintenant également dans les départements méditerranéens (excepté en Corse), d'où il a longtemps été absent, et en moyenne montagne. L'effectif national dépasse le million d'individus, plus de 450 000 têtes sont maintenant prélevées chaque année à la chasse.

Les maladies parasitaires sont nombreuses, ainsi que les affections virales ou bactériennes qui deviennent pathogènes si l'animal est faible ou les populations en surnombre.

Le daim *(Dama dama)*

D'origine méditerranéenne, le daim est un ruminant de taille intermédiaire entre le cerf et le chevreuil (1 m au garrot, 1,40 à 1,70 m de long, 80 kg). Son pelage fauve est taché de blanc en été, le ventre, la face interne des cuisses et le bas des pattes sont blancs ; en hiver, le poil est brun foncé. Le miroir sous la queue est blanc avec un liseré noir et la queue, plus longue que chez le cerf, est noire dessus et blanche dessous. Le daim est élevé en enclos dans nombre d'endroits. Des variations de pelage, allant de l'albinos au noir en passant par l'isabelle, sont fréquentes.

Le mâle est un daim, la femelle une daine, le jeune de l'année un faon puis un daguet ou une dainette jusqu'à 2 ans. Le daim rait brièvement au moment du rut.

L'espèce est sédentaire et grégaire. La cellule familiale est composée de la daine suitée du faon et du daguet ou de la dainette de l'année précédente.

Les bois du daim commencent par des dagues ou perches, puis évoluent avec des andouillers et une palmure aplatie au sommet. Ils ravalent après 8 ans.

▲ Beau spécimen de daim mâle aux palmures imposantes.

On ne rencontre le daim que rarement en milieu ouvert, il vit plus souvent en parc.

Le rut, les naissances, le développement du jeune animal, la chute et le refait des bois sont comparables à ceux du cerf mais retardés d'un mois.

Cet herbivore possède des incisives plus larges et plus avancées que celles du cerf, si bien qu'il écorce fortement les arbres et cause donc d'importants dommages forestiers. On rencontre des populations à l'état sauvage dans la forêt de l'Illwald (Bas-Rhin et Haut-Rhin), en Moselle, en Côte-d'Or, en Seine-et-Marne, dans l'Essonne et dans plusieurs autres départements. Elles sont souvent issues d'animaux échappés de parcs ou d'élevages. Le tableau de chasse annuel est d'environ 500 individus.

La chair du daim, souvent élevé pour sa venaison, est d'une belle couleur rose foncé, d'une saveur et d'une sapidité agréables, tendre et fine, peu grasse, appréciée des gourmets. Elle se prépare comme celle des autres cervidés.

Le sanglier *(Sus scrofa)*

Le sanglier fait partie de l'imagerie populaire. C'est un mammifère long de 1,5 à 1,8 m, pourvu d'une queue (vrille) de 30 cm avec les crins qui la prolongent. Haut de 0,8 à 1 m, il peut atteindre 150 kg. La femelle est une laie, le jeune jusqu'à 6 mois un marcassin, jusqu'à 1 an une bête rousse, une bête de compagnie jusqu'à 2 ans, à 3 ans le mâle est un ragot, la femelle une ragote, jusqu'à 4 ans un tiersan, de 4 à 5 ans un quartanier. De 5 à 6 ans, le mâle est un vieux sanglier ; après, il devient grand vieux sanglier, souvent solitaire.

Le pelage de l'adulte varie du gris au noir, plus clair en été. Le marcassin porte une livrée jaune striée de raies longitudinales noires, la bête rousse a cette couleur quand les raies disparaissent, puis devient plus foncée en hiver avant de prendre la couleur adulte. Les poils de l'échine sont érectiles ce qui fausse l'appréciation de la taille. Chez le mâle, le pinceau pénien et les testicules ou suites sont visibles ; chez la femelle, les mamelles en lactation ou allaites sont apparentes.

L'armure est la peau dure, épaisse et velue qui recouvre les épaules et une partie de la poitrine du mâle. La tête ou hure est munie d'un groin puissant, le boutoir, qui permet de retourner et de fouiller le sol pour y trouver racines, tubercules, vers et petits rongeurs. Les yeux sont appelés « mirettes » et les oreilles « écoutes ».

Chez le mâle, les canines sont visibles gueule fermée, les inférieures sont les défenses, les supérieures les grès ; elles s'aiguisent entre elles. Les canines de la laie sont de taille plus réduite. La dentition est de 44 dents 3 I, 1 C, 4 PM et 3 M à la demi-mâchoire supérieure, 3 I, 1 C, 4 PM, 3 M en bas. Le marcassin possède les troisièmes incisives et les canines de lait ; à 4 mois, les autres incisives apparaissent ainsi que les prémolaires dont la quatrième est trilobée. À 5 mois sortent les premières prémolaire et molaire adultes. À 1 an, le jeune a une seule molaire adulte ; à 2 ans, les deux premières molaires adultes ; à 3 ans, les trois molaires non usées ; ensuite, la détermination de l'âge de l'animal par l'examen de la dentition et son usure devient affaire de spécialiste.

▲ Les grands mâles vivent en solitaire et se montrent très discrets.

▲ Le sanglier vit en compagnie.

Le sanglier grogne ou grommelle.
Il occupe tous les milieux sauf la haute montagne ; sa prédilection va à la forêt, à la garrigue, au maquis, aux landes, aux boqueteaux, à la plaine surtout quand il y a du maïs et des cultures attractives (céréales aux stades laiteux et pâteux).
L'eau lui est indispensable pour boire, se rafraîchir et se souiller tout en éliminant ainsi la plupart de ses parasites externes.
La bauge est une cavité grattée à même le sol, sèche et abritée dans laquelle il se repose.
L'animal se frotte aux arbres pour se débarrasser de la boue, ces frottis sont les houzures. La fouille peu profonde du sol est le vermillis, la plus profonde le boutis.
L'activité principale est nocturne.

Le groupe familial habituel (compagnie) comprend une laie suitée de ses marcassins et bêtes rousses de l'année ainsi que les bêtes de compagnie de l'année précédente. À ce groupe primitif se joignent des femelles seules et d'autres groupes familiaux, l'ensemble étant conduit par une laie meneuse. Les mâles adultes sont solitaires, rejoignant les femelles au moment du rut, principalement de novembre à janvier.
Le sanglier est omnivore : racines, tubercules, végétaux divers, céréales, légumineuses, fruits forestiers (glands, faines, châtaignes), champignons et petits animaux (insectes, vers et larves, escargots, batraciens, petits rongeurs, lapereaux, taupes, charognes et détritus). On dit qu'il vermille et mulote. Sa ration carnée représente au moins 15 % de sa diète

▲ Aujourd'hui, on rencontre des marcassins toute l'année.

La venaison du sanglier est très appréciée, présentant de bonnes qualités organoleptiques, de teinte rosée et non pas rouge, elle a inspiré des traditions culinaires régionales diversifiées.

Le filet de marcassin n'a guère besoin de marinade. Salé, poivré et bardé, mis simplement à four chaud pendant 30 minutes, il se sert avec des pommes au four ou en marmelade, une purée de marron et une salade de mâche agrémentée de croûtons.

Le **croisement du sanglier** avec le porc domestique donne des hybrides féconds. Ce phénomène était assez normal lorsque les porcs étaient conduits en forêt pour se nourrir de glands (droit de glandée, de pacage et de paisson). Actuellement, l'élevage du sanglier est courant et les croisements volontaires, car les produits sont plus lourds, plus précoces et plus féconds. Mais le risque de pollution génétique est évident et très dommageable à la pureté de l'espèce. De plus, les sangliers d'élevage, purs ou croisés (cochongliers), ont perdu leur instinct sauvage, n'ont plus de hiérarchie matriarcale et se nourrissent plus facilement dans les cultures qu'ils endommagent considérablement. En outre, les risques sanitaires ne sont pas négligeables.

Toutes ces raisons font que l'élevage et la détention des sangliers sont très réglementés et les lâchers pratiquement interdits.

Le porc domestique a 38 paires de chromosomes, le sanglier 36 ; des analyses chromosomiques (caryotype) mettent en évidence les produits croisés à 37 chromosomes. Mais si l'un des parents est déjà issu de croisement, sa formule peut être de 36 chromosomes alors qu'il est impur. Ce n'est donc pas suffisant pour prouver que l'animal est un sanglier sauvage.

quotidienne. Les dommages aux récoltes agricoles peuvent être très importants et spectaculaires dans les maïs, les autres céréales et les prairies retournées. En forêt, le sanglier a peu d'impact sur les peuplements forestiers, il est même utile lorsqu'il retourne et aère le sol, participe à la dispersion et à la germination des fruits forestiers.

▲ Le régime omnivore du sanglier l'oblige à se déplacer pour se nourrir.

À l'automne, pour constituer une réserve hivernale, il accumule une couche de graisse sous-cutanée appelée « sain », on dit qu'il est en porchaison.

Les matières fécales sont des laissées, formées de grumeaux noirs et agglomérés.

Le pied du sanglier est composé de quatre doigts ; les deux sabots principaux (pinces) sont plus ouverts que ceux du cerf ; les deux doigts rudimentaires en arrière (ergots ou gardes) sont plus extérieurs et marquent le sol. La peau située entre les gardes et les pinces est ridée et s'inscrit dans le sol mou, ce qui donne un aspect caractéristique au pied de l'animal. Parfois, un onglon dépasse l'autre, on dit que l'animal est pigache.

La reproduction (principalement en hiver, mais de plus en plus tout au long de l'année) peut commencer chez la laie lorsque son poids atteint 30 à 40 kg, à un âge variant entre 8 et 18 mois, en fonction de l'alimentation naturelle (glandée) et artificielle (agrainage) disponible. La

▲ Grès, en haut, et défenses, en bas : les canines du sanglier.

gestation de 3 mois et demi conduit à la naissance de 3 à 6 marcassins dans un chaudron, amas d'herbes et de feuilles rassemblées par la mère ; les femelles primipares ont moins de jeunes que les femelles âgées. Le mâle est polygame.

Le taux d'accroissement d'une population peut être de 50 à 150 % des animaux présents sur un territoire avant naissances. Le tableau de chasse en 2001 était de 401 000 têtes.

Les nuisibles

Le geai des chênes

(Garrulus glandarius)

Oiseau forestier et sédentaire, de la famille des corvidés, le geai a la taille d'une tourterelle (32 cm). Il porte un joli plumage bigarré à dominante rosée qui contraste avec le bleu barré de noir et de blanc des couvertures alaires. La tête est ornée d'une tache noire en forme de moustache, le bec noir est fort et droit, la queue est noire, le croupion blanc. Les deux sexes présentent les mêmes caractéristiques.

Il fréquente les forêts, bois et bosquets d'essences variées, particulièrement les chênes dont il affectionne les glands, ainsi que d'autres fruits forestiers dont il cache le surplus dans le sol ou les souches pour sa consommation ultérieure. À ce titre, c'est un sylviculteur qui s'ignore. Il se nourrit également de céréales, d'insectes, de mollusques, de vers, d'œufs et d'oisillons.

Le nid du geai des chênes est une coupelle de brindilles dont la cuvette est garnie de radicelles et d'herbes, placée à faible hauteur dans les arbres, les arbustes et les buissons. La ponte fin avril comprend de 3 à 7 œufs gris-vert tachés

▲ Le geai donne l'alerte lorsqu'un intrus pénètre dans le bois.

de brun couvés 17 jours. Les oisillons volent à 3 semaines.
Son vol paraît maladroit. L'oiseau est rejoint en hiver par des congénères descendant des pays nordiques.

> Le geai garrule, cageole ou cajole et jase. Son cri retentit bruyamment à l'approche de l'homme et des grands animaux, jouant un rôle d'avertisseur pour les hôtes de la forêt.

Le chien viverrin

(Nyctereutes procyonides)

Mammifère carnivore, le chien viverrin a la taille du renard mais est d'aspect plus trapu. Son pelage est gris-brun et sa tête noire est bordée de blanc. Sa queue est courte et velue. Les deux sexes présentent les mêmes caractéristiques.
Originaire de l'Asie du Nord-Est, il a d'abord été introduit en Russie en élevage pour sa fourrure. Échappé ou relâché dans la nature, il colonise peu à peu l'Europe occidentale. Sa présence en France est d'autant plus accidentelle que, solitaire, discret et timide, il a une activité nocturne en forêt, caché le jour dans un terrier. C'est le seul représentant des canidés qui hiberne.
Le chien viverrin est plutôt omnivore, se nourrissant de batraciens, de petits rongeurs, de poissons, d'œufs, de fruits et de graines.
La reproduction débute à la fin de l'hiver. La gestation dure 2 mois et la portée compte de 3 à 7 jeunes.
C'est un vecteur de la rage comme le renard.

▼ La martre reste inféodée aux forêts de résineux.

La martre *(Martes martes)*

Ce mustélidé d'une taille un peu supérieure à celle de la fouine s'en distingue par une tache jaune irrégulière sous la gorge ne descendant pas le long des pattes antérieures. La fourrure est brun marron, la queue (26 cm) touffue. Les oreilles sont pointues. Les pelotes plantaires de l'animal sont couvertes de poils contrairement à la fouine chez laquelle elles sont glabres. Les deux sexes présentent les mêmes caractéristiques.

La martre vit essentiellement en forêt, s'approchant rarement des habitations. On la rencontre principalement dans les départements de l'Est et en montagne, mais elle semble gagner peu à peu des régions plus occidentales.

C'est une agile grimpeuse chassant les écureuils, les oiseaux, les petits rongeurs, agrémentant son régime d'œufs et de fruits divers.

Le rut a lieu en juillet-août. La naissance de 2 à 5 petits dans le trou d'un arbre ou une crevasse intervient en avril de l'année suivante par suite d'une nidation différée de 8 mois des embryons comme chez la fouine.

La gestion des espèces

La bécasse

Le cas de la bécasse des bois est à part, compte tenu de son caractère migrateur et de son mode d'alimentation à base d'insectes, de larves et de lombrics.

Les études scientifiques et techniques mobilisant les pays où séjourne la bécasse dans les régions septentrionales et nord-orientales étudient la reproduction et la migration grâce au baguage. La gestion

▲ Le baguage des bécasses permet un suivi de l'espèce et notamment de ses trajets migratoires.

▲ L'analyse des ailes donne de précieux renseignements.

ne peut être qu'internationale sur l'ensemble de l'aire de dispersion de l'espèce depuis la Russie orientale jusqu'en Afrique du Nord (Paléarctique occidental). L'établissement de prélèvement maximal autorisé (PMA) s'étend peu à peu dans les départements français afin d'éviter les prélèvements abusifs. C'est davantage une mesure d'éthique de la chasse qu'un mode de gestion.

Les chasses à la passée et à la croule sont interdites, ainsi que le tir au cours de la migration prénuptiale qui débute en mars. La fermeture intervient vers le 20 février.

Les terrains favorables pour la nourriture de la bécasse sont caractérisés par l'humidité, la présence de matières organiques (feuilles, fumier), dont l'accumulation voire l'enfouissement favorisent la présence des lombrics, eux-mêmes indispensables à l'agronomie et à la foresterie, ainsi qu'à nombre d'espèces sauvages, gibier ou non. Les sols forestiers acides des plantations denses de résineux et de feuillus à feuilles coriaces (hêtre, chêne d'Amérique) sont moins propices – sauf comme lieu de remise – que ceux des autres feuillus (essences améliorantes : frêne, merisier, érable, peuplier, aulne).

La bécasse n'aime pas les sols sableux et granitiques dont le pH est inférieur à 5, elle préfère les sols calcaires, limoneux, argileux à l'humus neutre, riche en biomasse et en matières nutritives.

Le pH caractérise l'acidité d'un sol : acide lorsqu'il est inférieur à 7, neutre à 7, alcalin au-dessus.

Il faut également veiller à conserver à proximité des bois fréquentés par les bécasses des prairies, des champs et des marais où elles vont véroter la nuit. L'usage répété des labours profonds et des pesticides sont défavorables aux lombrics. Le développement des techniques culturales simplifiées (TCS), par abandon des labours profonds et par semis direct, restaure les populations lombriciennes. Le choix de produits phytosanitaires récents homologués présente généralement moins de risques pour l'environnement. Ces prairies où les bécasses vont se nourrir la nuit sont complémentaires des forêts où elles séjournent le jour. Cela constitue une « unité fonctionnelle » indispensable pour l'espèce, dont il faut maintenir la richesse en vers de terre.

Le piégeage doit maintenir un niveau de prédation supportable en régulant renards, fouines, martres et putois.

▲ La quiétude est un facteur important pour le chevreuil mais aussi pour tout gibier en période de reproduction.

Le faisan

La gestion des faisans sédentaires obéit à d'autres impératifs. Il convient de développer une population déjà existante ou d'implanter des faisans en milieu naturel. Dans les deux cas, l'aménagement des territoires est nécessaire pour apporter aux oiseaux abri, quiétude et nourriture convenables.

Lorsque des faisans sont présents, la première opération consiste en avril à dénombrer les reproducteurs par le comptage au chant des coqs. Ensuite, l'évaluation de la reproduction a lieu par observation du nombre de pouillards par poule. Compte tenu des aléas climatiques, de la prédation…, on peut alors se faire une idée des prélèvements possibles.

Pour favoriser l'accroissement du cheptel, une fermeture avancée de la chasse de la poule est utile, en évitant toutefois de créer un trop grand déséquilibre du sexe-ratio, sinon les poules en surnombre, erratiques, se décantonnent pour trouver de nouveaux territoires et partenaires.

Il faut savoir qu'un complément éventuel de poules de reproduction lâchées au début du printemps augmente la densité d'oiseaux, ce qui a pour conséquence d'infléchir le taux de reproduction.

Implanter une population nouvelle de faisans demande de lâcher des oiseaux capables de se défendre, de se reproduire et d'acquérir un comportement sauvage.

▲ Le comptage au chant en avril est la méthode de recensement du faisan.

La méthode la plus simple consiste à lâcher directement des faisandeaux de 8 semaines issus de volières où ils ont été confinés en grand nombre. Leurs chances de survie dans la nature sont alors bien minces.

L'élevage des faisandeaux par des poules naines, qui a fait ses preuves, s'est vu supplanté par les couveuses artificielles, pour des raisons de commodité, au détriment du caractère sauvage des oiseaux. Si la question de la main-d'œuvre ne se pose pas, les poules couveuses sont placées dans des boîtes prolongées par un parquet en grillage. Leur nid est pourvu d'œufs en plâtre auxquels on substitue au bout de quelques jours des poussins d'un jour.

Les résultats sont grandement améliorés si les boîtes d'élevage sont placées dans une volière à ciel ouvert qui constitue une protection supplémentaire contre les prédateurs et permet d'obtenir des oiseaux vifs, bien volants, habitués aux lieux. Il convient cependant d'éviter la tentation de mettre trop d'oiseaux. Il faut compter 12 à 15 m^2 par individu en fin d'âge juvénile lorsque les poules naines sont retirées. L'un des indices du caractère sauvage des faisans est le « brancher » qu'ils acquièrent plus facilement dans les volières pourvues d'arbres et d'arbustes, et grâce à des oiseaux adultes qui servent de « moniteurs ».

Quelle que soit la méthode de repeuplement choisie, il va de soi qu'un moratoire de la chasse des faisans pendant au moins trois ans doit être observé et levé suivant

Certains éleveurs d'avant-garde se sont lancés dans l'élevage en volières individuelles végétalisées où est placé un couple qui se reproduit, couve et élève ses jeunes dans des conditions aussi proches que possible de la nature. Les produits ont des qualités sauvages qui en font des reproducteurs exceptionnels pour le repeuplement de printemps. Le prix est naturellement élevé, mais la production et la survie des jeunes ramènent l'oiseau présent à l'ouverture à un coût pratiquement identique à celui d'un élevage industriel, la qualité en plus !

le succès de l'implantation et de la reproduction. Tout faisan lâché doit être muni d'une bague afin que l'examen du tableau de chasse permette de connaître la proportion d'animaux bagués et d'oiseaux nés en milieu naturel.
Enfin, une gestion saine passe par la régulation des prédateurs, des corvidés en particulier, pour permettre aux jeunes oiseaux d'acquérir leurs défenses naturelles.

Le chevreuil

La mortalité inexpliquée de chevreuils est constatée en maints territoires, sans doute par combinaison de parasitisme, de maladies nosocomiales contractées du fait de la promiscuité sur les zones de gagnage, d'affaiblissement et de déséquilibre faune-flore. Elle ne trouve un début d'explication que dans une densité d'animaux trop élevée par rapport aux possibilités du milieu.
Le chevreuil est un animal territorial et individualiste, sensible à la concurrence de ses congénères comme à celle des autres cervidés et du sanglier. Il supporte mal la vie en enclos : son élevage est pratiquement impossible.
La courbe de Mac Cullough démontre qu'une densité peu élevée conduit à une population robuste, à la reproduction favorable (naissances gémellaires normales), en équilibre avec le milieu, conduisant, de ce fait, à une bonne production d'animaux exploitables. Lorsque la population dépasse le sommet de la courbe (point I), l'accroissement annuel diminue, les animaux perdent du poids et de la résistance aux maladies alors que la capacité d'accueil du milieu, notamment en nourriture, se détériore (densité-dépendance).

La gestion du chevreuil est réalisée grâce au plan de chasse déterminé annuellement, voire prochainement triennalement, par une commission départementale comprenant forestiers, agriculteurs et chasseurs. Ce plan de chasse fixe un prélèvement maximal et minimal. Ce dernier est important et doit être pour le moins respecté sinon on atteint rapidement la courbe descendante avec les conséquences néfastes qui viennent d'être décrites.
Un schéma départemental de gestion cynégétique est élaboré par la fédération départementale des chasseurs puis approuvé par le préfet. Il permet en particulier de fixer les objectifs en matière de développement et de contrôle des populations de cervidés, compte tenu des intérêts en présence.
Un bon plan de chasse, à travers des tâtonnements successifs, doit se baser sur des indices biologiques et floristiques,

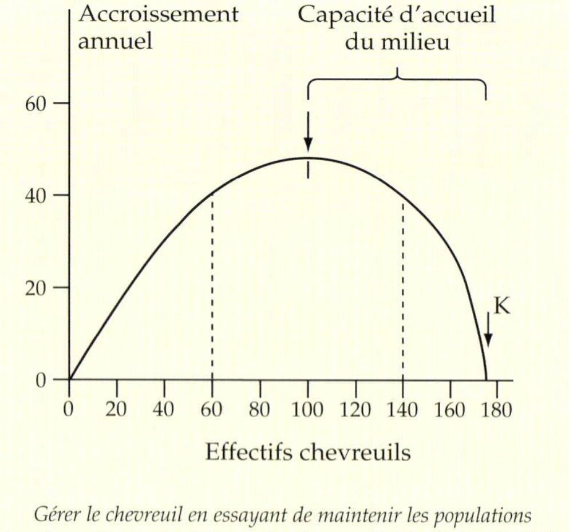

Gérer le chevreuil en essayant de maintenir les populations dans la partie gauche de la courbe. Source : D. MacCullough, 1979.

▲ L'accroissement annuel des populations de chevreuils varie en fonction des capacités d'accueil.

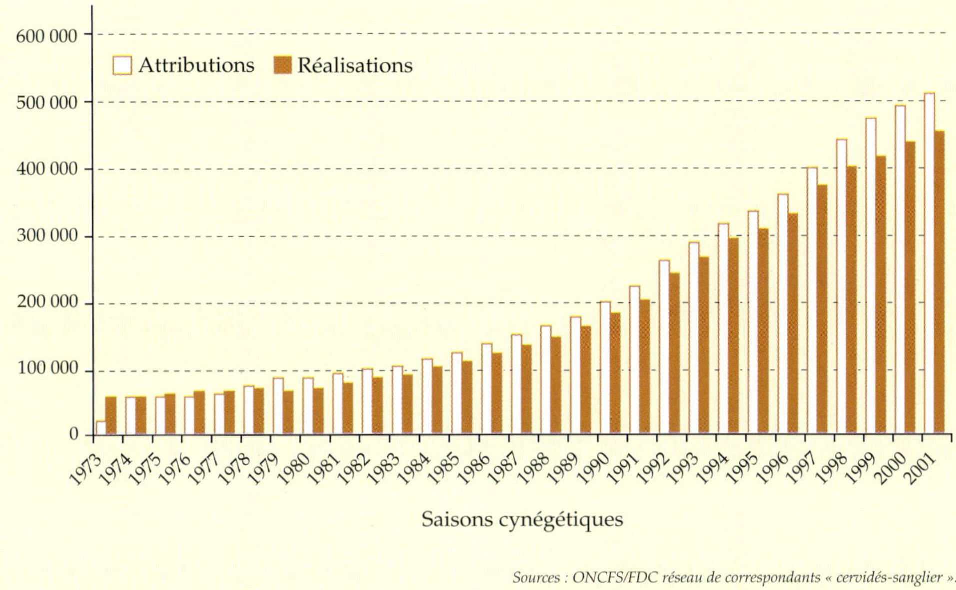

▲ Évolution annuelle du tableau de chasse national pour les chevreuils.

sur les dégâts aux peuplements forestiers, les indices d'abondance par échantillonnage et les indices kilométriques (observation des animaux sur des parcours identiques plusieurs fois dans l'année et reconduits plusieurs années de suite). Les comptages par battues à blanc et observateurs fixes sont peu fiables en valeur absolue mais, répétés, donnent une bonne indication sur l'évolution d'une population de chevreuils observée sur plusieurs exercices.

Encore faut-il que ces indicateurs et dénombrements s'inscrivent sur une surface suffisamment importante (1 000 ha). Cela est rendu possible dans le cadre d'un groupement d'intérêt cynégétique (GIC) ou d'une association regroupant plusieurs territoires.

La plasticité de l'espèce chevreuil permet de corriger les erreurs que l'on peut commettre dans la gestion (par excès ou

On ne peut pas passer sous silence le cas des chevreuils de plaine. Ne fréquentant pas les massifs boisés, même en hiver, ils n'influent guère sur l'équilibre forêt-gibier ni – sauf rares exceptions – sur les récoltes agricoles. Leur dénombrement en voiture semble aisé, mais des comptages effectués en hélicoptère sur les mêmes populations démontrent que les résultats obtenus par la première méthode sont toujours sous-estimés. La recherche d'indices biologiques en plaine n'est pas utile pour déterminer un plan de chasse.

▲ Les comptages de chevreuils mobilisent de nombreux participants.

par défaut) à la condition que les indices rassemblés puissent convaincre la commission départementale de la pertinence des propositions faites lors de l'examen des demandes de plan de chasse. Le chasseur doit rechercher une densité optimale sans atteindre ni, a fortiori, dépasser le seuil des ressources alimentaires disponibles, de manière à éviter l'effet « densité-dépendance », le risque de dégâts aux plantations forestières et les risques sanitaires.

La conduite à tenir vise également à maintenir l'équilibre des sexes – une chevrette pour un brocard – et des âges. Un bon prélèvement doit comprendre un tiers de jeunes, un tiers de mâles et un tiers de femelles.

Une population en excès sera réduite en tirant davantage de femelles et de faons que de mâles. Une augmentation de la population sera favorisée par le tir, dès l'été, des brocards territoriaux qui empêchent les jeunes mâles de s'établir et les jeunes femelles de les rejoindre. Dans cette hypothèse, le risque de dégâts forestiers par frottis, pour marquer le territoire, peut croître.

Le cerf

L'aire de dispersion des cerfs est vaste étant donné leur caractère social et grégaire. Le regroupement des territoires pour la gestion s'impose donc sur des unités d'au moins 5 000 ha : massif entier ou GIC, par exemple. En forêt domaniale, l'ONF se charge de ce regroupement en consultant les adjudicataires et en proposant un plan de chasse global qui est ensuite réparti entre les lots de chasse.

Le taux de reproduction est plus stable que celui du chevreuil, les naissances de jumeaux étant exceptionnelles. Les animaux âgés, des deux sexes, jouent un rôle primordial lors du brame. Il faut donc laisser vieillir quelques cerfs. Si beaucoup de territoires comptent peu de cerfs âgés, c'est que l'on prélève trop de jeunes mâles.

Le respect du plan de chasse quantitatif est primordial : il faut dépasser le minimum attribué pour éviter les dégâts infligés aux peuplements forestiers. Des consignes de tir données suivant les diverses catégories de cerfs coiffés (plan de chasse qualitatif) améliorent la pyramide des âges mais compliquent la mise en œuvre lorsqu'elles comprennent quatre ou cinq catégories d'animaux. Dans ce cas, les chasseurs hésitent souvent ou s'abstiennent de tirer, ce qui va à l'encontre du but recherché et conduit à des prélèvements insuffisants. L'expérience montre qu'il ne faut pas plus de trois catégories de cerfs coiffés pour que le plan de chasse soit correctement rempli.

Une méthode pratique pour éviter les défauts mentionnés consiste à établir deux

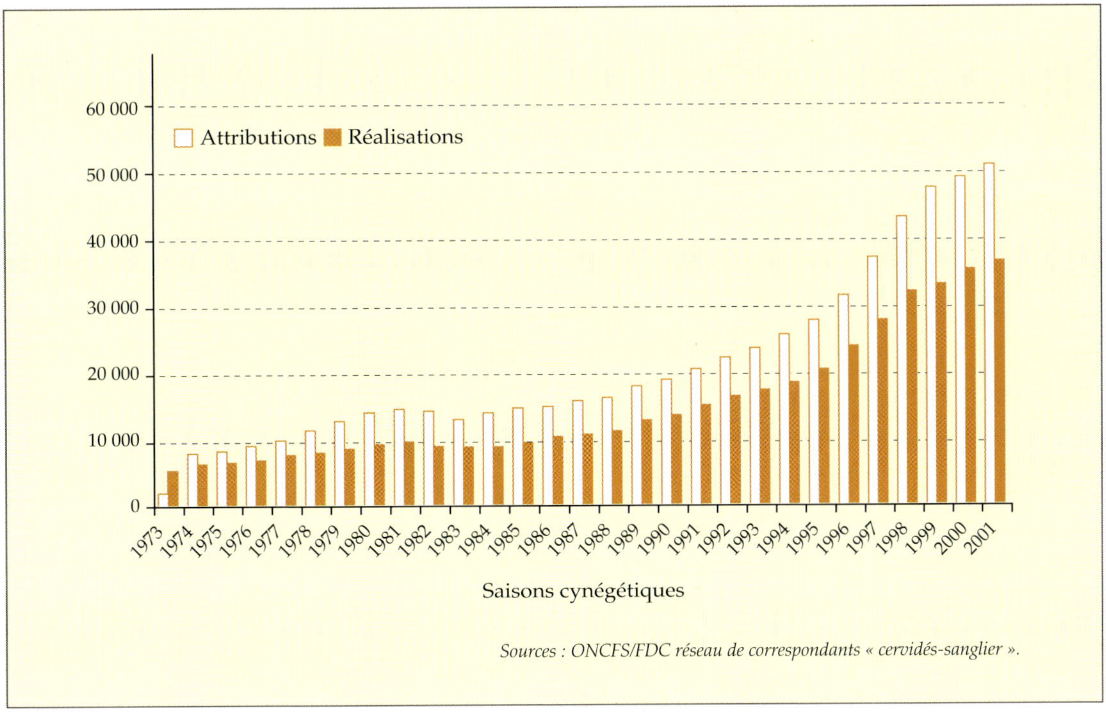

▲ Évolution annuelle du tableau de chasse national pour les cerfs élaphes.

> La gestion nécessite évidemment un dialogue constant entre agriculteurs, forestiers et chasseurs. Les indices biologiques et floristiques restent indispensables pour suivre l'évolution des populations de cerfs et adapter le plan de chasse aux situations locales, en harmonie avec le schéma départemental de gestion cynégétique et les orientations forestières.

catégories de cerfs coiffés, moins de 8 cors et plus de 8 cors, qui constituent les trois quarts du plan de chasse, pondérées en fonction de l'objectif recherché, et un quart « tout type de cerf ». Une telle souplesse donne aux chasseurs davantage de latitude, ils hésitent moins à tirer et réalisent ainsi le plan de chasse quantitatif qui reste primordial.
Un prélèvement équilibré, dans une population établie, consiste à tirer un tiers de mâles, un tiers de femelles et un tiers de faons.

Le sanglier

Il se distingue des autres grands gibiers par son caractère social, grégaire, erratique, par sa prolificité, par les dégâts qu'il cause aux activités agricoles et, point capital, par la passion qu'il engendre chez les chasseurs. C'est l'espèce qui a le plus suscité des pratiques de chasse et des traditions culinaires régionales. On considère le sanglier comme utile à la forêt (sauf en cas de surnombre) par la dispersion des fruits forestiers dont il est friand et par l'aération des sols qu'il retourne pour vermiller et muloter. Les dommages qu'il occasionne aux nichées, aux rabouillères, aux faons de chevreuil ne sont pas à négliger.
La principale difficulté de gestion du sanglier réside dans l'évaluation des populations qui se décantonnent facilement et se dispersent au gré des glandées et des ressources alimentaires disponibles. C'est à la fois un gibier et un nuisible.
Normalement, une population de sangliers s'accroît annuellement du double du nombre d'animaux présents après la chasse, cet accroissement pouvant varier de 50 % en plus ou en moins (nourriture, conditions climatiques, aménagements).
Deux aspects doivent guider le gestionnaire. Les compagnies de sangliers sont conduites par une laie meneuse qu'il convient impérativement de protéger lors des chasses. Sans elle, les marcassins et bêtes de compagnie sont désemparés et vont se nourrir au plus facile, c'est-à-dire dans les champs. Les agrainoirs sont accaparés par d'autres animaux dominants ou par des compagnies mieux structurées.
Les seuls critères dont dispose le chasseur sont la taille et le poids apparent des animaux.
La gestion destinée à faire croître une population s'opère donc essentiellement à

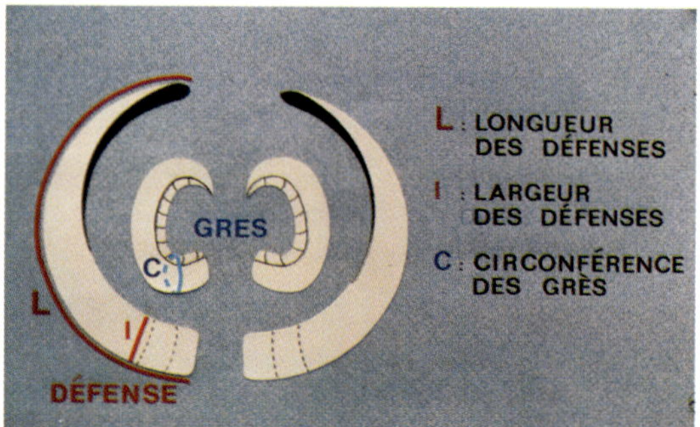

▲ Le trophée du sanglier : grès et défenses.

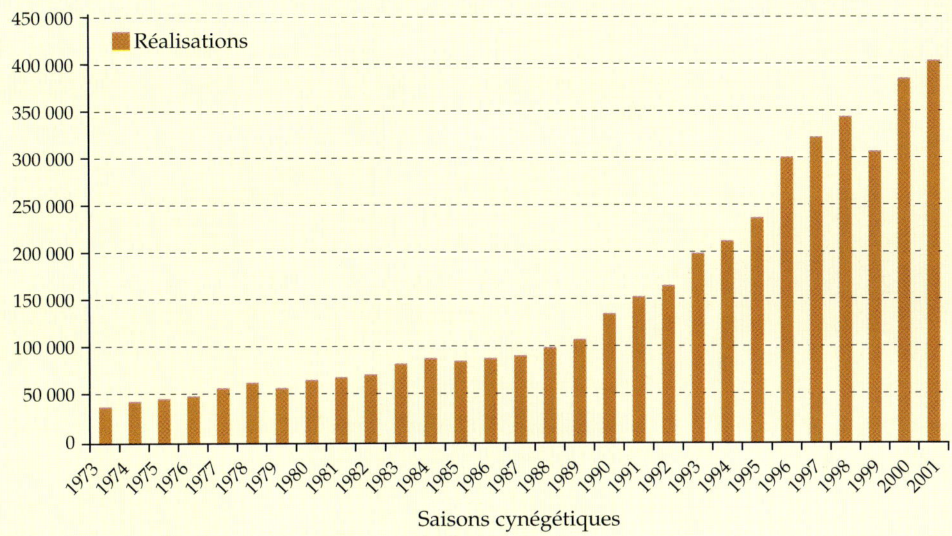

Sources : ONCFS/FDC réseau de correspondants « cervidés-sanglier ».

▲ Évolution annuelle du tableau de chasse national pour les sangliers.

travers les consignes de tir données avant la chasse. Comme les sangliers âgés jouent un rôle primordial dans la reproduction et dans la vie sociale de l'espèce, il faut les épargner. Les consignes doivent par conséquent conduire à sauvegarder les laies meneuses et orienter le tir vers les jeunes. Pour fixer les idées, on prend par exemple le poids maximum (évalué) de 50 kg vif. Bien évidemment, il y a des jeunes obèses et des adultes chétifs. Mais une limite de poids est un critère objectif que l'on peut faire varier selon les circonstances.

Une jeune laie de 30 kg commence à se reproduire mais les naissances primipares ne sont guère prolifiques. Une laie de 60 kg, et plus, est au sommet de la prolificité.

Le tableau de chasse constaté en cours de saison permet, par approximations successives, de moduler le pourcentage de jeunes (80 %) et le tir de quelques adultes en fin de saison si les effectifs le permettent.

De telles mesures de gestion responsables ne sont valables que si l'ensemble d'un massif ou d'une population de sangliers est géré selon des règles similaires. Une gestion concertée avec les chasses voisines doit donc être recherchée autant que possible, notamment au sein d'un GIC.

Le plan de chasse des sangliers est possible depuis la fin des années 1980 mais reste actuellement facultatif. L'expérience montre que le plan de chasse est une bonne mesure pour gérer une population en équilibre avec son milieu forestier et surtout agricole. Mais une population en

▲ La laie meneuse joue un rôle essentiel structurant pour la population.

excès demande des mesures drastiques souvent difficiles à mettre en place. Lorsque l'objectif est de faire diminuer une population, il faut orienter le tir vers les laies adultes en éliminant préalablement ses jeunes pour éviter d'en faire des orphelins déstabilisés donc erratiques.
Pour stabiliser une population, il faudrait prélever la totalité de l'accroissement annuel, ce qui se révèle impossible pratiquement.
Tant que des critères de gestion objectifs ne sont pas disponibles, ce qui n'est pas encore le cas, une population de sangliers demeurera difficile à gérer.
En l'absence de plan de chasse, il est toujours possible d'établir un plan de gestion cynégétique approuvé.
Par éthique de la chasse et à cause des risques d'hybridation toujours possibles dans quelques élevages avec des porcs domestiques, les lâchers de repeuplement sont fortement déconseillés. De plus, le statut de nuisible du sanglier en interdit le lâcher dans beaucoup de départements. Le schéma départemental de

gestion cynégétique est là pour mieux encadrer la gestion de l'espèce, qui reste l'un des fleurons de la chasse française, et pour limiter les agrainages quand ils sont autorisés.

Les indices biologiques ou bio-indicateurs

Les comptages de grand gibier sont difficiles à mettre en œuvre, coûteux, en temps et en personnel, et peu fiables. Ils sont toujours sous-estimés même avec les méthodes scientifiques modernes et l'interprétation que l'on peut en faire.
Leur principal intérêt réside dans leur poursuite durant plusieurs années. On dispose ainsi, malgré des chiffres de population approximatifs, de tendances à la hausse, à la stabilité ou à la diminution.
Les bio-indicateurs reflètent, dans le temps, soit le déséquilibre entre une population de grand gibier et son milieu qui peut se dégrader, soit la répercussion de ce déséquilibre sur le poids et la conformation des animaux.

Indice de poids

C'est l'indicateur biologique le plus facile à mesurer. Il se fait lors de chasses par sexe et par âge. Le poids moyen des individus diminue lorsque la population commence à dépasser la capacité d'accueil du milieu.
Pour les chevrillards, il faut noter que le poids augmente avec l'âge au cours de la saison. Il faut donc des pesées précises (sensibilité de 200 g) d'animaux d'âge bien déterminé, sur plusieurs années et sur un nombre important d'individus, pour que les résultats soient fiables.

Longueur des os

Chez le chevreuil, on mesure la longueur de la mâchoire inférieure. Cette longueur dépend de la disponibilité de la nourriture offerte aux jeunes. Les carences ne sont pas compensées à l'âge adulte. On mesure donc cette longueur pour évaluer l'équilibre entre la nourriture disponible et les exigences de développement des animaux. Mais cette méthode demande rigueur, durée (au moins 3 ans) et une certaine formation préalable.
La mesure de l'os du tarse est également un indicateur de l'équilibre entre l'espèce et son milieu.

Fécondité

Chez le chevreuil, les naissances gémellaires sont la règle générale. Si on constate l'augmentation de chevrillards seuls, c'est que la densité des animaux dépasse sensiblement la capacité d'accueil.
Chez la biche, il n'y a qu'un seul faon. La pesée des fœtus prélevés sur les biches tuées à la chasse (il n'y a pas de diapause embryonnaire comme chez la chevrette) donne une indication utile. On pèse également les jeunes de l'année. Les fluctuations de poids enregistrées pendant plusieurs années reflètent l'équilibre faune-milieu.

Charge parasitaire

Les infestations parasitaires et nombre d'infections augmentent en même temps que la densité des animaux, alors que leur poids baisse. Ce sont des indices significatifs.

Indices floristiques

Ils établissent un lien entre la nourriture disponible et la pression qu'exercent les animaux sur la flore. Cette mesure est affaire de spécialistes et demande une formation préalable. Les dégâts aux peuplements forestiers sont les plus faciles à observer mais leur interprétation est difficile.

Les risques sanitaires

Souvent parallèles au développement des populations de grand gibier, les risques sanitaires engendrés par la faune ne sont pas négligeables, aussi bien pour les animaux sauvages et domestiques que pour les hommes.
Le code rural recense un certain nombre de maladies réputées contagieuses à déclarer obligatoirement par le vétérinaire afin que des mesures sanitaires générales soient prises d'urgence. Il s'agit en effet d'affections économiquement graves ou transmissibles à l'homme. Les mesures ordonnées sont applicables aux élevages de gibier au même titre qu'aux élevages domestiques. Parmi les maladies qui frappent plus particulièrement le grand gibier, on peut citer :

La peste porcine classique

En 2002, la peste porcine a refait son apparition en France, en provenance d'Allemagne et du Luxembourg. C'est une maladie virale, infectieuse, contaminant les suidés domestiques et inscrite sur la liste des maladies réputées contagieuses. La vaccination orale des sangliers s'effectue par l'ingestion d'appâts contenant le vaccin principalement épandues par les chasseurs du Bas-Rhin et de la Moselle.
Le risque de contamination des élevages porcins, principalement de plein air, est directement lié à la possibilité de contact entre les porcs domestiques et les sangliers. Les intérêts des éleveurs de porcs français sont passés avant ceux des chasseurs qui ont dû réduire les populations de sangliers. Ainsi les exportations de porcs français, de semence et de viande porcine, un moment interdites, ont pu reprendre.

La brucellose

Cette maladie bactérienne peut infecter les animaux domestiques, les animaux sauvages et l'homme. Elle figure également sur la liste des maladies réputées

Il convient de ne pas confondre la tuberculose bovine et deux autres maladies souvent mortelles :
– la **paratuberculose**, entérite ou maladie de Johne. Elle se rencontre chez les ruminants domestiques et sauvages. Elle cause des diarrhées sporadiques puis permanentes et un affaiblissement du sujet conduisant à la mort.
– la **pseudo-tuberculose**, maladie surtout constatée en période froide, commune à l'homme et à beaucoup d'animaux, oiseaux, rongeurs (ragondins, rats, souris), lièvres et lapins. Elle se propage par voie orale, entraînant des troubles digestifs souvent létaux.

contagieuses. Elle est largement répandue dans les compagnies de sangliers sur l'ensemble du territoire. Elle se transmet par voie digestive, vénérienne ou transcutanée et provoque en particulier des avortements. L'homme peut se contaminer par voie transcutanée, muqueuse et conjonctivale à l'occasion de la manipulation de carcasses d'animaux infectés.

La maladie d'Aujeszky

Cette maladie virale neurotrope, infectieuse et contagieuse, est inscrite sur la liste des maladies réputées contagieuses pour les suidés. Elle présente aussi une menace pour les élevages porcins. Elle est appelée pseudo-rage quand elle atteint le chien, tellement les manifestations de la maladie chez cet animal sont brutales. C'est un risque à ne pas négliger pour les chiens utilisés au sanglier.
La transmission s'effectue par voie directe, par contact, ou indirecte, par le biais de produits provenant d'animaux infectés.

La tuberculose bovine

La maladie réputée contagieuse, éradiquée des élevages bovins depuis les années 1970, a été détectée pour la première fois en 2001 chez les cervidés (chevreuils exceptés) et les sangliers dans la forêt domaniale de Brotonne en Seine-Maritime. Environ 20 % des animaux tués à la chasse étaient porteurs de la maladie. Les cerfs présentent des lésions tuberculeuses principalement pulmonaires, tandis que les sangliers ont une tuberculose du tube digestif. Cela tendrait à prouver qu'ils ab-

▲ La cohabitation entre élevage et grande faune sauvage peut entraîner des problèmes sanitaires.

sorbaient les viscères des cervidés vidés sur place lors de la chasse. Il s'agit très probablement d'une contamination ancienne par les bovins des élevages riverains de la forêt et qui pénétraient dans le massif boisé. La maladie est passée inaperçue pendant longtemps jusqu'à ce que la densité des cervidés s'accroisse et que des bovins des élevages circonvoisins de la forêt soient recontaminés.
D'autres cas ont été récemment signalés en Côte-d'Or, dans les Alpes et en Corse. Les chasseurs peuvent être infectés en manipulant les animaux malades.
Les blaireaux sont réputés porteurs et transmetteurs de la maladie en allant se nourrir dans les auges. L'incidence économique de la tuberculose bovine est importante car elle entraîne l'isolement des élevages et l'interdiction de transport des bovins depuis les exploitations infectées. Les animaux les plus touchés sont abattus d'office.

La trichinellose

Cette maladie est provoquée par la présence dans les muscles d'une larve de nématode dont les adultes se développent dans l'intestin grêle de l'hôte où ils se reproduisent. De nombreuses espèces de carnivores et d'omnivores peuvent être contaminées. L'homme s'infecte en consommant de la venaison peu ou mal cuite. La viande doit être cuite à cœur, ou doit être congelée à - 20 °C pendant 3 semaines, ou être contrôlée par les services vétérinaires avant consommation. La maladie se manifeste, après une phase intestinale « silencieuse », par des douleurs musculaires, de la fièvre et des œdèmes.

La maladie hémorragique épizootique des cerfs est déclarée contagieuse

Elle a une tendance manifeste à envahir rapidement de grands territoires, l'agent pathogène est très résistant dans la nature.

Le réseau SAGIR

L'Office national de la chasse et de la faune sauvage a créé en 1986 un réseau de surveillance de la faune sauvage dénommé SAGIR. À la mise en évidence des principales causes de mortalité du grand et du petit gibier s'ajoute la proposition de mesures de lutte ou de réduction des atteintes pathologiques observées. Un partenariat très étroit lie l'ONC, l'Agence française de sécurité sanitaire des aliments (AFSSA), les services vétérinaires nationaux et départementaux et leurs laboratoires d'analyse, ainsi que les fédérations nationale, interdépartementales et départementales des chasseurs. En général, les cadavres d'animaux sont apportés ou signalés par les chasseurs. Des correspondants départementaux des fédérations se chargent de la suite à donner.
Les intoxications imputées aux produits de traitement de l'agriculture (pesticides), la mortalité anormale des chevreuils (MAC), dont on n'a pas encore expliqué toutes les causes, la tularémie, la maladie hémorragique virale (VHD) des lapins et des lièvres… sont également du ressort du réseau SAGIR, en dehors des maladies exposées ci-dessus.

Les conséquences

Les risques accidentels et le coût des collisions ainsi que l'incidence sanitaire des

maladies que l'homme peut contracter ou que les élevages agricoles peuvent subir, ou que les animaux sauvages contractent et transmettent, revêtent une importance de plus en plus grande pour l'économie et la sécurité nationales.
L'accroissement des cheptels de gibier, le cloisonnement des territoires, les risques de consanguinité, le non-respect des minima du plan de chasse… sont des causes aggravantes du phénomène.
L'évolution de notre société s'accompagne du refus de tout risque, fût-il naturel. Il faut ramener les aléas de la circulation et les risques sanitaires à un niveau plus acceptable. Il convient de mieux expliquer les contraintes de la cohabitation des citadins et des résidents périurbains et ruraux avec la nature et ses hôtes. Les milieux cynégétiques, les services vétérinaires, les agriculteurs, les forestiers, les collectivités territoriales et l'administration en général ont partie liée. Des réunions d'information ont déjà lieu dans de nombreux départements. Elles doivent se généraliser. Se pose, par exemple, la question du développement de centres de collecte des viandes et de la venaison qui peuvent présenter un risque non négligeable pour le consommateur. Ces centres doivent être en nombre suffisant et facilement accessibles aux chasseurs. Il subsistera toujours le risque de la consommation directe et individuelle du gibier tué à la chasse.

Attitude à adopter face à un animal sauvage malade

Ne pas toucher l'animal à mains nues et se méfier des morsures, coups de griffes, projections de salive, d'excréments ou de sang. Éviter d'effrayer un animal souffrant. Afin qu'il ne se sauve pas, essayer de l'isoler ou de l'enfermer. Prévenir le plus vite possible un vétérinaire. En cas de morsure ou de coup de griffes, consulter rapidement un médecin.
Pour les animaux accidentés le long d'une route, les fractures sont souvent graves, il faut alors les achever.

Les dégâts forestiers

Tout cervidé prélève des aliments ligneux ou semi-ligneux. Les dégâts constatés sur les plantations sont donc naturels à condition de ne pas dépasser un certain seuil. On distingue trois sortes de dégâts forestiers :

L'abroutissement

Un cervidé consomme des bourgeons, des jeunes pousses, des plantules, des rameaux et des feuilles, surtout de résineux

▲ L'écorçage peut tuer l'arbre.

en hiver, et de feuillus le reste du temps (1,20 m de hauteur pour le chevreuil et 1,80 m pour le cerf). L'atteinte la plus préjudiciable concerne l'abroutissement des jeunes pousses terminales qui compromet à terme le développement de l'arbre.

L'écorçage

La consommation de lambeaux d'écorce s'observe surtout en hiver. Ils servent de lest digestif pour la rumination et apportent des éléments nutritifs. C'est également le signe du stress ressenti par les animaux s'ils sont fréquemment dérangés ou en trop grand nombre. Pour l'arbre, l'écorçage est une porte ouverte aux champignons parasites, aux insectes et aux maladies, c'est un point de faiblesse qui peut causer plus tard la rupture du tronc ou sa déformation, diminuant sa valeur.

Le frottis

Les mâles, pour se débarrasser de leurs velours ou au moment du rut pour marquer leur territoire, frottent les tiges avec leurs bois laissant des traces qui engendrent des dommages semblables à ceux de l'écorçage.

Les cervidés sont dépourvus d'incisives supérieures. Un rameau qu'ils sectionnent présente donc un bord effiloché car il a été moitié mordu et moitié pincé par les incisives inférieures et le bourrelet qui recouvre la gencive supérieure.

▲ Le frottis occasionné par chevreuils ou cerfs condamne l'arbre.

▲ Protection grillagée individuelle des plantations.

Les **rameaux** et jeunes plants sectionnés par les lapins et les lièvres ont des bords nets, généralement en biseau, jusqu'à 50 cm de hauteur. On retrouve souvent le rameau détaché gisant à proximité.

Les instruments de la gestion

Le plan de chasse légal

Le plan de chasse légal a été institué par une loi de 1963. D'abord facultatif, il a été ensuite rendu obligatoire en 1979 pour les cervidés, puis pour le chamois, l'isard et le mouflon. Il peut être annuel ou triennal. Il reste facultatif pour le sanglier. C'est le mode de gestion le mieux adapté pour le grand gibier afin d'assurer le nécessaire équilibre agro-sylvo-cynégétique.

L'équilibre agro-sylvo-cynégétique consiste à rendre compatibles, d'une part, la présence durable d'une faune sauvage abondante et variée, d'autre part, la pérennité et la rentabilité économique des activités agricoles et sylvicoles.

Il est assuré par la gestion concertée et raisonnée des espèces de faune sauvage et de leurs habitats agricoles et forestiers : la concertation associe les représentants des chasseurs, des agriculteurs et des forestiers. La gestion raisonnée repose principalement sur le plan de chasse.

Mais les problèmes vétérinaires, de santé publique et de sécurité routière pèsent de plus en plus sur la gestion.

L'équilibre est recherché par la combinaison des moyens suivants : la chasse, la régulation, la prévention des dégâts de gibier par la mise en place de clôtures électriques pour protéger les cultures, de protections individuelles pour les arbres, de dispositifs de dissuasion et, en dernier ressort, par des procédés de destruction autorisés.

L'équilibre sylvo-cynégétique doit aboutir à la régénération des habitats forestiers sans recourir à des protections artificielles. Lorsque celles-ci s'imposent, c'est que l'on n'a pas atteint un équilibre faune-flore convenable ni un bilan économique satisfaisant pour le forestier.

L'indemnisation administrative des dommages aux cultures agricoles participe de cet équilibre. Des évolutions de pratiques et de systèmes de production intégrant l'objectif de maîtrise de la faune sauvage y contribuent.

L'équilibre recherché tient compte du code forestier, des dispositions des orientations régionales forestières et agricoles, des orientations régionales de gestion de conservation de la faune sauvage et de ses habitats, ainsi que du schéma départemental de gestion cynégétique.

Le plan de chasse détermine le nombre minimum et maximum de grands animaux à prélever sur les territoires de chasse. C'est un plan quantitatif qu'il convient de respecter. Il existe également la possibilité de fixer un plan de chasse qualitatif qui recherche l'équilibre des sexes, des âges et des catégories particulières d'animaux, notamment en ma-

Le calendrier de demande de plan de chasse est strict

• Le dépôt de la demande doit être fait pour le 15 février auprès du président de la fédération ou, pour les territoires soumis au régime forestier, auprès du représentant de l'ONF dans le département. Pour les terrains en partie privés et en partie en forêt soumise, la demande est adressée au président de la fédération qui se charge de prendre l'avis de l'ONF.

• Les demandes revêtues de l'avis correspondant sont envoyées par l'organisme instructeur au directeur départemental de l'agriculture et de la forêt (DDAF) pour le 15 mars.

• Le DDAF transmet l'ensemble des dossiers avec son avis au préfet pour le 15 avril.

• L'examen par la commission s'effectue avant le 15 mai. Le préfet arrête les plans de chasse individuels pour le 25 mai.

• En cas de réclamation, un recours gracieux doit être adressé au préfet par lettre recommandée avec avis de réception dans le mois qui suit la notification.

• Un délai de 3 mois est prévu pour retirer les dispositifs de marquage à la fédération des chasseurs. Au-delà, une pénalité de 10 % est perçue.

• Le titulaire du plan de chasse doit rendre compte de l'exécution de son plan de chasse dans les 10 jours qui suivent la date de fermeture de la chasse.

tière de mâles « coiffés ». Le plan de chasse tend à assurer le développement durable des populations de gibier, à préserver leurs habitats tout en conciliant les intérêts agricoles, sylvicoles et cynégétiques.

Pour le grand gibier, il est fixé par le préfet après avis de la commission départementale rassemblant des représentants des intérêts cynégétiques, agricoles et forestiers pour une période qui peut être de trois ans révisable annuellement.

Pour assurer un équilibre agricole, sylvicole et cynégétique, le plan de chasse est appliqué sur tout le territoire national pour les cervidés et le grand gibier de montagne. Lorsqu'il s'agit du sanglier, le plan de chasse est mis en œuvre après avis des fédérations départementales ou interdépartementales des chasseurs (environ 30 départements étaient représentés en 2002).

Lorsque le titulaire du droit de chasse n'est pas le propriétaire du territoire pour lequel la demande est présentée et que ce dernier ne loue pas son droit de chasse, le propriétaire peut faire connaître son désaccord éventuel et formuler sa propre demande de plan de chasse.

Toute personne détenant le droit de chasse sur un territoire et qui désire obtenir un **plan de chasse individuel** doit en faire la demande. Toutefois, lorsque le contrat de location ou de mise à disposition gratuite du droit de chasse le prévoit expressément, la demande est faite par le propriétaire ou son mandataire.

En effet, le propriétaire forestier doit préciser dans son plan simple de gestion sylvicole (PGS) la stratégie de gestion des populations de gibier faisant l'objet d'un plan de chasse en conformité avec ses choix de gestion sylvicole. Il est donc normal qu'il conserve ses prérogatives en la matière, en conformité avec le schéma départemental de gestion cynégétique.

Les propriétaires forestiers peuvent se regrouper en association ou association syndicale. Dans ce cas, c'est le représentant légal de l'association qui accomplit les démarches relatives au plan de chasse.

La commission départementale étudie les demandes, donne son avis au préfet après avoir examiné les propositions de la fédération départementale des chasseurs ou de l'Office national des forêts pour les forêts soumises au régime forestier (forêts domaniales, communales et des établissements publics).

Cette commission fixe également chaque année le prix des denrées servant à indemniser les dégâts agricoles et les frais de remise en état des cultures dans un cadre défini par une commission nationale, elle détermine les dates ultimes d'enlèvement des récoltes ainsi que la liste des estimateurs agréés.

Le contrôle du plan est effectué à l'aide de dispositifs de marquage à poser sur la patte arrière de l'animal tué avant tout transport. Ces marques sont délivrées contre paiement auprès de la fédération départementale des chasseurs.

Le plan de chasse peut être instauré pour le petit gibier, en particulier perdrix et lièvre. Le calendrier est alors également fixé par la réglementation.

Le plan de gestion cynégétique approuvé

Il s'agit d'un contrat passé entre des gestionnaires de chasse pouvant être regroupés en association, en GIC ou en ACCA, et le préfet. Il est formalisé par la fédération des chasseurs, présenté à la commission départementale compétante en matière de chasse et de faune sauvage, puis signé par le préfet qui peut prendre en compte certaines dispositions du plan de gestion dans l'arrêté d'ouverture de la chasse.

La durée du plan est de 6 ans. Outre la description du territoire et du gibier qui le peuple, il fixe les objectifs à atteindre et les moyens pour y parvenir. Des aides spéciales peuvent être accordées. Le plan de gestion doit être en concordance avec le schéma départemental de gestion cynégétique.

▲ La chasse, c'est aussi des belles promenades en forêt.

Les aménagements en forêt

Un massif boisé abrite bien évidemment plusieurs espèces de gibier, petit et grand. Les aménagements que l'on peut faire les concernent tous et sont donc souvent polyvalents, même si certains d'entre eux sont plus spécifiques.

Nourriture, abri et quiétude demeurent les trois priorités.

La nourriture est fournie naturellement par la végétation herbacée, semi-ligneuse et ligneuse. S'y ajoutent les fruits forestiers tels que glands, faines, châtaignes, baies, merises, framboises, myrtilles, etc. L'aménagement a pour objet de développer ces ressources et de les augmenter par le fauchage des chemins verts, la préservation des ronces et du lierre qui donnent une alimentation verte en hiver, les recépages de taillis pour donner de jeunes pousses appétentes, l'éclaircie des futaies pour laisser filtrer la lumière et le soleil, l'entretien des clairières qui ne doivent pas nécessairement être replantées, le maintien des fourrés et de plusieurs étages de végétation, la rotation des coupes échelonnées dans l'espace et dans le temps, etc.

L'éclairement des parcelles donne un camaïeu de lumières et donc de végétations. Ainsi, les mélèzes, par leur beau feuillage vert tendre en été, doré en automne, puis caduc en hiver, laissent passer beaucoup de lumière à travers leur houppier clair, la végétation herbacée n'est ainsi pas compromise à leurs pieds. Un mélèzin planté le long des allées ou en parcelle étroite présente de plus

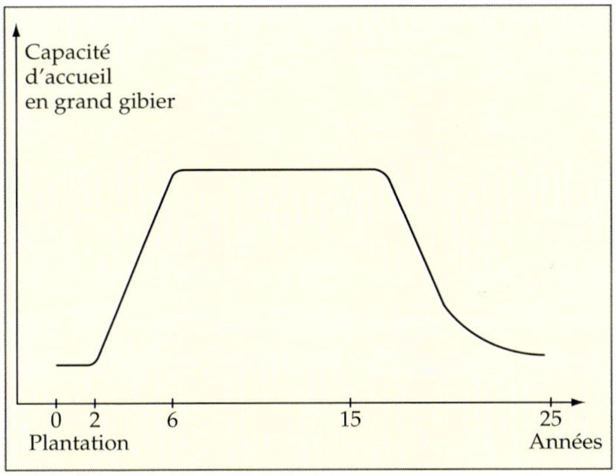

▲ Évolution de la capacité d'accueil d'une parcelle de plantation sur 25 ans.

Les **vers de terre** sont la proie non seulement des bécasses mais aussi de bon nombre d'animaux, dont les faisans, les grives, les sangliers, les blaireaux, les renards, etc. Les plantations de feuillus sont plus propices aux lombrics que celles de résineux. Les prairies naturelles ou artificielles jouent un grand rôle à ce propos. En cas de besoin, des amendements calcaires et les engrais peuvent contribuer au bon développement d'un humus favorable.

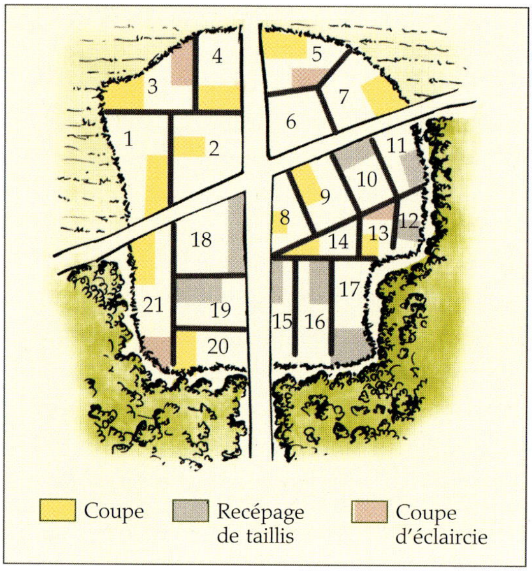

▲ La planification des interventions.

l'avantage de laisser voir venir le gibier au sol et de forcer les faisans à voler haut au-dessus des cimes.

Il convient de préserver les ressources en eau dans les mares et les ornières pour la souille. Des abreuvoirs temporaires alimentés, dont l'étanchéité peut être améliorée par un apport d'argile, sont utiles en cas de sécheresse. Les bassins destinés à la lutte contre les incendies peuvent constituer un apport d'eau complémentaire.

Les plantations utiles aux animaux comprennent des fruitiers, en dehors du chêne et du hêtre, comme le châtaignier, le marronnier, le pommier, le poirier, l'alisier, le sorbier, le cornouiller, le merisier et le framboisier. Ces essences sont appétentes pour les cervidés, les lièvres et les lapins, il faut donc souvent les protéger avec des manchons ou les enclore jusqu'à ce qu'ils atteignent une taille suffisante pour éviter abroutissement, écorçage et frottis. Le saule et l'osier sont

▲ Les prairies offrent un gagnage apprécié des cervidés.

recommandés près des endroits humides car les cervidés en consomment les feuilles, les bourgeons, les jeunes pousses et les écorces. Le robinier et le tremble drageonnent bien, supportent un abroutissement sévère, mais peuvent devenir envahissants.

Les prairies semées en forêt complètent les aménagements avec les cultures à gibier. Elles doivent rester de surface modeste (moins de 1 ha) mais aussi nombreuses que possible, bien réparties, situées au calme et bien éclairées. Les passages de lignes électriques, les allées et les pare-feu offrent des emplacements favorables pour ce type d'implantation. Le commerce propose des mélanges de graines fourragères correspondant aux besoins locaux et aux divers sols forestiers, souvent peu profonds et peu fertiles. Les graminées (*ray-grass* anglais, fétuque, dactyle, fléole) sont enrichies par des légumineuses (trèfle blanc ou violet, sainfoin, lotier, minette, luzerne).

▲ Les cultures à gibier installées le long d'un chemin bénéficient d'un bon ensoleillement.

Les **cultures à gibier** obéissent aux mêmes règles d'éclairement, de calme et de protection temporaire. Elles doivent persister en hiver pour compléter la végétation naturelle qui fait défaut. Betteraves, topinambours (dont on extrait quelques tubercules pour que sangliers et cervidés prennent l'habitude de les rechercher), maïs, choux, seigle, vesce, lupin doux, luzerne, soja, tournesol, colza, féverole d'hiver, pois offrent une gamme diversifiée.

Destinées à durer plusieurs années, les prairies doivent être entretenues – par hersage de printemps, fauchage d'été après les couvaisons et mises bas –, amendées et bénéficier éventuellement d'un apport d'engrais.

Ces aménagements sont l'occasion de matérialiser des postes de tir par des buissons à feuilles persistantes (laurier,

▲ La pierre à sel apporte des minéraux.

troène, fusain, genêt, charmille), des fascines ou des paravents.
Au moment de leur mise en place, les cultures à gibier doivent être momentanément protégées par des clôtures électriques et livrées à la consommation le plus tardivement possible par fractionnement des parcelles en déplaçant les clôtures.

L'installation de pierres à sel, d'affouragements et d'agrainoirs est utile mais seulement lorsque les conditions climatiques deviennent trop rigoureuses. Il n'est pas question d'élever des animaux en plein air ! C'est la raison pour laquelle les schémas de gestion cynégétique départementaux traitent aussi de ce sujet important. Les schémas édictent des

▲ L'affouragement, utile en période critique, mais à ne pas généraliser.

règles de plus en plus restrictives quant à ces apports artificiels qui peuvent n'être autorisés que par le préfet lorsqu'ils sont nécessaires en raison de la situation climatique ou pour dissuader les grands animaux d'aller viander dans les cultures en période sensible (semis, maturation). En période de chasse, il s'agit bien souvent d'attirer le gibier sur son territoire, ce qui engendre des surenchères dans le nourrissage qui deviennent aberrantes.

Pour les sangliers, du goudron de Norvège badigeonné sur les arbres où ils viennent se frotter et du crud-ammoniac répandu près des souilles fixent bien les animaux.

L'abri est fourni par les jeunes plantations, les buissons denses, les ronciers, les fougères, les haies épaisses, qui donnent

▲ L'apport de pommes permet de dissuader les animaux de sortir.

Les aménagements cynégétiques en forêt sont utilement complétés par les **« jachères faune sauvage »** en bordure des massifs pour limiter les incursions des grands animaux dans le milieu agricole proche. Elles doivent être séparées des cultures par une clôture électrique. La fédération est à même d'indiquer les conditions d'implantation et d'entretien par broyage ou épandages chimiques. La concertation préalable avec les exploitants agricoles est indispensable.

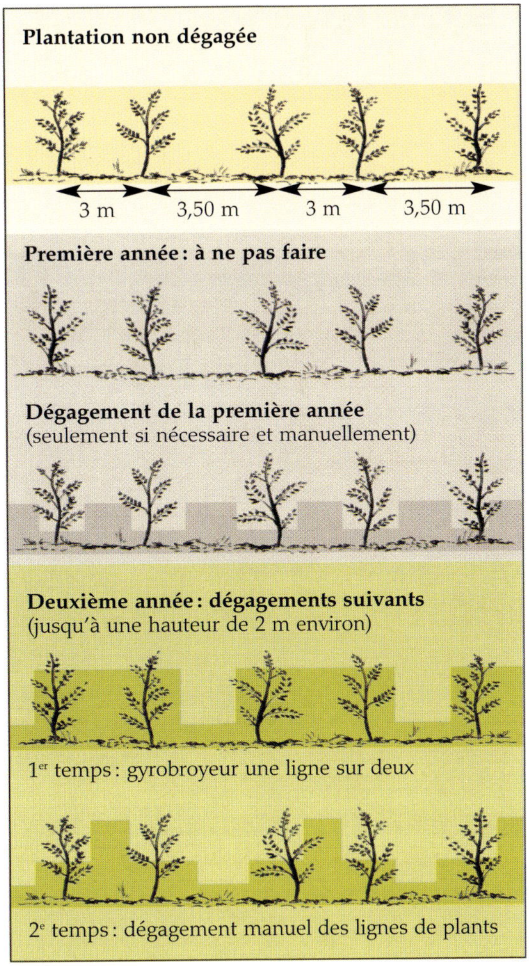

▲ L'entretien d'une plantation.

▲ Le masque arboré d'une clairière ou d'une culture à gibier.

l'impression d'être impénétrables mais à l'intérieur desquels les animaux se reposent, prennent une partie de leur nourriture diurne, se protègent du froid, de la neige et du vent. Ces abris doivent être prévus lors des travaux forestiers pour assurer une bonne rotation, une répartition satisfaisante et une continuité tout au long de l'année.

La quiétude indispensable est le corollaire de l'abri. Les façons culturales, les travaux forestiers, la promenade, la divagation des chiens, le ramassage des champignons perturbent les animaux. Les cervidés en particulier présentent souvent des signes de stress révélés par les frottis et l'écorçage. Le rut, la mise bas, la rumination, l'enneigement sont des périodes particulièrement sensibles.

▲ Les mares forestières naturelles sont prisées par les grands animaux.

▲ Schéma théorique d'un bois idéal pour battue de faisans.

Les barrières, la fermeture des allées aux voitures, les parkings en lisière de forêt limitent le dérangement. Les panneaux d'interdiction et d'information ainsi que le dialogue avec les randonneurs et les promeneurs font partie de la dissuasion et de l'éducation du public.

L'arrêté du 16 mars 1955 stipule : « Dans les bois et les forêts, il est interdit de promener les chiens non tenus en laisse en dehors des allées forestières pendant la période du 15 avril au 30 juin. » Ces dispositions visent à sauvegarder la reproduction des oiseaux et de toute espèce de gibier à ce moment critique de leur existence. C'est le minimum que l'on puisse prévoir pour la quiétude de la faune sauvage.

▲ Les dessous de lignes électriques entretenus ouvrent le paysage.

La volière anglaise

Pour la réintroduction de faisans, la volière « anglaise » à ciel ouvert a fait ses preuves. Un espace choisi en forêt ou en clairière, bien abrité, ensoleillé, sain, d'une surface minimale de 5 000 m^2 ou de 1 ha (compter 12 à 15 m^2 par oiseau), essarté sur son pourtour, est clôturé par un grillage de 2,5 à 3 m de haut à mailles de 5 cm replié vers l'extérieur et renforcé en bas, sur 70 cm de haut, d'un grillage à mailles fines, le tout enterré à 30 cm. Une large porte est ménagée pour laisser passer les engins pour l'entretien des cultures à gibier, l'abreuvement et l'agrainage. Elle est complétée d'une ou deux petites portes secondaires.

La volière est parcourue par une allée sinueuse d'au moins 2 m de large. De grands arbres éloignés du grillage sont maintenus en place ainsi que des arbustes et des buissons pour que les oiseaux puissent se brancher. C'est là une aptitude des souches sauvages qu'il convient d'entretenir.

Les faisans introduits à l'âge de 8 semaines, après que les premières rémiges primaires d'une aile ont été coupées, peuvent être mis en petite volière intérieure

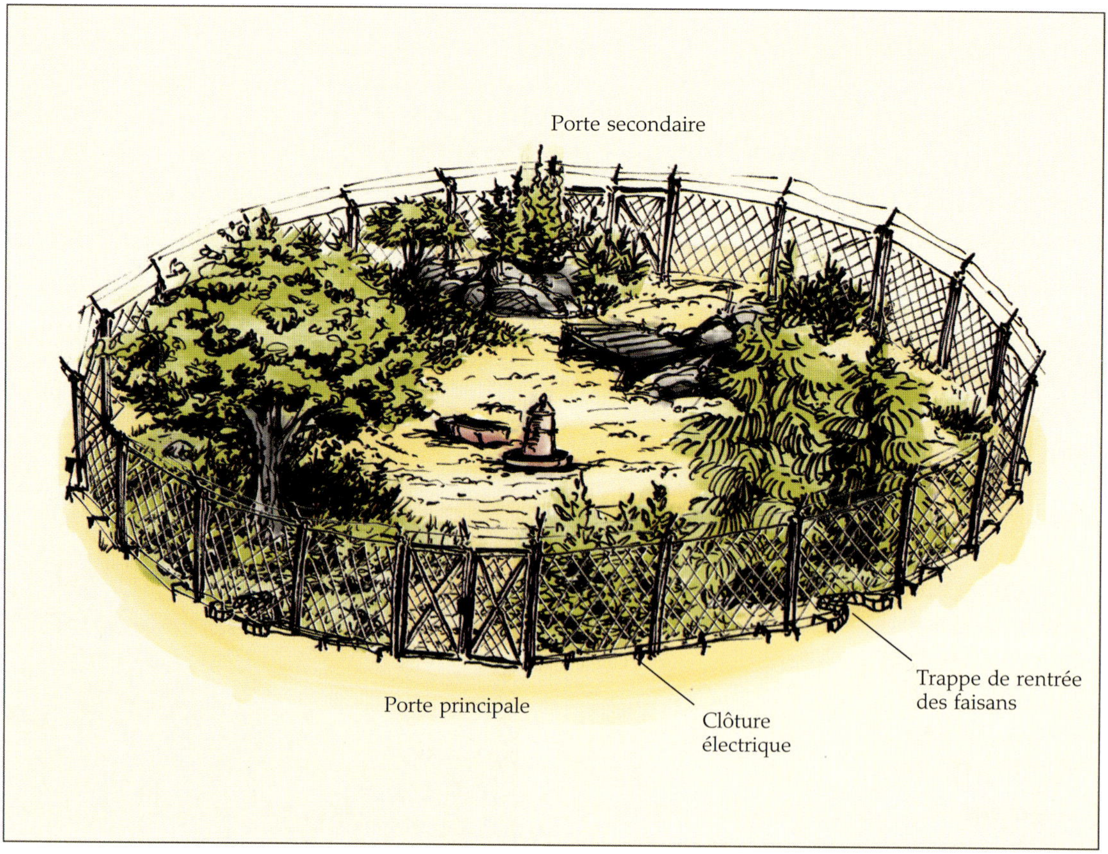

▲ La volière anglaise à ciel ouvert avec agrainoirs, abreuvoirs, tôles-abris, taillis et grands arbres.

▲ La volière anglaise se fond dans le paysage.

pendant les quelques jours nécessaires à leur acclimatation. Quelques adultes y resteront ensuite pour les rappeler lorsque les jeunes oiseaux commenceront à s'émanciper. Des tôles sur quatre piquets, des bottes de paille et des faisceaux de fagots servent d'abri, particulièrement dans les coins des volières rectangulaires où les oiseaux ont tendance à se précipiter en cas de danger et où ils risquent de se piétiner les uns les autres. C'est la raison pour laquelle on préférera une volière circulaire.

Les faisans ont tendance, une fois dehors, à réintégrer à patte la volière pour s'abreuver et profiter de la nourriture mise à leur disposition. Des trappes de

▲ Conserver les ornières qui recueillent l'eau de pluie permet au gibier de s'abreuver.

Les tirés présidentiels de Rambouillet

Un aménagement original a été réalisé et conservé en état à Rambouillet qui fut jusqu'en 1995 la chasse de la Présidence de la République, où les invités de marque de la France étaient reçus pour chasser le faisan essentiellement.

Ce dispositif de haies parallèles discontinues taillées au carré permet de conserver sur le terrain un nombre important d'oiseaux protégés des prédateurs par le couvert qu'il procure. Les faisans circulent aisément entre les haies, parfois même sur le dessus, ils peuvent se blottir à leur pied.

Lors des chasses, ils sont poussés vers la tête de battue où des rangées d'arbres denses de dimension croissante les obligent à voler haut par dessus la ligne de tireurs placée derrière.

Les tirés de Rambouillet continuent à être entretenus. Ils sont aujourd'hui territoire d'accueil pour les chasseurs méritants : jeunes permis tirés au sort parmi les candidats ayant obtenu la note de 21/21 à l'examen, titulaires du brevet grand gibier ayant décroché la médaille d'or, archers...

▲ Les tirés de Rambouillet.

rentrée doivent être prévues dans le bas du grillage. Elles mesurent environ 50 cm de haut et de large et sont prolongées vers l'intérieur par un tunnel en grillage de 30 cm de longueur comprenant à mi-distance un ou deux piquets anti-renard. La sortie des faisandeaux est rendue impossible par des clapets à sens unique.
Le pourtour externe du grillage est protégé des prédateurs par des pièges inaccessibles aux faisans et par une double clôture électrique (fils décalés placés à 15 et 30 cm du sol) installée à 1 m du grillage.
En dehors des prédateurs terrestres, il convient d'effaroucher les rapaces et les corvidés grâce à des fils tendus et à des banderoles réfléchissantes placées à faible hauteur dans les allées jusqu'à ce que les faisans soient capables d'éviter les prédateurs en volant et en se perchant. Après un certain temps, ce dispositif doit être retiré pour ne pas gêner les faisans qui prennent leur envol.
Ce type d'installation apprend donc aux faisans à bien voler, à se défendre et à essaimer dans la chasse environnante où abreuvoirs et agrainoirs en nombre sont répartis. Si le territoire abrite des sangliers, ces dispositifs doivent être protégés par de forts piquets rapprochés.
Il existe aussi un autre type de volière : la volière de pré-lâcher de 10 à 200 m² pour 1 à 1,50 m de hauteur, construite au bois ou en lisière de couvert, dans laquelle les jeunes faisans de 8 à 12 semaines, bagués, sont maintenus captifs pendant une semaine avant d'être progressivement libérés ; un ou deux oiseaux demeurent à l'intérieur pour rappeler leurs congénères.
Le baguage préalable des oiseaux est indispensable pour permettre un suivi rigoureux et distinguer les oiseaux lâchés de ceux nés en liberté.

Le sentier de piégeage

C'est un aménagement indispensable dans les chasses de petit gibier en forêt. Sinueux, reliant les endroits attirants pour les prédateurs, dont les volières, longeant les clairières, les prairies et les lisières, il est jalonné de pièges adaptés au milieu. Il convient d'éviter la proximité des chemins et des routes fréquentées pour ne pas capturer un animal domestique.

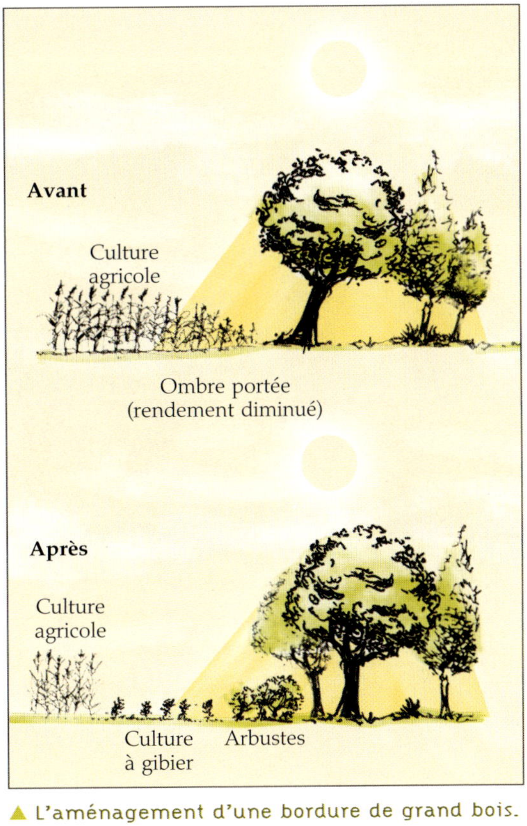

▲ L'aménagement d'une bordure de grand bois.

Le sentier doit être nettoyé régulièrement pour faciliter les déplacements des animaux, du piégeur et du garde ou de la personne qui approvisionne les abreuvoirs et les agrainoirs.
Le cheminement sert également à rallier en silence les postes de tir ou les miradors utilisés pour la chasse à l'approche et à l'affût du grand gibier.

L'aménagement du bois

Que ce soit en forêt, en garrigue ou en maquis, il est souvent utile de dégager suffisamment le sous-bois sur une vingtaine de mètres vers l'intérieur des enceintes pour voir venir les grands animaux et si possible les reconnaître et les juger. De tels aménagements sont améliorés par des trouées en patte d'oie dans trois directions, longues d'une cinquantaine de mètres et convergents vers le poste de tir. À l'évidence, elles ne doivent pas servir à tirer avant le débucher mais à bien juger l'animal avant qu'il parvienne à la ligne.
Outre les aménagements cynégétiques, il appartient au forestier public ou privé, en accord avec le chasseur, de prévoir des aménagements sylvicoles utiles à la chasse : coupes rases, clairières et prairies aux contours sinueux dissimulées par des plantations-écrans le long des che-

▲ Le broyage des fossés et des bas-côtés de routes forestières est favorable à la repousse d'herbe tendre.

Les aménagements de tir comprennent aussi les postes de tir au sol, paillassons, paravents, ou en hauteur, miradors, hauts-sièges, échelles d'affût.

mins ; les dégagements de jeunes plantations doivent être réduits au minimum pour conserver des bourrages végétaux propices au gibier ; des essences forestières secondaires doivent être laissées en place : brins et perchis maintenus

▲ Entretien d'une allée forestière.

▲ Les différents types de peuplement.

▲ Le sentier d'agrainage peut servir également pour le piégeage ou pour l'approche.

après dégagement servent quelques années de nourriture hivernale. Des prébois semés ou spontanés constitués d'espaces plus ouverts comportant à la fois arbres, taillis et pâturages sont utiles au gibier. La valeur paysagère de même que la diversité du site s'en trouvent améliorées. Des coupes réalisées le long des routes améliorent la visibilité et réduisent les risques de collisions des animaux avec des véhicules.

Les corridors biologiques, le franchissement des infrastructures linéaires

Le développement général des transports nécessite chaque jour davantage d'infrastructures linéaires (routes, TGV, canaux), dont le trafic doit être protégé contre les collisions animales, et qui doivent être clôturées.
Il en résulte des obstacles infranchissables par les grands animaux avec des conséquences multiples : isolement des populations, appauvrissement génétique, consanguinité, densités parfois excessives, risques sanitaires, augmentation des collisions sur les voies secondaires, parfois appauvrissement de la biodiversité végétale par surpâturage.
La loi oblige les aménageurs d'infrastructures linéaires à remédier à ces inconvénients à travers l'étude d'impact et les mesures compensatoires qu'elle doit comporter. La chasse, particulièrement celle aux chiens courants, et la vénerie subissent les conséquences de ces aménagements. Les chasseurs ont donc un rôle

▲ Le dispositif d'atterrissement pour gibier le long d'un canal.

Le Service des études techniques des routes et autoroutes (SETRA) des Ponts et Chaussées (92220 Bagneux) a publié dans un guide les caractéristiques techniques **des passages pour la grande faune**.
Le strict minimum requis pour la largeur du franchissement supérieur (pont) d'une voie à grande circulation est de 25 m, l'expérience montre que 50 m constitue une largeur efficace pour les espèces les plus exigeantes. Le parapet du pont doit être assez haut, palissé en bois, pour masquer la circulation ferrée ou automobile ainsi que l'éblouissement des phares. Il doit être garni d'une végétation semblable à celle des alentours sur ses abords et sur le tablier du pont, comprendre un « piège à traces » en sable sur sa partie médiane pour évaluer l'efficacité du dispositif révélé par le franchissement des grands animaux.
Il est parfois recommandé d'installer des pierres à sel et un affouragement aux deux extrémités du pont pour attirer les animaux, puis de les déplacer progressivement vers le centre du pont pour les inciter à le franchir.

primordial à jouer en matière d'expertise, d'aide à la cartographie des déplacements de grands animaux, de propositions lors d'études d'impact, de sauvegarde des milieux et des axes de déplacement de la faune sauvage. Ils peuvent même agir au contentieux lorsque les solutions retenues s'avèrent inefficaces ou insuffisantes.
Ces préoccupations rejoignent la notion de corridors biologiques à sauvegarder entre les massifs forestiers.

Les collisions avec la grande faune sur les routes

L'accroissement des populations de grands animaux et la densité de la circulation routière occasionnent malheureusement une augmentation des collisions sur les routes. Une collision, même à vitesse réduite, avec un animal dont le poids peut dépasser 100 kg ne peut qu'occasionner des dégâts matériels importants pour le véhicule et corporels graves pour ses occupants.
Quant aux animaux heurtés, ils sont tués ou plus ou moins gravement blessés et risquent alors de succomber à leurs blessures, au loin, après une agonie douloureuse.
Les grands animaux se déplacent de préférence le soir et le matin, les jeunes chevreuils en quête d'un territoire circulent surtout au printemps et les sangliers en automne.
Un grand nombre de collisions ne sont pas déclarées par peur d'une sanction, ou parce qu'elles sont sans consé-

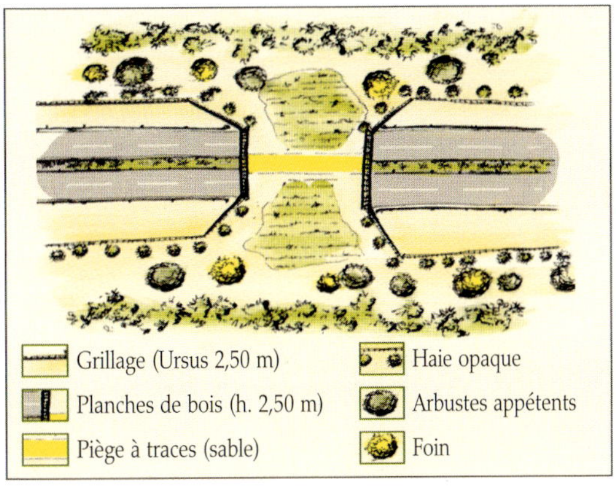

▲ Un passage supérieur pour grand gibier.

quences graves, ou encore par la certitude de ne pas être dédommagé, sauf assurance, même si elle est seulement aux tiers. Des accidents sont également dus à une malencontreuse manœuvre d'évitement d'un animal traversant la route devant le véhicule. La sortie de route qui en résulte alors n'est pas déclarée comme collision.

On évalue actuellement les collisions de la façon suivante : chevreuils (50 %) ; sangliers (45 %) ; cerfs (5 %) ; sur un total connu de 100 000 heurts par an. Le coût global atteindrait 150 millions d'euros.

Le développement des résidences secondaires et des habitations en zone périurbaine, souvent éloignées des lieux de travail, entraînent un accroissement du trafic routier le matin et le soir, et constituent une évolution sociologique qui augmente les risques de collision avec la grande faune sauvage.

La responsabilité pénale du maître d'ouvrage (État, Conseils généraux, administration, etc.) est de plus en plus recherchée. La signalisation routière est donc primordiale. Des panneaux réfléchissant la lueur des phares, le dégagement des bas-côtés, des clôtures partielles dans les virages et les lieux les plus fréquentés par la faune ou continues le long des grands axes, les passages à gibier font maintenant partie des moyens disponibles.

> Dorénavant, le grand gibier tué accidentellement et en tout temps à la suite d'une collision avec un véhicule automobile peut être transporté sous réserve que le conducteur prévienne, préalablement, les services de la gendarmerie nationale ou de la police nationale.

L'information du public doit se renforcer à ce propos et les milieux cynégétiques ont un rôle non négligeable à jouer. Il convient d'associer les élus locaux aux décisions cynégétiques qui peuvent avoir une répercussion sur les accidents routiers et la sécurité publique.

Les modes de chasse

La chasse en forêt a suscité de nombreuses méthodes de chasse et des variantes régionales ; les principales sont décrites ici.

La battue

Ce mode de chasse consiste à pousser le gibier délogé par des rabatteurs vers des lignes de tireurs postés ventre au bois qui entourent la parcelle. Cela demande une bonne organisation, de la coordination (signaux sonores de début et de fin de traque), l'observation rigoureuse des consignes de tir et des règles de sécurité et souvent l'aide de chiens qui doivent être appuyés, encouragés et suivis.
Chaque tireur doit rester à sa place durant toute la traque tandis que les rabat-

▲ Les fusils attendent les faisans qui vont passer haut en découvrant la ligne des tireurs !

▲ Un silence absolu doit présider lors de la mise en place des tireurs postés.

teurs signalent leur présence et conservent leurs intervalles grâce à des cris ou des signaux de pibole.

Il faut prévoir un temps suffisant entre chaque traque pour ramasser le gibier et rechercher les animaux blessés.

La battue est une chasse réservée aux territoires riches en faisans. Elle suppose un entretien du territoire comportant des aménagements à la fois pour fixer les oiseaux mais aussi pour permettre des traques offrant aux tireurs des oiseaux de haut vol difficiles à décrocher.

La disposition des cultures à gibier de nature variée doit dissuader les faisans de suivre leur instinct erratique qui les conduirait à déserter le territoire. Les points d'eau doivent être nombreux et alimentés en permanence.

Des haies orientées pour servir d'abris et de brise-vent, des remises s'avançant dans la plaine, des clairières cultivées au sein des parties boisées et surtout un piégeage intensif associé à une surveillance constante pour assurer la nécessaire quiétude constituent les atouts nécessaires pour avoir une belle chasse de faisans.

Les battues sont conduites de façon à mener les oiseaux à couvert, dans le bois ou à l'intérieur des remises, vers une ligne de fusils placés à découvert dans une allée ou en plaine. La ligne comporte généralement des fusils en retour.

Les rabatteurs doivent progresser lentement en s'arrêtant fréquemment pour obliger les faisans à piéter vers l'avant ; ils ne se lèveront que lorsqu'ils réalisent que le couvert s'interrompt à l'approche du découvert.

Lorsque les oiseaux passent haut et lancés, le tir est difficile pour le chasseur qui n'en a pas l'habitude : il faut tirer loin devant l'oiseau, parfois quatre ou cinq mètres.

▲ Faire le pied avant une chasse offre une chance de trouver le gibier dans les enceintes.

Beaucoup de faisans marquent imperceptiblement le coup de fusil ; c'est pourquoi il faut impérativement les rechercher avec de bons chiens parfois loin derrière la ligne après chaque traque.
Une battue, que ce soit pour le petit gibier ou pour la grande faune, peut être simple (un passage), suivie d'une contre-battue ou « peignée » (marche de deux lignes de traqueurs face à face qui se croisent au milieu de la traque).
La chasse du grand gibier obéit aux mêmes règles mais se complique du fait que les animaux ont un système de défense différent de celui du petit gibier à poil ou à plume. Selon la saison, leur sexe et leur âge, les grands mammifères peuvent refuser la ligne de tir et forcer la ligne des traqueurs pour sortir en retour, se déplacer individuellement, en groupe ou en harde. Certains passent la ligne des tireurs à toute vitesse, d'autres tournent longtemps dans l'enceinte avant de la quitter après avoir localisé les chasseurs au bruit ou à l'odeur. La mise en place doit donc être discrète.

La poussée

C'est une battue simplifiée, comprenant peu de traqueurs qui se déplacent en silence, sans chiens ou seulement avec des sujets très sages dont le rôle est de pousser les animaux sans les affoler. Elle est souvent pratiquée en fin de saison quand le plan de chasse est presque atteint ou qu'il s'agit d'un plan de chasse qualitatif. La poussée permet de bien identifier les animaux avant le tir. Les chasseurs gardent de préférence les coulées habituellement empruntées par le gibier recherché.

▲ La poussée silencieuse déplace le gibier dans le calme et permet de choisir l'animal à tirer.

▲ Les différents postes de tir et d'observation surélevés.

▲ Rallier les chiens lors d'une poussée est nécessaire.

C'est un tir réfléchi sur animaux identifiés, principalement les cervidés, limitant ainsi les risques d'erreur.

L'approche et l'affût

L'approche est une chasse individuelle qui consiste à évoluer en silence pour surprendre le gibier et à l'identifier précisément à la jumelle avant de le tirer. Le terme de « pirsch » est utilisé en Alsace.
Le chasseur doit bien connaître les habitudes du gibier, le rechercher principalement dès l'aube et avant le crépuscule, marcher lentement à contre-vent, scruter les espaces découverts à la jumelle, parcourir les lisières, la bordure des prairies, les allées enherbées, les coupes et les nouvelles plantations.
S'il est découvert ou senti, il doit s'immobiliser le temps nécessaire pour que l'animal se calme et reprenne ses activités. C'est davantage le mouvement que la silhouette qui inquiète l'animal.
L'affût se pratique à partir d'un poste fixe, mirador ou « haut-siège » fixé à un arbre. Ce mode de chasse concerne principalement le grand gibier : cervidés au moment du rut, sanglier au retour de son ga-

L'approche et l'affût permettent au chasseur de mieux connaître son territoire, d'évaluer le nombre et la qualité du gibier, la diversité de la faune sauvage. C'est une excellente école de la nature.

▲ La conclusion d'une approche réussie.

▲ Il faut toujours observer avant de progresser lorsqu'on chasse à l'approche.

gnage en plaine, à l'aube. Il se pratique également pour le pigeon ramier (palombe) et les grives.

Le tir est proscrit à proximité des affouragements et des agrainages. Un affût surélevé présente l'avantage de permettre un tir fichant plus sécurisant.

Après le tir d'un grand gibier, il faut attendre plusieurs minutes avant d'aller au résultat afin de laisser l'animal se coucher s'il est gravement atteint. La recherche des indices d'impact et de blessure doit se limiter à suivre les traces sur une centaine de mètres. Au-delà, il convient de faire appel à un chien de sang.

La chasse à la bécasse

C'est sans aucun doute la chasse mythique qui réunit des chasseurs au chien d'arrêt passionnés doublés de puristes.

Certains même ont des chiens qu'ils utilisent exclusivement pour chasser la bécasse ; pointers, setters et épagneuls sont les plus fréquemment utilisés.

Chasse de saison, elle mobilise les spécialistes pendant toute la durée du passage, éminemment variable d'une année sur l'autre en fonction de la météorologie, des vents et certainement pour des raisons encore inconnues.

▲ La tension est à son comble : la bécasse est arrêtée.

L'oiseau est rusé, il piète devant le chien, emmêle ses voies et souvent finit par se laisser arrêter à des endroits invraisemblables : une touffe d'herbe, le pied d'un arbre, la rive d'un ruisseau où son mimétisme le rend invisible même quand on est à la hauteur de la tête du chien figé. Quant au départ, la dame au long bec est une véritable virtuose : capable de s'envoler exactement dans l'axe de l'arbre qui vous la cache, de vous sauter au visage rendant le tir impossible, de changer de direction au moment même où vous lâchez votre coup de fusil, plonger en donnant l'impression qu'elle est touchée alors qu'il n'en est rien.

Les chasseurs de bécasse sont intarissables quand il s'agit de conter leurs prouesses ou leurs échecs.

Une bécasse levée se repose, souvent dans un endroit connu par des générations de chasseurs comme « remise » fré-

▲ Le couronnement de la quête de la bécasse.

quentée par des générations de bécasses. On peut ainsi, si on la rate, poursuivre le même oiseau toute une matinée, illustrant ainsi la maxime du club des bécassiers : « Chasser beaucoup et tuer peu. »

La chasse du pigeon

L'affût du pigeon se pratique partout, avec ou sans appelants, en général le soir au moment où les oiseaux viennent se percher après s'être nourris. Un masque de végétation ou un poste fixe permet au chasseur de se dissimuler.

Les palombières se rencontrent dans le sud-ouest entre Garonne et Pyrénées. Il existe trois formes pour ce type de chasse :

– les affûts au sommet des arbres d'où l'on tire au fusil les oiseaux au vol ou au posé lors de leur passage d'automne ;

– les pantes qui sont des installations comprenant un espace dégagé, en sable ou en gravier fin, plan, soigneusement entretenu et appelé « sol ». Il est encadré sur deux côtés par des filets horizontaux (15 à 20 m sur 8 m), à mailles de 4 cm au moins, repliés et mus par de puissants ressorts commandés à l'aide de cables. Les filets se rabattent sur le « sol » en se recouvrant partiellement. Une palombière est composée de un ou plusieurs « sols » reliés entre eux par des couloirs habillés de genêts et de fougères qui les confondent dans le paysage. Les couloirs desservent la cabane « de commandement », centre du dispositif, qui peut être construite au sol ou à la cime d'un arbre. C'est à la fois un poste d'observation (on guette par une ouverture munie d'un capot qui peut se rabattre à l'approche des oiseaux) et le lieu où aboutit toute la câblerie qui permet de mouvoir les appelants : des palombes domestiquées. Au nombre de 15 à 30, voire plus, ils sont hissés en haut des arbres environnants par un dispositif de poulies et de perchoirs en équilibre appelé « palette ».

Lorsqu'un vol est en vue, l'opérateur active les appelants (en les déséquilibrant ce qui leur fait battre des ailes comme s'ils se posaient) en commençant par les plus éloignés dans la direction d'où arrive le vol puis progressivement les plus proches et enfin ceux qui sont disposés derrière. Les vols réagissent de manière imprévisible à la sollicitation des appelants : certains se posent aussitôt, d'autres ralentissent, tournent et enfin décident de se poser… ou pas ! Tout l'art du « paloumayre » consiste alors à déplacer le vol vers le « sol » et de l'y faire descendre ; on dit qu'il les joue. Il utilise à cette fin un appelant « de cabane », posé sur une palette qu'il tient à la main et manipule en progressant dans les couloirs en roucoulant tandis que l'appelant claque des ailes. S'il parvient à conduire le vol au dessus du « sol », il lâche deux palombes depuis des cages dissimulées juste au bord ; elles avancent en picorant le grain qui a été répandu par terre. C'est alors le moment passionnant où les palombes descendent, hésitent, remontent se percher. Savoir déclencher le filet au meilleur moment demande du sang-froid et repose beaucoup sur l'instinct du chasseur. Les palombes capturées sont, pour partie, conservées pour en faire des appelants ;

– enfin les pantières des cols des Pyrénées-Atlantiques, qui sont des filets

▲ L'art de disposer et de manœuvrer les appelants de la palombière.

obliques ou verticaux en forme de grande cage (20 m en largeur et en profondeur) tournée vers le nord d'où proviennent les vols et dont la partie supérieure mobile se rabat grâce à un système de cordes et de poulies pour emprisonner les oiseaux.

Les oiseaux qui se sont regroupés dans le piémont pyrénéen attendent des conditions météorologiques favorables pour franchir la chaîne de montagne.

L'art de cette chasse très particulière consiste à amener un vol de palombes qui dispose de tout l'espace libre nécessaire pour passer le col à le faire à moins de 20 m du sol. Il faut, pour y parvenir, canaliser les oiseaux.

Cette partie de la stratégie se mène en amont du col lorsque les palombes montent sur la face nord ; les guetteurs placés sur des points hauts (pylônes élevés ou avancées rocheuses) agitent une sorte de drapeau de couleur claire.

Plus haut, à l'abord de la pantière, des opérateurs lancent des palets de bois sous le vol, simulant l'attaque de l'ennemi atavique : l'autour des palombes. Le vol réagit en plongeant vers le sol, et, avec de la chance, une partie des oiseaux s'engouffre dans les filets qui sont alors rabattus.

Cette chasse traditionnelle est le fruit d'un savoir-faire admirable mobilisant beaucoup de participants. Quant au nombre de palombes capturées, il est bien faible par rapport à l'effectif qui franchit les Pyrénées.

On remarque qu'avec l'extension de la culture du maïs en France et notamment dans les Landes et la vallée de la Garonne, beaucoup d'oiseaux ne franchissent pas la montagne et hivernent dans le sud-ouest du pays.

Les **appelants** non aveuglés et non mutilés (pigeons domestiques et ramiers souvent coiffés d'un capuchon qui leur cache momentanément la lumière) sont autorisés dans les départements suivants : Aisne, Allier, Alpes-de-Haute-Provence, Alpes-Maritimes, Ardennes, Ariège, Aube, Aude, Aveyron, Bouches-du-Rhône, Calvados, Cantal, Charente, Charente-Maritime, Cher, Corrèze, Dordogne, Doubs, Eure, Eure-et-Loir, Gard, Haute-Garonne, Gers, Gironde, Hérault, Ille-et-Vilaine, Indre, Indre-et-Loire, Landes, Loir-et-Cher, Loire, Loire-Atlantique, Loiret, Lot, Lot-et-Garonne, Maine-et-Loire, Manche, Marne, Haute-Marne, Mayenne, Meuse, Nièvre, Nord, Oise, Orne, Pas-de-Calais, Pyrénées-Atlantiques, Hautes-Pyrénées, Rhône, Saône-et-Loire, Sarthe, Seine-Maritime, Seine-et-Marne, Yvelines, Deux-Sèvres, Somme, Tarn, Tarn-et-Garonne, Var, Vaucluse, Vendée, Vienne, Haute-Vienne, Yonne, Essonne, Seine-Saint-Denis, Val-de-Marne, Val-d'Oise.

La chasse traditionnelle des grives

Elle revêt des aspects différents selon les régions : « tenderies » des Ardennes et « gluaux » des Alpes-de-Haute-Provence, Alpes-Maritimes, Bouches-du-Rhône, Var et Vaucluse.

Les tenderies sont des sentiers tracés dans les bois où sont disposés, à hauteur d'homme ou à 20 cm du sol, des collets munis d'un nœud coulant en crin de cheval insérés sur des baguettes recourbées, coincées dans les branches ou les troncs et appâtées de baies de sorbier. L'oiseau se perche, se penche pour saisir l'appât à travers la boucle du lacet et déplace la branche pliée qui, en se détendant, l'étrangle.

La tenderie s'exerce, du 30 septembre au 11 novembre, dans les bois de plus de 20 ha et à 100 m des lisières, à l'exclusion des plantations de moins de 6 ans ; deux mille lacs par tendeur sont autorisés. Les rares prises qui ne sont pas des merles et des grives doivent être déclarées à la fédération des chasseurs ou à l'ONF dans les forêts soumises au régime forestier.

Les gluaux servent à prendre vivants grives et merles qui serviront d'appelants aux chasseurs à tir en cabane. Ce sont des baguettes traversières ou obliques enduites de glu et posées sur des arbres. Les oiseaux sont attirés par des appelants en cage, par des appeaux, sifflets, chilets, ou par l'incantation du chant effectué avec la bouche, que certains chasseurs pratiquent avec virtuosité.

Les gluaux sont posés deux heures avant le lever du soleil et enlevés avant onze heures. Les oiseaux d'espèces non chassables sont nettoyés à la cendre et relâchés.

Dans le Midi la chasse des grives à la cabane est une tradition. Une cabane sommaire en branchages est construite à proximité d'un arbre isolé ou bien on utilise une ruine réaménagée ; les cages contenant des grives servant d'appelants sont installées sur des poteaux ou suspendues à une branche. Le chasseur dissimulé dans la cabane ajoute le son de son appeau à celui des appelants pour inviter les grives qui passent à se poser. Il peut alors les tirer.

La billebaude

Il s'agit d'une chasse individuelle ou en petit groupe souvent avec un chien d'arrêt à la recherche du petit gibier : lapin, faisan, bécasse. On dit qu'il s'agit d'une chasse au « cul levé ». Le hasard et surtout la bonne connaissance du territoire permettent de lever le gibier et de le tirer.

▲ Au hasard de la rencontre, c'est le plaisir de la billebaude.

Si la visibilité est dégagée en plaine, il n'en est pas de même au bois, aussi faut-il faire preuve de prudence, et attendre que les feuilles soient tombées.

▲ Les chiens ne sont lâchés que lorsque tous les tireurs sont postés.

La chasse aux chiens courants

Cette pratique consiste à opérer avec des chiens qui lèvent le grand gibier, le poursuivent en donnant de la voix afin que les chasseurs postés puissent suivre à l'oreille la progression de la chasse, le but étant de faire sortir le gibier de l'enceinte. Les postes, souvent éloignés les uns des autres, gardent les coulées et les points de passage obligé.

La chasse aux chiens courants se pratique dans les régions où cette tradition est ancienne et vivace (Sud, Sud-Ouest, Ouest, Centre). Ce mode de chasse nécessite de vastes espaces, l'accord souvent tacite des

▲ Les vieilles races françaises constituent la base de la chasse aux chiens courants.

▲ Dans les paysages escarpés, il est difficile de redescendre le cerf.

Une difficulté notoire réside dans la récupération des chiens en fin de chasse en utilisant la trompe, les appels et en exploitant les renseignements qui peuvent parvenir : lorsqu'ils ne chassent plus, ils ne donnent en effet plus de voix. Le marquage ou des coordonnées inscrites sur le collier sont des précautions à prendre. Même pour répondre au souci légitime de retrouver ses chiens au plus vite, il est actuellement interdit de munir les chiens de collier de repérage et de moyens électroniques pendant l'exercice de la chasse car cela pourrait faciliter le braconnage.

propriétaires, des voisins et la réciprocité. Il faut des chiens entraînés et créancés sur le gibier chassé, cerf, chevreuil, sanglier, renard, lièvre ou lapin.

Beaucoup de chasseurs aux chiens courants appuient leurs chiens durant une bonne partie de la chasse avant de se placer pour avoir une chance de tirer. D'autres restent avec eux dans la traque jusqu'à la fin.

Pour la chasse aux chiens courants, le déplacement en véhicule à moteur d'un poste fixe à un autre peut être autorisé dans les conditions fixées par le schéma départemental de gestion cynégétique, dès lors que l'arme de tir est démontée ou mise sous étui. Les personnes souffrants d'un handicap moteur peuvent faire usage d'un véhicule à moteur pour se rendre à leur poste. Elles ne peuvent tirer à partir de leur véhicule qu'après avoir mis le moteur à l'arrêt.

La recherche au sang

Dans chaque mode de chasse, approche, affût, battue, chiens courants, tir à l'arc, un certain nombre d'animaux sont malheureusement blessés.

Des chiens, appelés chiens de rouge ou chiens de sang, sont spécialement entraînés pour suivre la piste d'un grand gibier blessé. Cette recherche ne constitue pas un acte de chasse, pas plus que l'achèvement de l'animal mortellement blessé. Elle s'impose comme une obligation éthique pour éviter les souffrances du gibier et pour réaliser correctement le plan de chasse.

Au moment du tir, il faut observer le comportement de l'animal, marquer l'endroit de l'impact et rechercher les indices de blessure, ne pas marcher sur la piste mais à côté et interrompre la poursuite au-delà de 300 m en attendant l'intervention du chien de sang.

Paradoxalement, des blessures qui saignent abondamment au début, moins ensuite, ne signifient pas que l'animal est gravement atteint ; au contraire, lorsque l'on ne trouve que peu de sang au point d'impact mais de plus en plus au gré de la progression, on a de bonnes chances de retrouver l'animal.

▲ Quelques gouttes de sang suffisent au chien pour progresser.

Les associations spécialisées dans la recherche du grand gibier blessé disposent de nombreux conducteurs compétents et disponibles, formant une véritable équipe avec leur chien, dont la liste est généralement fournie aux responsables de chasse par la fédération des chasseurs.

La vénerie ou chasse à courre, à cor et à cri

Ce mode de chasse, issu d'une longue tradition qui remonte à l'Antiquité, s'est perpétué au Moyen Âge et sous la royauté. La vénerie consiste à rembucher, attaquer, poursuivre et forcer un animal avec une meute de chiens d'ordre créancés dans la voie du cerf, du chevreuil, du daim, du sanglier, du renard, du lièvre ou du lapin. La grande vénerie concerne la chasse du cerf et du sanglier avec au moins 30 chiens appuyés par 2 cavaliers, du chevreuil et du daim avec 20 chiens et 1 cavalier, du renard avec 10 chiens et 1 cavalier.

▲ Le rapport, un moment d'attention intense
où les valets de limier donnent le résultat de leur quête.

La petite vénerie à pied courre le lièvre et le lapin avec 6 chiens. Cette catégorie comprend également le déterrage du renard, du blaireau et du ragondin avec 3 chiens au moins, appelé vénerie sous terre.

Pour chasser, un équipage doit obtenir une attestation de meute auprès de la Direction départementale de l'agriculture et de la forêt du lieu du chenil.

L'utilisation d'une arme à feu n'est autorisée que pour servir l'animal de chasse mais beaucoup de veneurs continuent à employer une arme blanche : dague, lance ou épieu conformément à la tradition.

Le déterrage se fait à l'aide d'outils de terrassement manuels et de pinces, à l'exclusion de tout autre procédé (engins mécaniques, gaz ou pièges).

Les relais de chiens sont interdits, sauf un lot de 6 chiens transportés en voiture durant la chasse. Ils doivent être donnés en une seule fois en présence d'au moins un cavalier.

La vénerie demande des chiens qui chassent à la voie et non à vue, ce qui exige

La **vénerie en France** compte 434 équipages répartis en : 140 de lièvre, 100 de renard, 92 de chevreuil, 42 de lapin, 30 de cerf, 30 de sanglier.
Elle réunit 10 000 veneurs, utilise 16 000 chiens d'ordre et 7 000 chevaux.
La vénerie sous terre représente 1 500 équipages, 5 000 déterreurs et plus de 5 000 chiens.

de bonnes qualités de nez. Les chasseurs ne font qu'encourager, appuyer et aider à relever les défauts consécutifs aux ruses de l'animal de chasse.

Les équipages de vénerie sont dirigés par le maître d'équipage assisté d'un piqueux, qui a la charge de s'occuper des chiens et de les mener à la chasse ; l'équipage est constitué de membres actifs (boutons et gilets). Les chasses sont suivies par de nombreux amateurs : cavaliers, suiveurs en voiture, à bicyclette, en nombre parfois important, qui profitent du spectacle et sont souvent de fins connaisseurs. C'est un événement local, social et traditionnel tenant à cœur à la population rurale qui apporte à la vénerie un soutien précieux. Les membres de l'équipage qui portent le fouet et une trompe ou une arme pour servir l'animal doivent posséder un permis de chasser.

La chasse à courre connaît un important regain d'intérêt. Il se crée plusieurs équipages chaque année, essentiellement en petite vénerie et en vénerie sous terre.

La vénerie du cerf

C'est la plus emblématique et la plus spectaculaire. Seuls les mâles sont chassés. Au lever du jour, le périmètre des enceintes est parcouru par le piqueux et certains veneurs accompagnés d'un limier, chien de grand nez, sage, tenu au trait. On dit « faire le bois » ou « faire le pied ». La trace (em-

▲ Les veneurs vérifient que l'animal de chasse est dans la harde.

preinte ou volcelest) d'un animal indiquée par le chien est examinée afin de déterminer son âge et si possible sa ramure par les signes laissés dans les branches. Les fumées et tout autre indice utile permettent de préciser les caractéristiques de l'animal. C'est une école de modestie car les erreurs sont toujours possibles. L'endroit où l'animal a pénétré dans sa remise (rembucher) est marqué d'une branche cassée posée au sol, associée à une autre à demi cassée à hauteur des yeux d'un cavalier : ce sont « les brisées ». Le pourtour de l'enceinte est bouclé afin de s'assurer que le cerf n'est pas ressorti.

Ceux qui ont fait le bois font rapport de ce qu'ils ont vu au maître d'équipage qui choisit la brisée d'attaque. La meute est découplée soit « de meute à mort » (tous les chiens), soit avec des rapprocheurs qui lancent l'animal avant que soit donné le reste de la meute.

Le cerf peut tourner longuement dans l'enceinte avant de prendre un parti, ruser en multipliant les doubles ou jaillir et prendre son parti en laissant les chiens loin derrière (« forlonger »), revenir sur ses pas (« hourvari »), lancer un autre animal à sa place (« livrer le change »), se mettre dans une harde, suivre un ruis-

La vénerie fait une place importante aux femmes.

▲ Le bat-l'eau est parfois mouvementé.

seau, traverser un étang (« bat-l'eau »), débucher en plaine, etc. Chaque péripétie de la chasse est signalée par une fanfare spécifique, sonnée à la trompe, qui renseigne les chasseurs. Les initiés reconnaissent également les récris des chiens qui varient suivant ces péripéties.

Les veneurs appuient les chiens, les aident à retrouver la voie dans les défauts et les empêchent de chasser le change. L'hallali est la phase finale de la chasse lorsque le cerf sur ses fins est aboyé par les chiens. L'animal de chasse est servi aussi rapidement que possible. C'est ensuite la curée : les bas morceaux et les abats sont donnés aux chiens pour les récompenser. Le pied antérieur droit de l'animal levé et tressé est offert par le maître d'équipage à une personne qu'il veut honorer, tandis que les veneurs sonnent les fanfares retraçant la chasse, celles des membres présents, de certains lieux-dits et des fantaisies, demandant parfois de la virtuosité, pour le plus grand bonheur des suiveurs rassemblés.

Le courre du sanglier

Un équipage chassant le sanglier s'appelle un vautrait. La journée de chasse débute également en faisant le pied sur le pourtour des enceintes. Les deux sexes sont chassés. On attaque généralement avec des rapprocheurs. Le premier parti de l'animal de chasse est souvent le forlonger qui peut entraîner ses poursuivants très loin du lieu de l'attaque. Le sanglier est un coureur de fond endurant malgré sa silhouette trapue ; il sait ruser dans les compagnies qu'il trouve sur son parcours. Combatif, l'animal sur ses fins s'arrête, fait face aux chiens, décousant les plus audacieux. Il relève souvent les abois : c'est le ferme roulant. Servir un sanglier demande un

▲ La joie des chiens autour d'un sanglier abattu.

▲ Les chiens houspillent le sanglier mort.

certain courage et comporte des risques sérieux de blessure.

Le courre du chevreuil

C'est l'un des plus subtils. On chasse indistinctement les deux sexes. Le caractère territorial du chevreuil et la légèreté de son pied font qu'on se dispense souvent de faire le bois. L'attaque se fait couramment à la billebaude dans une enceinte habituellement fréquentée. La ruse est la meilleure défense du chevreuil qui entremêle ses voies et ne prend que rarement un grand parti. L'animal sur ses fins retient son sentiment occasionnant fréquemment un long défaut. Lors du relancé final, il est coiffé par les chiens sans qu'il soit besoin de le servir.

Le courre du renard

Il doit beaucoup à la tradition anglaise. Son lieu de prédilection fut le Sud-Ouest à la fin du XIXe siècle mais de nombreux équipages se sont créés un peu partout depuis.
On attaque le renard à la billebaude, sa voie est forte mais fugace. La première précaution à prendre est de l'empêcher d'aller au terrier. Les chiens de déterrage sont employés pour le déloger en début ou en cours de chasse. Le renard prend généralement le parti de filer rapidement à travers bois et plaine, les cavaliers doivent soutenir un rythme rapide nécessitant de très bons chevaux. Le renard est coiffé par les chiens qui ne touchent pas à l'animal mort, il n'y a pas de curée.

Le déterrage

Il concerne le renard, le blaireau et le ragondin. Les chiens sont introduits dans le terrier, ils poursuivent l'animal dans les galeries jusqu'à l'acculer. Il est alors pris à la pince après terrassement, ou bien il est étranglé par les chiens. Ceux-ci doivent avoir du mordant, de la ténacité et du courage face aux morsures et aux difficultés du contre-terrage : le blaireau, particulièrement, creuse le terrier pour mettre les déblais entre lui et ses poursuivants ou cherche à les enterrer. Les chiens doivent avoir de la voix pour que les chasseurs en surface puissent suivre leur cheminement, l'oreille collée au sol, et détecter précisément l'endroit de l'accul.

▲ Les équipages de déterrage ont aussi leur signe distinctif.

L'éthique du déterrage exige de remettre le terrain en état après la chasse.

Dans le cas du ragondin, il n'est guère question de bouleverser le sol car les terriers sont situés à même une berge ou une digue.

L'animal est pourvu d'incisives très coupantes qui occasionnent des entailles parfois profondes à la gueule et aux oreilles des chiens.

Le ragondin et le rat musqué sont déclarés nuisibles dans de nombreux départements. Le ragondin peut être piégé et, sur autorisation du préfet, chassé ou détruit à tir toute l'année. En outre, des autorisations d'empoisonnement peuvent être accordées par le préfet jusqu'au 30 septembre 2006.

La chasse dans les zones humides

Les espèces

La gestion du gibier d'eau

Les aménagements

La chasse

Les espèces

Le gibier d'eau est classé en deux catégories : les palmipèdes (anséridés et anatidés) et les échassiers (limicoles et rallidés). Toutes ces espèces sont migratrices sur des aires plus ou moins étendues même si certains sujets se sont sédentarisés dans notre pays. Le gibier d'eau fréquente des milieux très variés : mer, vasières littorales, prés-salés, lagunes, fleuves, rivières, canaux, lacs, étangs, réservoirs, marais et prairies inondables, avec des préférences parfois très marquées.

Les oies

L'oie cendrée *(Anser anser)*
C'est la plus grosse des oies chassables avec son poids de 3,5 kg et son envergure de 1,6 m. Son plumage est gris avec des nuances plus foncées sur le dos, clair sur le ventre et sur le bord antérieur de l'aile, gris-brun sur les côtés marqués de bandes plus sombres. La queue est blanche, le bec orangé terminé par un onglet blanc et les pattes roses.

▲ Lorsqu'elles pâturent, les oies laissent un guetteur qui donne l'alerte en cas de danger.

Piquer de lardons le devant d'une oie préparée, saler et poivrer. Éplucher 1 kg de marrons rôtis, les passer au beurre chaud après les avoir saupoudrés de sucre. En farcir l'oie avec le foie en morceaux et 2 noix de beurre.
Mettre à cuire dans une grande casserole à petit feu pendant 1 h 30, l'oiseau reposant sur une barde de lard, une autre le recouvrant. Ajouter un fond de veau, 2 carottes, 2 oignons, 4 échalotes, un bouquet garni, 1/2 litre de bouillon et 1/2 litre de vin blanc sec, saler, poivrer. Dégraisser la sauce, la laisser réduire, servir avec un accompagnement au choix et des endives braisées.

▲ L'oie cendrée est l'ancêtre de l'oie domestique.

En vol, les oies cendrées adoptent une formation en V, en émettant des cris bruyants au son métallique.

L'oie cendrée est l'ancêtre de nos oies domestiques, avec lesquelles nous fabriquons le foie gras, fleuron de notre gastronomie.

L'oie des moissons *(Anser fabalis)*

D'une taille et d'un poids sensiblement identiques à l'oie cendrée, elle s'en distingue par la couleur plus sombre de son plumage, son bec court, sombre à la base, jaune au centre prolongé par un onglet noir et par la couleur jaune orangé des pattes. Le plumage est gris-brun avec des nuances plus foncées sur le dos et sur la tête contrastant avec la teinte plus claire du ventre. Les deux sexes présentent les mêmes caractéristiques.

▲ L'oie des moissons, la plus sombre des oies chassables.

L'oie rieuse *(Anser albifrons)*

Plus petite que les deux autres (moins de 3 kg et une envergure de 1,1 m), elle se caractérise par un bec rose, surmonté d'une marque blanche sur le front et terminé par un onglet blanc, des pattes orange et un ventre gris clair parsemé de taches noires. Le plumage se rapproche de celui de l'oie cendrée. Les deux sexes présentent les mêmes caractéristiques. L'espèce est plus rare que les deux autres dans notre pays car elle ne le fréquente que lors de coups de froid.

▲ L'oie rieuse se reconnaît à la marque blanche au-dessus de son bec.

Les trois espèces d'oies hivernent dans le sud de l'Europe – l'oie rieuse restant plus au nord – et nidifient en Russie et en Scandinavie.
Elles pondent de 4 à 5 œufs, entre avril et juin, dans un nid contruit au sol, que la femelle seule couve pendant 28-29 jours. Les oisons sont volants entre 35 et 45 jours.
Toutes trois ont un régime alimentaire identique : plantes aquatiques et leurs racines, herbe et céréales.

Les canards de surface

Ils tiennent leur nom du fait qu'ils se nourrissent en barbotant à la surface de l'eau sans plonger. Par ailleurs, ils s'envolent directement de l'endroit où ils sont posés, parfois même en chandelle comme savent le faire les sarcelles en particulier.

Le canard chipeau *(Anas strepera)*

D'un poids de 800 g environ et d'une envergure de l'ordre de 80 cm, le canard chipeau a un plumage brun foncé moucheté de blanc sur la tête, gris moucheté de noir sur le corps. Les deux sexes ont des ailes marquées d'un miroir blanc et les pattes orangées. Le bec est gris foncé chez le mâle, bordé de jaune orangé chez la femelle. Cette dernière a un plumage brun parsemé de taches plus foncées sur tout le corps.

▲ Le canard chipeau a un plumage discret.

Le canard colvert

(Anas platyrhynchos)

C'est l'espèce la plus commune dont certains sujets, issus d'élevage, se sont sédentarisés et vivent sur les rivières et les plans d'eau jusqu'en ville.
Le mâle, d'un poids voisin du kilo et dont l'envergure atteint environ 90 cm, se caractérise par la couleur vert intense irisé de la tête et du cou, par son bec jaune à onglet noir et par ses pattes orange. Le plumage est brun uniforme sur le dos, gris clair sur le ventre, marron foncé sur le plastron surmonté d'un collier blanc à la base du cou. Le croupion porte des plumes frisées noires à reflets.
La femelle, plus petite, a un plumage beige parsemé de taches brunes sur tout le corps, le bec est jaune orangé et les pattes jaune pâle.

▲ Le colvert, hôte habituel de nos plans d'eau.

Les deux sexes ont sur l'aile un miroir bleu violacé brillant encadré de deux bandes blanches.

Le colvert fréquente tous les milieux humides d'eau douce et même salée.

L'espèce est en expansion mais la quantité d'oiseaux introduits artificiellement dans la nature engendre un abâtardissement préjudiciable à l'espèce sauvage.

Le canard pilet *(Anas acuta)*

Ce canard élégant d'un poids de 900 g environ et d'une envergure de 90 cm est très typé.

Chez le mâle, le plumage de la tête est brun-roux sous-tendu par la couleur blanche du cou qui se prolonge sur les côtés en s'amincissant jusqu'à l'arrière de la tête. Le corps est gris-brun clair, le ventre

Lever les magrets de deux canards, les découper en aiguillettes en conservant la peau et la graisse. Éplucher le zeste d'une orange, le découper en bâtonnets et presser le jus du fruit. Laver, éplucher et couper 4 poires en cubes. Faire dorer à la poêle les aiguillettes au beurre et à l'huile, 2 minutes à feu vif, puis ajouter les bâtonnets de zeste et les cubes de poires et laisser cuire encore 2 minutes.

Déglacer avec un fond de gibier délayé dans un verre de vin blanc sec allongé d'eau, ajouter le jus d'orange et laisser mijoter 5 minutes jusqu'à épaississement de la sauce, saler, poivrer et servir chaud.

▲ Le pilet est sans doute le plus élégant des canards.

blanc. Une longue queue de plumes blanches bordées de noir mesurant de 17 à 20 cm le caractérise.

La femelle a un plumage beige parsemé de taches brunes mais sa silhouette élancée la distingue des autres espèces.

Mâle et femelle ont un miroir alaire vert encadré d'une bande marron vers l'avant, blanche vers l'arrière. Le bec est gris-bleu à onglet noir. Les pattes sont gris ardoise.

Le canard siffleur *(Anas penelope)*

Doté d'une taille moyenne (environ 45 cm), le canard siffleur également appelé « vingeon », a un poids de 650 g environ pour une envergure de 85 cm.

Le plumage du mâle est roux uniforme sur le cou et la tête qui est barrée par une bande médiane blanche allant de la base du bec jusqu'à l'arrière du crâne. Le dos est gris moucheté de noir, le ventre blanc et le plastron vieux rose.

La femelle est brun moucheté sur le dos, blanc sur le ventre.

Les deux sexes ont un bec bleu-gris à onglet noir, les pattes gris foncé et un miroir alaire vert et noir sous-tendu par une bande blanche.

▲ Le siffleur est aussi appelé vingeon en Picardie.

▲ Le large bec en spatule du souchet.

Le canard souchet *(Anas clypeata)*

Reconnaissable à son très long bec, aplati à son extrémité, possédant des lamelles lui permettant de filtrer la vase pour se nourrir, le mâle de souchet a un plumage vert bronze sur la tête et le cou, des yeux jaunes, un plastron blanc descendant sur l'avant du corps, le ventre et les côtés d'un roux soutenu, le dessus est marqué d'une tache ivoire en forme de losange ; l'aile est bleutée.

La femelle a un plumage beige taché de brun.

Mâle et femelle ont un miroir alaire vert bordé de blanc vers l'avant. Le bec, noir, est un peu plus clair chez la femelle. Les pattes sont rouge orangé.

La sarcelle d'été *(Anas querquedula)*

Ce petit canard ne pèse que 330 g environ pour une envergure de 60 cm. Le mâle a une tête brune marquée de deux bandes blanches latérales qui partent de l'œil et se prolongent jusqu'au bas de la nuque en s'amincissant. La bande est un peu moins marquée chez la cane. Le dos et le plastron sont brun uni chez le mâle, brun avec des taches plus sombres chez la femelle. Le ventre est clair, les ailes teintées de bleu clair à leur base portent des plumes scapulaires noires marquées de minces bandes blanches ondulées. Le miroir alaire est vert bordé de blanc, plus sombre chez la femelle. Le bec est noir et les pattes gris anthracite.

▲ La sarcelle d'été migre dès la fin de l'été.

La chair de la sarcelle est fine et délicate. On peut la servir en accompagnement d'un apéritif. Fendre la peau de la poitrine sans la plumer puis lever les filets et les passer à l'huile et au beurre dans une poêle quelques minutes, saler, poivrer, déguster aussitôt et accompagner de quelques chips.
Les autres morceaux serviront à un salmis, par exemple.

La sarcelle d'hiver *(Anas crecca)*
Un peu plus petite que sa cousine, elle pèse 300 g environ et son envergure est de 55 cm. Le mâle a une tête caractéristique : brun-roux avec une tache verte liserée de blanc entourant l'œil et se prolongeant vers l'arrière de la tête. Le dos est sombre et marqué de fines striures ondulées ; le devant et le dessous sont clairs striés de petites rayures noires. Les plumes de couverture des ailes sont noires rayées de lignes blanches légère-

▲ La sarcelle d'hiver est réputée pour la rapidité de son vol.

ment ondulées ; sous la queue noire, de chaque côté, se trouve une tache de couleur jaune crème.
La femelle a les couleurs d'une cane colvert, un peu plus pâle. Chez les deux sexes, le miroir alaire est vert intense liseré de blanc. Le bec et les pattes sont gris foncé.

Les canards de surface hivernent dans le sud de l'Europe et jusqu'en Afrique tropicale. Ils se reproduisent en Europe de l'Ouest (souchet), en Russie, en Scandinavie et même en Sibérie (siffleur).
La ponte comprend de 7 à 12 œufs selon l'espèce, couvés entre 22 jours (sarcelle) et 28 jours (colvert). Les jeunes sont volants à partir de 4 semaines pour les sarcelles, de 7 semaines pour les colverts.
Les migrations de descente traversent notre pays d'août, pour les sarcelles et les souchets, à décembre pour les pilets. La remontée s'effectue entre mars et avril.
La nourriture des canards de surface comporte des plantes aquatiques, de petits mollusques, des larves, des graines communes à toutes les espèces et des spécificités : petits crustacés et coquillages pour le pilet, algues et zoostères pour le siffleur.

Les canards plongeurs

Ils se distinguent des canards de surface par le fait qu'ils vont chercher leur nourriture en plongeant plusieurs mètres sous la surface de l'eau. Leur aspect est plus compact et ils sont plus bas sur l'eau ; ils décollent après avoir couru sur l'eau pour prendre leur essor. Ils fréquentent plutôt les plans d'eau de surface importante.

Le fuligule milouin

(Aythya ferina)
C'est le plus commun des canards plongeurs dans notre pays. D'un poids de 850 g environ et d'une envergure de 75 cm, le fuligule milouin mâle a une tête rousse à la forme plutôt massive, son

▲ Les milouins à la silhouette enfoncée dans l'eau.

plastron est noir, le dessus gris moucheté et le ventre gris clair.
La cane est d'un brun uniforme sur le dessus et gris sur le ventre. Les deux sexes ont un miroir alaire gris terne, des pattes grises et un bec noir orné d'une bague bleue en son milieu.
Le fuligule milouin est plutôt un oiseau d'eau douce.

Le fuligule milouinan

(Aythya marila)

Plus gros que son cousin milouin, il avoisine le kilo avec une envergure de 75 cm.
Le mâle a une tête vert foncé, un plastron noir. Le dos est gris orné de striures noires, les côtés et le ventre sont blancs. Le bec a une couleur bleutée tandis que celui de la femelle comporte à sa base un anneau blanc.
Le plumage de la femelle tire sur le marron. Les ailes des deux sexes sont noires barrées d'une bande blanche sans miroir ; les pattes sont bleuâtres.
Le fuligule milouinan affectionne le milieu marin.

▲ C'est le plastron noir qui identifie le milouinan.

▲ Le morillon avec sa huppe caractéristique se distingue des autres plongeurs.

Le fuligule morillon

(Aythya fuligula)

Ce canard présente quelque ressemblance avec le milouinan et pèse 850 g environ pour une envergure de 75 cm.
Le plumage du mâle est noir avec les flancs et le ventre blancs. La tête porte en arrière une huppe caractéristique de l'espèce. La femelle a une teinte brune marquée des mêmes taches blanches que le mâle. Chez les deux sexes, le bec est bleu clair avec un onglet noir. L'aile noire porte une bande blanche mais pas de miroir.
Le fuligule morillon fréquente les grands plans d'eau douce et très exceptionnellement la mer. Certains sujets se sont sédentarisés en France.

Le garot à œil d'or

(Bucephala clangula)

Il pèse environ 1 kg et son envergure avoisine 75 cm. Le mâle est bicolore : blanc sur le cou et le ventre, noir sur la tête, le dos et la queue. Une tache blanche immaculée caractéristique est située entre l'œil et le bec.

La femelle est brun sombre sur la tête et le dos, gris clair sur le ventre et n'arbore pas la tache blanche sur la tête mais un collier blanc.
Le bec est noir à nuances bleutées chez le mâle, noir chez la femelle. Les pattes sont orange chez le mâle, gris-jaune chez la femelle.
Le garot à œil d'or est le canard plongeur le plus inféodé au milieu marin.

La nette rousse *(Netta rufina)*
Elle pèse environ 1 kg pour une envergure de 95 cm. Le mâle, très coloré, a une tête rousse prolongée par une huppe orange. Trait caractéristique, les yeux et le bec sont rouges. Le cou, le plastron et le ventre sont noirs, le dos marron. Les flancs portent une tache blanche.
La femelle est plus terne avec une tête brune teintée de gris vers l'arrière, le corps beige, plus sombre sur le dos. Le bec est brun.
Les deux sexes portent une bande blanche à l'arrière des ailes. Les pattes sont rouge-orangé.
La nette rousse est inféodée à l'eau douce. C'est le canard plongeur le moins migrateur et le plus proche des canards de surface.

Hormis la nette rousse, les canards plongeurs ont l'œil jaune, tirant sur l'or chez le garot, ce qui lui a donné son nom.

▲ La nette rousse est un canard compact.

La migration s'étend, pour les plus mobiles, de l'Europe du Nord-Est jusqu'à la Méditerranée et l'Europe de l'Ouest. Le milouin poursuit jusqu'en Afrique tropicale. La nette rousse évolue entre le nord de l'Europe et l'Espagne. Les mouvements se produisent en octobre pour la descente, en mars-avril pour la remontée.
La reproduction se situe entre avril et juin selon les espèces. La ponte comprend de 6 à 12 œufs couvés entre 25 et 30 jours. Les jeunes volent entre 6 et 8 semaines.
Le régime alimentaire est constitué de plantes aquatiques, têtards, mollusques, larves pour les canards plus friands d'eau douce, de plantes, de coquillages et de vers marins pour les plus marins.

Les canards marins

Bien qu'ils appartiennent à la famille des plongeurs, ils s'en distinguent car ils vivent exclusivement en zone maritime.

L'eider à duvet *(Somateria mollissima)*
C'est le plus gros des canards marins avec un poids de 1,8 kg et une envergure de plus de 1 m. Sa silhouette est caractéristique : le bec, trapu à sa base, semble se prolonger en ligne droite jusqu'au sommet du crâne ; le mâle a une tête noire sur le dessus, blanche sur les côtés ; l'arrière de la tête est orné de plumes jaune-vert. Le ventre et l'arrière sont noirs tandis que le cou et la poitrine sont blancs.
La cane a un plumage brun clair constellé de taches plus sombres.
Les deux sexes ont le bec gris et les pattes de couleur verdâtre.

Le nid de l'eider est garni de près de 90 g de duvet très recherché pour sa finesse et ses qualités thermiques. Il a longtemps été récolté par les habitants sur les lieux de nidification pour en garnir les édredons.

▲ Très rare sous nos lattitudes, l'eider à duvet.

Le harelde de Miquelon

(Clangula hyemalis)

Exceptionnellement présent en France, ce canard est le plus petit des canards marins avec un poids de 800 g environ et une envergure de 75 cm.

Le mâle a un plumage blanc sur le ventre et les côtés, brun foncé sur le plastron se prolongeant vers le dos en deux lignes de part et d'autre du cou qui se rejoignent pour aboutir à la queue effilée pouvant atteindre 15 cm. Les ailes sont marron sans miroir. La tête blanche est marquée par une tache brune dégradée autour de l'œil. Cette tache est plus petite et située sous l'œil chez la femelle. Celle-ci a un plumage moins marqué de blanc que le mâle.

Les deux sexes ont des pattes noires. La mandibule supérieure du bec comporte une partie jaune encadrée de noir à sa base et vers l'onglet.

▲ Les macreuses brunes ne se laissent guère approcher.

La macreuse brune

(Melanitta fusca)

Elle pèse environ 1,4 kg pour une envergure de 95 cm. Le mâle a un plumage brun foncé tandis que celui de la femelle est plus clair. Mâle et femelle portent une tache blanche en forme de croissant soulignant l'œil. Chez le mâle, le bec, de couleur jaune-orangé, est surmonté d'une protubérance. Chez la femelle, il est gris sans attribut particulier. Les deux sexes ont un miroir alaire blanc et des pattes roux sombre.

La macreuse noire

(Melanitta nigra)

Un peu plus petite que la macreuse brune, elle pèse 1,1 kg pour une envergure de 85 cm. Le mâle a un plumage noir, la femelle brun. Le bec noir du mâle surmonté d'une protubérance de même couleur comporte une tache jaune située sur le dessus et les côtés depuis les narines jusqu'à son extrémité. La femelle a un bec gris foncé, un plumage plus clair sur le cou, les joues, le plastron et le ventre. Les deux sexes ont les pattes brun foncé ; ils n'ont pas de miroir alaire.

Les canards marins migrent moins que les autres catégories de canards : ils ne descendent guère en deçà de la Manche et se reproduisent dans le nord de l'Europe et en Sibérie. On les voit apparaître surtout lors des coups de froid.

La reproduction a lieu en mai-juin, 6 à 10 œufs (4 à 6 pour l'eider à duvet) sont couvés de 27 à 30 jours. Les jeunes volent entre 6 et 8 semaines.

La nourriture des canards marins est constituée de mollusques, coquillages, poissons, algues qu'ils sont capables d'aller chercher à grande profondeur (jusqu'à 15 m pour le harelde de Miquelon, 10 m pour la macreuse noire).

Les limicoles

Les limicoles sont des échassiers vivants dans des milieux humides : marais, vasières, prairies. Certains fréquentent le domaine maritime, d'autres sont plus liés aux eaux douces. Enfin, certaines espèces vivent une partie du temps dans des plaines cultivées.

La barge à queue noire

(Limosa limosa)

D'une taille de 40 cm, elle pèse de 250 à 300 g et a une envergure de 75 cm. La barge à queue noire a un plumage à dominante beige strié de brun, tendant vers le gris sur les ailes et sur le dos, vers le roux sur le cou et le ventre. Les ailes sont barrées de blanc. La queue est blanche en dessous, l'extrémité des rectrices est noire. Le bec mesure de 9 à 10 cm, il est brun. Les pattes sont verdâtres.
Mâle et femelle sont identiques. La barge à queue noire fréquente essentiellement les milieux salés mais fait occasionnelle-

▲ La barge à queue noire est la plus grande des deux espèces.

ment des incursions dans les eaux douces. Elle vit en bande.

La barge rousse

(Limosa lapponica)

Un peu plus petite que sa cousine, la barge rousse mesure 37 cm, pèse 300 g, son envergure étant de 65 cm. Les pattes sont plus courtes, le bec est légèrement retroussé, l'absence de barre alaire et la queue grise striée de brun foncé la distinguent de la barge à queue noire. Son plumage est roux avec des dégradés. Les pattes sont gris-vert, le bec orange-rose à la base et sombre à son extrémité. Mâle et femelle présentent les mêmes caractéristiques.

La barge rousse fréquente exclusivement le milieu maritime : plages, estuaires, vasières, bancs de sable.

▲ La barge rousse est une hôte de nos plages au mois d'août.

Le bécasseau maubèche

(Calidris canutus)

C'est le seul de la famille des bécasseaux qui soit chassable. D'une taille de 25 cm et d'un poids de 130 g, il a une envergure de 50 cm. Le plumage, dégradé du dos sombre vers le ventre clair, est roux en été, gris en hiver. Le bec de 3 cm environ est noir, les pattes grisâtres. Il n'y a pas de différence de plumage entre les sexes. Le bécasseau maubèche vit en bandes sur les rivages en suivant la progression du flot : il se nourrit sur les surfaces découvertes par la marée descendante et se repose sur les secteurs émergés quand elle monte.

La reproduction, qui s'effectue en Sibérie, s'inscrit dans un délai très court : les oiseaux arrivent début juin, la femelle pond 3 ou 4 œufs que les deux parents couvent 21 jours. Les jeunes volent à 20 jours et commencent aussitôt la migration de descente qui s'achève fin août. L'hiver-

▲ Le bécasseau hiverne tout le long de l'Atlantique.

nage les conduit sur les côtes africaines jusqu'au sud du continent.
Leur nourriture se compose de petits coquillages, de vers marins et de mollusques.

La bécassine des marais

(Gallinago gallinago)
D'une taille de 25 cm, pesant 110 g environ, elle a une envergure de 45 cm.
La tête est marron barrée sur les côtés de deux bandes crème encadrant une bande sombre qui entoure l'œil. La gorge est mouchetée de brun, le ventre blanc barré de stries sur les côtés. Le dos est brun foncé avec des lignes longitudinales claires. La queue comporte des rectrices d'un roux intense.
Le bec de 7 cm est jaune marron et les pattes grises.
En vol, elle émet un cri qui ressemble à un baiser sonore.

La bécassine sourde

(Lymnocryptes minimus)
Plus petite que la bécassine des marais avec une taille de 19 cm, un poids de 65 g et une envergure de 40 cm, elle en diffère par la bande très sombre qu'elle a sur le dessus de la tête bordée de lignes claires, par son bec plus court (4 cm), par la couleur blanc pur de son ventre et par sa queue pointue en vol. Le bec est gris jaunâtre et les pattes sont grises.

Les deux espèces de bécassines migrent du nord de l'Europe (Laponie pour la bécassine sourde) vers l'Afrique du Nord et jusqu'aux tropiques. Les passages se font en juillet pour la descente, en mars-avril pour la remontée.
La ponte commence en mai, un peu plus tard pour la sourde, elle comporte 4 œufs, couvés 20 jours pour la bécassine des marais, 24 jours pour la sourde.

▲ La bécassine des marais est un des gibiers les plus recherchés par les sauvaginiers.

Les bécassines se dégustent rôties au four, après avoir été troussées, bardées, salées et poivrées. Il faut enfoncer le bec dans l'une des cuisses.
On peut également les embrocher par le côté une fois préparées comme ci-dessus, séparées par un lardon ou un croûton ; les retourner souvent sur le gril jusqu'à obtenir une belle coloration. Déguster rapidement avec une salade de mâche et des pommes allumettes.

Les jeunes volent à 3 semaines.
Les bécassines se nourrissent de vers, d'insectes, de mollusques piochés dans la vase des marais et des pâtures humides qu'elles fréquentent. Elles sont assez rares sur le domaine maritime.

Le chevalier aboyeur

(Tringa nebularia)
D'une taille de 30 cm, d'un poids de 190 g environ et d'une envergure de 55 cm, le chevalier aboyeur a un plumage à dominante de gris strié de brun foncé sur le dos, le ventre est blanc ainsi que le dessous de la queue, le plastron est moucheté de taches gris-brun. Le bec gris ardoise de 5 cm est légèrement incurvé vers le haut. Les pattes sont vert pâle. Les deux sexes présentent les mêmes caractéristiques.

▲ Le chevalier aboyeur.

Le chevalier arlequin

(Tringa erythropus)
Sensiblement de la même taille que le chevalier aboyeur, mais un peu plus léger de 50 g environ, sa silhouette est élancée. Son plumage est gris sombre sur le dessus, marqué de taches blanches sur l'arrière et la queue. Le côté de la tête, le dessous du cou, le plastron et le ventre sont d'un blanc finement moucheté de gris. L'œil est encadré d'une bande sombre dessinée entre la base du bec et l'arrière de la tête. Les pattes et la base du bec sont orange vif, la pointe de celui-ci est grise. Le chevalier arlequin vit sur le domaine maritime.

▲ Le chevalier arlequin bicolore en plumage nuptial.

▲ Chevalier combattant en plumage d'éclipse.

Le chevalier combattant

(Philomachus pugnax)

De la même taille que les autres chevaliers, il pèse 170 g avec une envergure de 50 cm. Le plumage nuptial du mâle est très chatoyant, il comporte une collerette de plumes érectiles dont la couleur varie, selon les individus, du beige clair au roux sombre. La tête rousse est encadrée de deux touffes de plumes. Collerette et plumage du corps sont marqués de taches noires. Le mâle en plumage d'éclipse et la femelle ont un plumage à dominante gris sombre sur le dos, clair sur le ventre avec une tache ovale blanche de chaque côté de la queue.

Le bec de 3 cm environ, légèrement courbé vers le bas, est orangé comme les pattes à sa base, gris à son extrémité.

Le chevalier gambette

(Tringa totanus)

Plus petit que les autres chevaliers, il mesure 27 cm, pèse 130 g avec une envergure de 50 cm. Son plumage est à dominante de

▲ Le chevalier gambette.

gris sur la tête, le cou, le dos; plus foncé sur les ailes, plus clair et marqué de taches sombres sur le ventre et le dessous de la queue. Les côtés de la tête, le cou et le plastron sont finement striés de gris. Le bec plus long que celui du chevalier combattant est comme lui orangé à la base, gris à l'extrémité. Les pattes sont rouge orangé. Mâle et femelle sont semblables.
L'espèce évolue en bandes le long des côtes.

Le courlis cendré

(Numenius arquata)
Il est haut sur pattes, mesure 55 cm, pèse de 800 à 900 g pour une envergure de 1 m. Son plumage est à dominante de beige moucheté de blanc et de taches brunes. Le croupion est blanc, la queue noire sur le dessus. Le long bec de 20 cm courbé vers le bas est caractéristique de l'espèce. La tête est uniformément striée. Les pattes gris foncé sont partiellement palmées.
Le courlis cendré fréquente le domaine maritime et ses abords, mais aussi les prairies humides et les tourbières de l'intérieur.

▲ Le courlis cendré présente une couleur plus homogène que son cousin corlieu.

Le courlis corlieu

(Numenius phaeopus)
Plus petit que le courlis cendré, il mesure 40 cm, pèse 400 g et son envergure est de 70 cm. Il se distingue de son cousin par un bec plus court à la mandibule inférieure rose jusqu'à mi-longueur, par une bande sombre prolongeant le bec jusqu'à l'œil de chaque côté et par deux bandes sombres encadrant une bande claire située sur le dessus de la tête. Le plumage, constellé de taches claires, tend vers le gris. Le ventre est blanc ainsi que la queue, les pattes sont gris anthracite.
Les deux sexes présentent les mêmes caractéristiques.

L'huîtrier pie *(Hoematopus ostralegus)*

D'une taille de 42 cm, il pèse 550 g environ et son envergure est de 80 cm. Il ne peut se confondre avec aucun autre limicole grâce à son plumage bicolore : noir sur la tête, le cou, le plastron et le dos, blanc sur le ventre et le dessous de la queue. L'aile est barrée d'une bande

▲ L'huîtrier pie arbore le même plumage que la pie de nos jardins.

blanche. Le bec, droit, de 8 cm est orange vif comme les pattes ; l'œil est rouge.
La reproduction s'effectue dans de nombreux pays depuis le nord-ouest de la Russie jusqu'à la Grèce en incluant la France où certains sujets ont tendance à se sédentariser. La femelle pond 3 œufs couvés 27 jours par les deux parents. Les jeunes volent vers 5 semaines.
L'huîtrier pie se nourrit de petits crustacés, de coquillages, de crevettes et de vers marins, et non d'huîtres comme son nom semblerait l'indiquer.

Le pluvier argenté

(Pluvialis squatarola)

D'une taille de 27 cm, pour un poids de 200 g et une envergure de 55 cm, le pluvier argenté arbore un plumage noir sur le cou et le plastron, marqué de taches blanches sur le dos. La tête porte un masque noir bordé d'une bande blanche qui descend vers le cou. Le dessus de la tête est moucheté de gris foncé, le bec est noir, les pattes grises.

Le pluvier doré

(Pluvialis apricaria)

De même taille que son cousin, il pèse 190 g avec une envergure de 55 cm. Il a un plumage beige marqué de taches jaune doré sur le dos et l'arrière de la tête. Le plumage est noir sur le bas de la tête, le plastron et le ventre ; entre les deux se trouve une bande blanche.
Le bec de 2,5 cm, droit, est gris foncé, les pattes sont noires.
Lors de ses migrations, le pluvier doré se rencontre couramment dans les plaines agricoles de notre pays.

▲ Les bandes de pluviers dorés fréquentent les plaines agricoles à l'automne.

Les chevaliers, barges, courlis et pluviers ont des caractéristiques communes : ils migrent du nord-est de l'Europe vers l'Afrique en suivant les côtes. Les passages de descente s'observent entre août et octobre, le retour de mars à mai.
La reproduction a lieu en mai-juin. Les femelles pondent 4 œufs couvés entre 21 et 29 jours (courlis cendré). Les jeunes sont volants entre 4 semaines pour la plupart et 6 semaines pour le courlis cendré.
Leur nourriture est composée de la microfaune qu'ils trouvent dans le sable et dans les vasières : insectes, larves, mollusques, crevettes, petits crustacés, vers marins et algues. Pendant la période de nidification, les insectes et les petits invertébrés terrestres constituent l'essentiel de leur nourriture.

Le vanneau huppé

(Vanellus vanellus)

D'une taille de 30 cm environ et d'une envergure de 75 cm, le vanneau pèse 180 g ; son plumage est sombre sur le dos avec des reflets vert bronze irisés, et blanc

▲ Les vanneaux huppés stationnent en France quelque fois tard dans l'hiver.

sur le ventre se teintant de caramel vers l'arrière. La tête porte une huppe qui oscille au vent. Les pattes sont rose soutenu, le bec noir.

Entre mi-mars et mi-avril, la femelle pond 4 œufs dans une cavité à même le sol, qu'elle couve avec le mâle pendant 4 semaines. Le vanneau se nourrit essentiellement de coléoptères, de divers insectes mais aussi de lombrics et de graines de plantes herbacées.

L'espèce est migratrice, même si nombre d'individus hivernent dans notre pays où ils nichent fréquemment.

Les rallidés

Ces échassiers ont des points communs avec les canards plongeurs : leur couleur sombre, leur façon de courir sur l'eau avant de prendre leur envol et leur régime alimentaire. Les trois espèces chassables ont un iris de couleur rouge orangé.

La foulque macroule

(Fulica atra)

D'une taille de 37 cm, d'un poids de 650 g et d'une envergure de 72 cm, la foulque, aussi appelée « judelle » ou « blérie », est le rallidé qui se rapproche le plus des canards. Le plumage est noir uni, le bec et la plaque frontale qui le surmonte sont blancs. Les pattes aux longs doigts festonnés sont verdâtres. Les deux sexes présentent les mêmes caractéristiques.

La foulque macroule vit en bandes aussi bien dans des milieux d'eau douce que salée sur des plans d'eau de grande surface. Elle niche dans le centre et le sud de l'Europe. Certaines populations migrent jusqu'en Afrique du Nord et en Égypte (elles séjournent dans notre pays en octobre-novembre, puis en mars), tandis que

▲ La foulque macroule, aussi dénommée judelle ou blérie.

d'autres sont plutôt sédentaires, erratiques en cas de coup de froid.

La reproduction commence en mars, le nid reçoit de 6 à 10 œufs, couvés 24 jours par les deux parents. En cas de destruction du nid, une ponte de remplacement est effectuée. Les jeunes volent vers 60 jours.

La nourriture, essentiellement végétale, est composée de plantes aquatiques et de leurs graines, de racines et de l'herbe des pâtures en bordure d'eau.

La poule d'eau *(Gallinula chloropus)*

Plus petite que la foulque, elle mesure 32 cm, pèse 280 g environ pour une envergure de 50 cm. Son plumage est moins terne que celui de sa cousine : tête noire, dos brun foncé à reflets vert bronze, aile brune soulignée par une bande blanche près du corps, queue blanche. Le bec est jaune à son extrémité, rouge à sa base, surmonté d'une plaque frontale de même couleur. Les pattes sont vertes, ornées à leur jonction avec les plumes d'un anneau rouge ; elles pendent en vol.

Comme les foulques, une partie des poules d'eau migre vers l'Afrique du Nord, les autres étant sédentaires.

La reproduction commence en avril-mai. La femelle fait 2 à 3 pontes par an comportant de 6 à 8 œufs, couvés 21 jours. Les jeunes sont autonomes très tôt et volent à 7 semaines.

Le régime alimentaire de la poule d'eau est constitué de plantes aquatiques ou cultivées, d'insectes et de mollusques vivant en eau douce, de limaces et d'escargots.

Le râle d'eau *(Rallus aquaticus)*

Le plus petit des rallidés mesure 27 cm, pèse 130 g environ avec une envergure de 40 cm. Son plumage est brun-roux sur le dessus du corps et de la tête, gris moyen sur les côtés et le dessous de la tête et le ventre. Les flancs sont marqués de stries blanches et noires. Le bec de 4 cm de longueur est rouge. Les pattes roses, qui pendent en vol, ne sont pas palmées.

Comme les autres rallidés, les populations du nord de l'Europe migrent, les autres sont sédentaires.

▲ La poule d'eau, qui plonge en cas de danger, fréquente mares, rivières et marais.

La reproduction se situe en mars-avril. La ponte de 6 à 10 œufs est couvée 20 jours. Les jeunes volent vers 5 semaines.
La nourriture est variée : petits mollusques d'eau douce, vers et toutes sortes de plantes aquatiques, leurs racines et leurs graines.
Le râle d'eau a un comportement très discret. Ses apparitions sont furtives et sa défense principale est la course.

Les animaux nuisibles

Ces quatre espèces de mammifères inféodées aux zones humides sont exogènes et donc indésirables sur le territoire national au titre de la loi du 10 juillet 1976 sur la protection de la nature. De plus, elles commettent des dégâts, ce qui justifie leur classement parmi les espèces nuisibles.

Le ragondin *(Myocastor corypus)*

Élevé pour sa fourrure, il est originaire d'Amérique du Sud. Un certain nombre de sujets se sont échappés des élevages et ont colonisé les eaux calmes : rivières lentes, étangs et marais.
Mesurant 1 m de long, avec la queue de 40 cm cylindrique et écailleuse, le ragondin peut peser de 8 à 9 kg. Il a une forte paire d'incisives jaune orangé, des oreilles courtes et poilues, ses pattes arrière sont palmées.
Le pelage est brun avec des variantes allant vers le noir ou le roux.
La femelle a 2 portées de 5 à 6 jeunes par an, après une gestation de 3 mois. Les jeunes naissent recouverts de poils, yeux ouverts et tètent sous l'eau les mamelles de la mère situées sur les flancs en arrière.
Le régime du ragondin est composé de plantes aquatiques et occasionnellement de plantes cultivées (céréales et betteraves).
Les terriers qu'il creuse dans les berges de rivières et les digues d'étang occasionnent des effondrements dommageables.

Le rat musqué
(Ondatra zibeticus)

Également originaire d'Amérique du Sud, échappé d'élevages, il mesure 60 cm avec sa queue de 20 cm aplatie sur les côtés. Son pelage est brun foncé au-dessus et blanc sale en dessous. Les glandes à musc pré-

Le ragondin se déguste en pâté et en civet.
Faire mariner des morceaux de ragondin quelques heures, puis les essuyer, les flamber à l'alcool, les faire revenir au beurre et à l'huile, ajouter de la farine pour faire blondir.
Mouiller complètement avec la marinade, mettre 1 bouquet garni, 2 gousses d'ail hachées, saler et poivrer. Faire cuire à couvert à feu doux environ 3 heures. Une heure avant la fin de la cuisson, ajouter des lardons et des petits oignons dorés au beurre et à l'huile. Servir avec des pâtes fraîches.
Un civet est encore plus délectable s'il est conservé 2 jours au réfrigérateur et réchauffé.

putiales servant à marquer son territoire sont à l'origine de son nom. Il fréquente les mêmes habitats que le ragondin.
La femelle met bas, après 23 jours de gestation, dans un nid de roseaux et de branches construit en eau peu profonde. Elle peut avoir chaque année plusieurs portées de 4 à 8 jeunes.
Le rat musqué se nourrit de la végétation aquatique qu'il cueille au fond de l'eau avec ses incisives aiguisées.
Il creuse également des terriers dans les berges des rivières.

Le raton laveur *(Procyon lotor)*

Lui aussi échappé d'élevages, le raton laveur mesure 75 cm de long dont 25 de queue touffue, grise annelée de noir. Son poids peut atteindre 10 kg. Les pattes arrière non palmées portent 5 doigts, les antérieures 4 à la mobilité comparable à des mains humaines. Le pelage est gris-roux marqué sur les yeux par un masque noir caractéristique bordé de poils plus clairs.
La femelle met bas les 3 à 6 jeunes de la portée annuelle après une gestation de 65 jours environ. Les petits ouvrent les yeux à 19 jours.
L'alimentation est constituée essentiellement d'animaux aquatiques : insectes, écrevisses, grenouilles, poissons et de quelques herbes. Le raton laveur trempe souvent sa nourriture dans l'eau avant de la consommer, ce qui lui a valu son nom.

Le vison d'Amérique

(Mustela vison)

Il est très proche du vison d'Europe (protégé) dont il est devenu concurrent à la suite de fuite des élevages où il se trouvait, comme les autres espèces mentionnées plus haut. Élevé pour sa fourrure, il est particulièrement présent dans l'ouest de notre pays.
D'une longueur de 70 cm dont 20 de queue au pelage fourni, son poids varie de 700 g à 1 kg. Sa fourrure est brun foncé, brillante, avec deux taches blanches sous le menton et sur le museau (seule la première existe chez son cousin européen).
La reproduction a lieu à la fin de l'hiver. Après une gestation de 45 à 50 jours, la femelle met bas 5 à 6 jeunes.
Le régime alimentaire du vison d'Amérique est constitué de micromammifères amphibiens, de poissons, de grenouilles, mais aussi de gibier et de volaille, ce qui en fait un prédateur particulièrement indésirable.

La gestion du gibier d'eau

S'agissant d'espèces migratrices, la gestion ne peut se concevoir qu'à l'échelle de l'ensemble de l'aire qu'elles occupent. Chaque pays de l'aire de répartition se doit de mettre en place un suivi patrimonial de cette ressource internationale permettant d'appréhender les évolutions des effectifs sur l'ensemble du cycle biologique, l'évolution des habitats fréquentés par les espèces étudiées et de connaître les tableaux de chasse.

Les comptages de stationnement hivernal

Le réseau national « Oiseaux d'eau & Zones humides » de l'Office national de la chasse et de la faune sauvage (ONCFS), de la Fédération nationale des chasseurs (FNC) et des fédérations départementales des chasseurs regroupe un nombre important d'observateurs, professionnels de la nature (personnels techniques de l'environnement de l'ONCFS – agents et techniciens de la spécialité police –, techniciens et agents des fédérations départementales de chasseurs). Ils suivent dans chaque département un certain nombre de sites sélectionnés en fonction de leur attractivité pour les oiseaux d'eau et de l'importance du département comme lieu d'accueil en hiver. Le suivi s'organise donc sur 97 entités humides d'importance nationale.

Les comptages portant sur 29 espèces d'anatidés et la foulque macroule sont effectués une fois par mois (autour du 15) en décembre, janvier et février. Les résultats sont transmis au Centre national d'études et de recherche appliquée sur l'avifaune migratrice (CNERA Avifaune migratrice) de l'ONCFS qui les saisit, les retourne au coordinateur départemental pour validation, puis les exploite.

▲ Les comptages sont un élément essentiel de la gestion.

▲ On assiste parfois à des regroupements importants avant le grand départ en migration.

Les informations ainsi recueillies permettent de mesurer l'évolution des effectifs hivernaux par comparaison avec les années antérieures.

Les ornithologues, membres d'associations, réalisent le même type de comptages, parfois sur les mêmes sites. On peut s'interroger sur les raisons de ces opérations menées en parallèle plutôt qu'en complémentarité.

▲ Les haltes migratoires sont indispensables.

Cette évaluation des oiseaux présents au cours des mois d'hiver doit être complétée par les données recueillies sur les lieux d'hivernage des pays d'accueil, ce qui n'est pas chose aisée compte tenu de la dimension de l'aire concernée et de la couverture scientifique discontinue. C'est la mission que se sont fixée l'organisme supranational « Wetland International », qui recueille et analyse les données du Paléarctique occidental, et l'OMPO (Oiseaux migrateurs du Paléarctique occidental), émanation de l'Association nationale des chasseurs de gibier d'eau, qui a le statut d'organisation internationale.

En cas de conditions météorologiques extrêmes en hiver, pendant les mêmes mois, le même réseau, grâce à une veille météorologique internationale, est en mesure de déclencher un plan d'urgence. La France est, dans ces conditions particulières de vague de froid (allant bien au-delà de quelques jours), une zone de refuge pour une bonne partie de l'avifaune migratrice hivernant plus au nord ou à l'est. Le protocole d'alerte consiste à organiser, sur un nombre restreint de sites significatifs, des comptages qui sont alors effectués tous les 3 jours. L'objectif est d'évaluer les effectifs d'oiseaux supplémentaires stationnant en France et surtout les mouvements d'oiseaux. Des bulletins techniques sont alors émis régulièrement pour permettre aux autorités de prendre les mesures de sauvegarde nécessaires.

Le préfet peut, en cas de calamités, suspendre la chasse du gibier migrateur pour une période de 10 jours, renouvelable, par arrêté publié 48 heures à l'avance.

Un gel prolongé a pour conséquence un affaiblissement des oiseaux qui ont des difficultés à se nourrir et, de fait, se concentrent en grand nombre sur les eaux libres de glace. Même si la vague de froid se produit dans des pays plus au nord ou à l'est, la dépense inhabituelle de calories qu'occasionne le déplacement forcé des oiseaux, à laquelle s'ajoute souvent la pénurie alimentaire (due à leur concentration sur les zones refuges), peut justifier une suspension de la chasse alors qu'il ne gèlerait pas dans notre pays (devenu terre de refuge).

De même, des concentrations anormales d'oiseaux sur les sites encore en eau, dues à une sécheresse prolongée, peuvent justifier des mesures de protection.

▲ En cas de coup de froid, on assiste à des concentrations importantes nécessitant des mesures de protection adaptées.

Chronologie et suivi de la reproduction

Le même réseau a été mis à contribution pour inventorier des sites de nidification, souvent différents de ceux retenus pour les comptages hivernaux, et suivre entre 1990 et 1998 la chronologie de la reproduction des anatidés nicheurs et de la foulque macroule à l'échelle de chaque département.

D'avril à août, pendant 3 jours aussi proches que possible du 10 du mois, des observations ont été effectuées à la jumelle, aux heures les plus favorables (en début et en fin de journée), pour recenser les couvées de canards et de rallidés. La composition des couvées et l'âge des oiseaux ont été consignés sur une fiche.

Les données ont été transmises au CNERA Avifaune migratrice qui les a saisies et analysées. Les résultats ont été mis, chaque année, à disposition du service de la chasse au ministère et des

▲ La conservation des zones humides est primordiale pour l'avenir de l'avifaune migratrice.

▲ Mesure prise à l'occasion du baguage d'un huîtrier pie.

scientifiques mobilisés au sein de groupes de travail. Ces résultats apportent deux informations : la reproduction est-elle quantitativement normale, supérieure ou inférieure à la moyenne ? Le pic des éclosions est-il normal, précoce ou tardif ? Ils permettent aussi de déterminer la date à partir de laquelle la quasi-totalité des jeunes seront aptes à voler, donc indépendants.

Depuis 1998, l'enquête a été arrêtée et les courbes de chronologie moyenne constituées par espèce et par région servent de référence.

Une enquête sur le suivi de la productivité a pris le relais sur les principales zones de nidification française. Cette enquête, plus contraignante avec des sorties de terrain une fois par semaine de mars à août, est coordonnée par le CNERA Avifaune migratrice qui encadre des stagiaires pour réaliser cette opération.

Par ailleurs, le Muséum d'histoire naturelle reçoit les informations d'associations d'ornithologues, en particulier la Ligue pour la protection des oiseaux (LPO), sur les sites français dont ils sont les gestionnaires.

▲ Les principales voies de migration du paléarctique occidental.

Les habitats : les zones aquatiques et leurs milieux humides associés

Le recensement des milieux fréquentés par les oiseaux d'eau et l'étude de leur évolution constituent des éléments importants pour la gestion du gibier d'eau. C'est l'Observatoire national des zones humides, émanation de l'Institut français de l'environnement (IFEN), qui en a la charge. Depuis 2000, l'ONCFS, la FNC et les FDC, à travers le réseau national « Oiseaux d'eau & Zones humides », se sont associés à l'IFEN pour mettre en synergie leurs actions sur les zones humides. Une enquête sur les atteintes portées aux zones humides est actuellement menée. Elle a pour but de réactualiser sur la période 1990-2000 le rapport du préfet Bernard sur l'évaluation des politiques publiques en matière de zones humides entre 1980 et 1990.

La préservation des zones humides est un facteur vital pour la conservation du gibier d'eau.

En effet, ces parties de territoires, ayant peu d'intérêt autre que cynégétique, ont été mises en valeur par leurs propriétaires qui les ont asséchées puis cultivées, souvent en maïs. Cette tendance qui a connu son apogée dans les années 1960-1970 était confortée par la politique agricole commune car les primes européennes étaient versées au prorata des surfaces cultivées.

Les modifications survenues au début des années 1990 ont freiné les assèchements à des fins agricoles, mais le mal était fait : la France a perdu des milliers d'hectares de zones humides en moins de vingt ans. Les directives « oiseaux » de 1979 et « habitats » de 1992 ont apporté une solution juridique à la conservation des milieux remarquables par la mise en place du réseau Natura 2000.

▲ Observatoire sur une zone humide.

Le classement Natura 2000 d'un site reconnaît la qualité de celui-ci et répond au souci de la pérenniser. L'endroit peut être remarquable pour les espèces animales ou végétales qui y vivent, pour ses caractéristiques géologiques ou paysagères.

Les documents d'objectif qui accompagnent les sites Natura 2000 sont élaborés en partenariat avec toutes les parties concernées : représentants de l'État, Région, Département, associations de sylviculteurs, de chasseurs, de pêcheurs, d'agriculteurs et de protection de la nature. Ils prennent acte des pratiques ayant conduit au bon état de conservation ; ils peuvent aussi proposer des aménagements dont le financement est assuré par des fonds européens et nationaux.

Les contraintes que peut entraîner l'intégration du réseau Natura 2000 sont exclusivement destinées à garantir la

Prélèvements cynégétiques d'oiseaux d'eau en France

Oies sauvages	20 850
Canard colvert	1 561 150
Sarcelle d'hiver	330 890
Autres canards de surface	234 400
Canards plongeurs	81 490
Foulque macroule	133 070
Poule d'eau	76 190
Râle d'eau	30 270
Bécassine des marais	274 910
Bécassine sourde	49 640
Vanneau huppé	435 690
Pluvier doré	62 960
Autres limicoles	15 250

Source : ONCFS, saison 1998-1999

▲ L'information des chasseurs fait partie des prérogatives des associations de chasse maritime.

conservation des éléments qui ont entraîné le classement. Les activités humaines (agriculture, sylviculture, chasse, pêche, tourisme) ne sont limitées que si elles portent atteinte à l'élément qui a justifié le classement.

La réserve naturelle apporte une réponse juridique plus forte, assortie de sanctions si les interdictions qui y sont attachées ne sont pas respectées.

Des informations précieuses sont recueillies grâce au baguage effectué par des personnes autorisées, formées à cet effet. Les oiseaux sont généralement capturés à l'aide de filets de jour ou de nuit ; on note un certain nombre de renseignements : sexe, poids, âge, longueur du bec, du tarse… La bague est posée à l'aile ou à la patte ; lorsqu'elle est récupérée, elle peut donner des indications sur la longévité de l'oiseau, sur les trajets qu'il a effectués et parfois sur sa vitesse de déplacement.

> Les bagues trouvées sur un oiseau doivent être adressées au Muséum national d'histoire naturelle, qui est chargé de la collecte et de l'exploitation des informations (57 rue Cuvier, 75005 Paris).

L'activité cynégétique : les tableaux de chasse

Enfin, la connaissance la plus précise possible des tableaux de chasse sur plusieurs années apporte une information précieuse : l'évolution des prélèvements dans le temps par espèce, âge et sexe ainsi que la pression de chasse sont deux indicateurs de l'évolution de l'état de santé des populations migratrices.

Ainsi, la gestion des espèces migratrices et en particulier des oiseaux d'eau est bien plus complexe que la gestion du gibier sédentaire car elle implique une autre échelle de perception des phénomènes biologiques et une coopération internationale. Pour être opérationnelle, cette gestion nécessite un grand nombre d'informations dont chacune est un indicateur de l'état de santé des populations.

À partir de l'ensemble de ces informations et dans le respect des dispositions européennes (notamment de la directive 79-409 relative aux oiseaux migrateurs), l'autorité compétente, ministre ou préfet selon le cas, peut fixer des dates d'ouverture et de clôture de la chasse et, le cas échéant, un prélèvement maximum autorisé (PMA) pour telle ou telle espèce fragile.

Par ailleurs, depuis 2000, une instance nationale, l'Observatoire de la faune sauvage et des habitats (créé par la loi de juillet 2000), dont le secrétariat a été confié à l'ONCFS, réunit les organismes et associations compétents pour débattre des résultats techniques sur la faune sauvage et émettre un avis scientifique motivé sur l'état de conservation des espèces en France.

Avant le 15 mars, chaque propriétaire d'une installation de chasse au gibier d'eau adresse à la fédération un bilan des prélèvements réalisés dans son installation, par espèce et par jour selon le modèle ci-après.

Le PMA

Le prélèvement maximum autorisé est une disposition réglementaire limitant le nombre d'oiseaux d'une espèce pouvant être tués par jour, par semaine ou par mois. Elle implique la tenue par le chasseur d'un carnet de prélèvement et un système de marquage des oiseaux prélevés.

▲ Les réserves de chasse offrent des lieux de quiétude là où la pression de chasse est importante.

Carnet de prélèvement pour une installation de chasse de nuit au gibier d'eau

Département :	
N d'installation :	
Mois :	
Année :	

Reportez le nombre d'oiseaux prélevés par espèce et par nuit

Cochez les cases correspondantes pour toute nuit chassée avec ou sans prélèvement

Nuit du	1 au 2	2 au 3	3 au 4	4 au 5	5 au 6	6 au 7	7 au 8	8 au 9	9 au 10	10 au 11	11 au 12	12 au 13	13 au 14	14 au 15	15 au 16	16 au 17
Canard colvert																
Canard chipeau																
Canard pilet																
Canard siffleur																
Canard souchet																
Fuligule milouin																
Fuligule morillon																
Nette rousse																
Oie cendrée																
Oie rieuse																
Oie des moissons																
Sarcelle d'été																
Sarcelle d'hiver																
Foulque macroule																
Autres																

Nuit du	17 au 18	18 au 19	19 au 20	20 au 21	21 au 22	22 au 23	23 au 24	24 au 25	25 au 26	26 au 27	27 au 28	28 au 29	30 au 31	31 au 1	Totaux du mois
Canard colvert															
Canard chipeau															
Canard pilet															
Canard siffleur															
Canard souchet															
Fuligule milouin															
Fuligule morillon															
Nette rousse															
Oie cendrée															
Oie rieuse															
Oie des moissons															
Sarcelle d'été															
Sarcelle d'hiver															
Foulque macroule															
Autres															
Totaux															

Les aménagements

La grande diversité des milieux humides appelle des aménagements spécifiques pour les rendre le plus attractif possible pour le gibier d'eau. Les interventions concernent presque exclusivement les zones d'eau douce. En effet, les milieux salés font partie du domaine public maritime appartenant à l'État, amodié à des associations de chasse maritimes qui doivent obtenir une autorisation des affaires maritimes pour intervenir. En outre, l'influence permanente des marées rend aléatoires les aménagements durables.

Les étangs, réservoirs et ballastières

Les lacs, étangs, ballastières et réservoirs représentent dans notre pays une surface de 270 000 ha. Ils peuvent constituer des habitats favorables au gibier d'eau même si ce n'est pas leur vocation première. Leur capacité d'accueil peut souvent être améliorée.
Les étangs, naturels ou artificiels, et les ballastières ayant une surface généralement petite, ils sont relativement faciles à

▲ Création d'un étang : la construction de la digue exige des techniciens chevronnés.

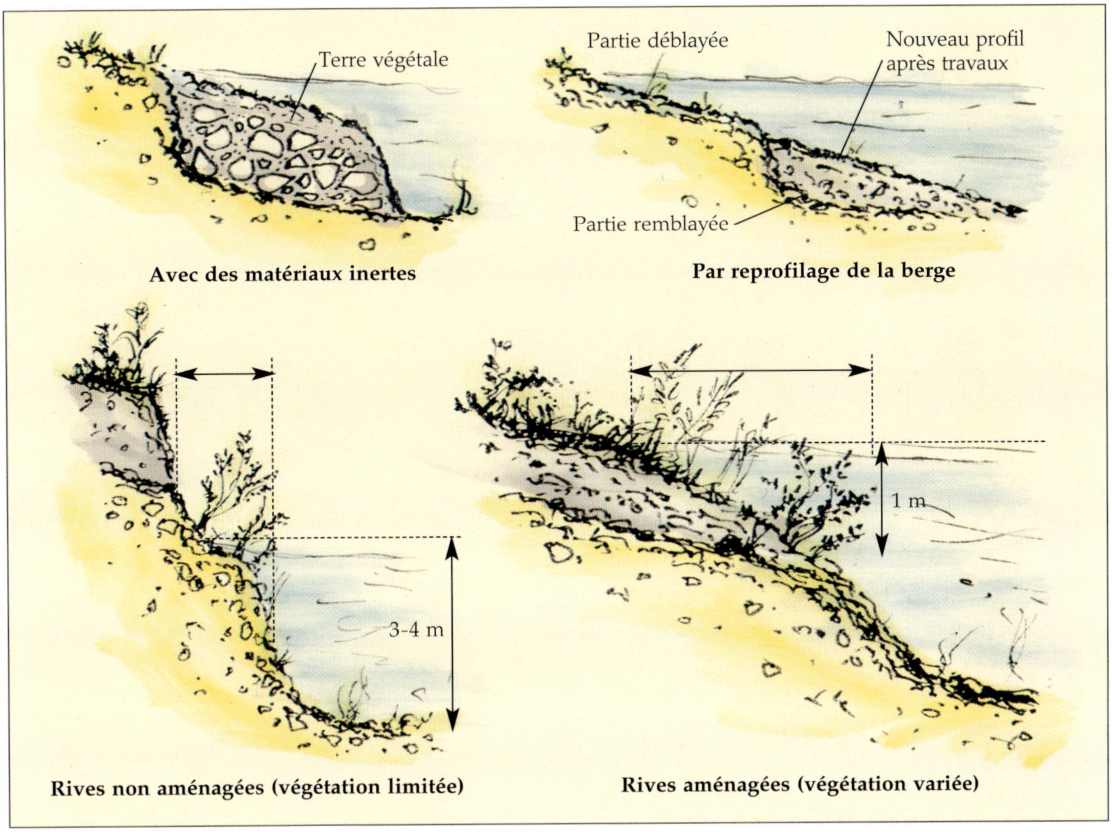

▲ L'aménagement des bords d'une ballastière.

aménager. Les réservoirs créés sur les grands fleuves ont des surfaces beaucoup plus importantes mais les aménagements peuvent être intégrés dès la conception. Pour les étangs naturels et les lacs, les possibilités d'intervention sont plus limités sauf à mettre à profit une baisse des eaux. L'attrait pour l'avifaune aquatique est d'autant plus grand que la rive est sinueuse, comportant des anses, des avancées et des îlots émergeant en eau libre. La profondeur doit être variée pour répondre aux besoins des canards plongeurs (2 à 3 m) et des canards de surface (30 à 90 cm). La pente des rives doit être aussi douce que possible pour favoriser

▲ Des îlots bien répartis accroissent l'attractivité.

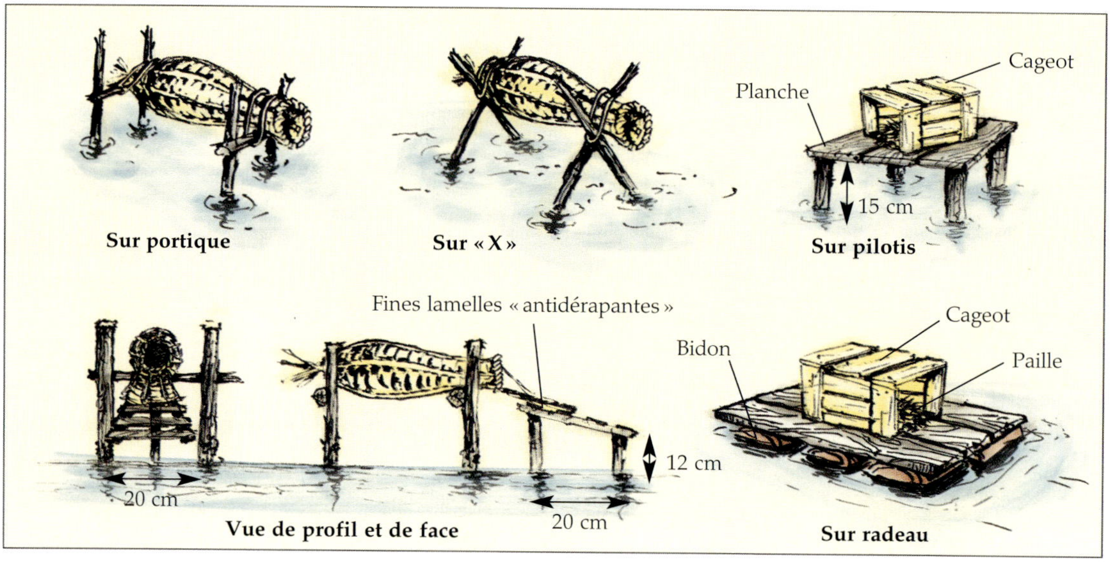

▲ Les différents modèles de paniers de ponte.

l'implantation d'une végétation aquatique diversifiée précieuse pour la nourriture, l'abri et la reproduction des oiseaux d'eau.

L'intervention dans ce domaine est naturellement plus facile lors d'une création d'étang ou de remise en état d'une ballastière après exploitation : on dispose des engins lourds nécessaires permettant de modeler les rives et le fond.

Dans les anciennes ballastières, il n'existe pas de possibilité de réguler le niveau de l'eau puisqu'elles sont alimentées par capillarité. Le niveau est le même que celui de la rivière proche ou de la nappe phréatique.

En revanche, lorsque les étangs artificiels sont alimentés par des sources ou des ruisseaux dont un côté est constitué d'une digue, on peut intervenir sur le niveau de l'eau grâce à un dispositif de vanne incorporé à la digue, appelé « moine ». Cette maîtrise du niveau de l'eau permet d'intervenir, à l'occasion de la mise à sec, pour modifier ou restaurer les contours, la pente des rives, la profondeur, pour curer le fond et pour effectuer les réparations que peut nécessiter la digue.

La qualité de l'eau est déterminante pour l'attractivité d'un étang : le pH doit être voisin de 7 (neutre). S'il est trop acide, on traite par un chaulage au début du printemps qui précipite la matière organique

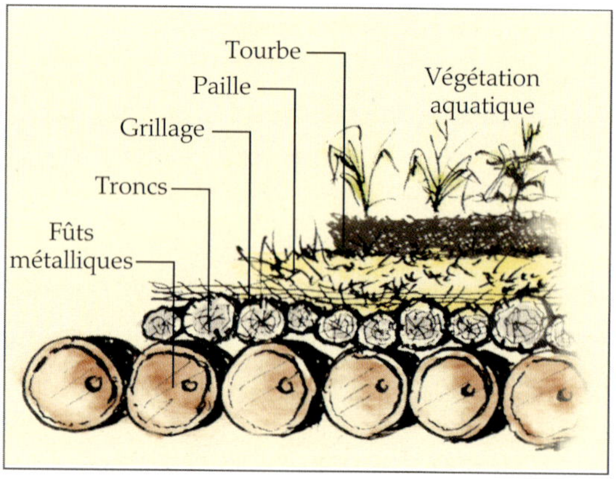

▲ La construction d'un radeau.

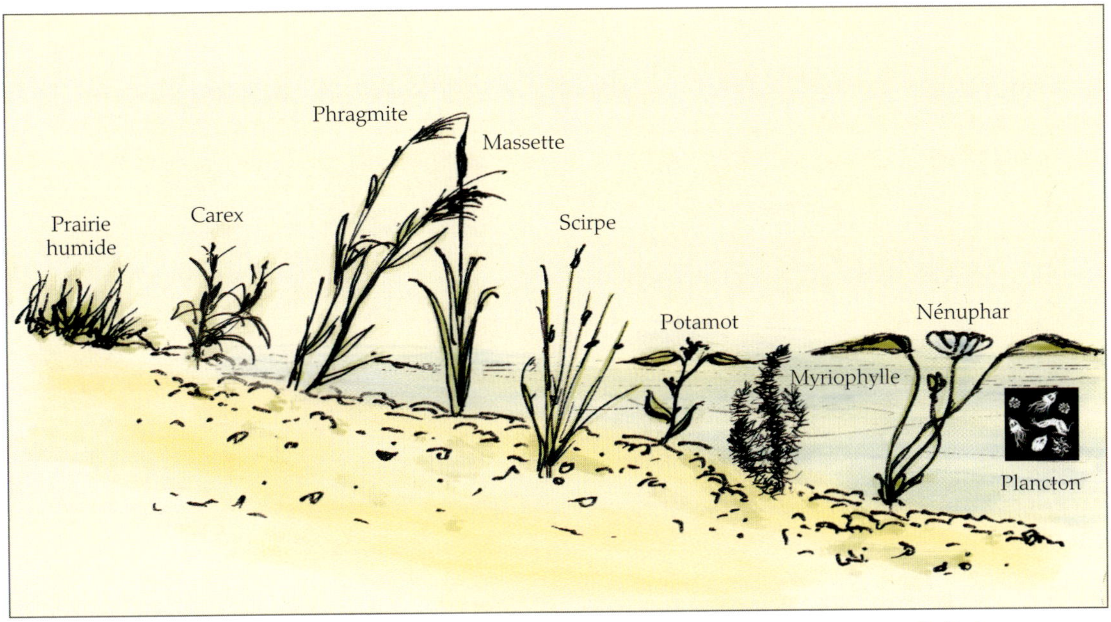

▲ La végétation rivulaire d'un étang : à chaque profondeur correspond un type de végétal.

▲ Les rideaux d'arbres ne doivent border que le côté de l'étang placé sous les vents dominants.

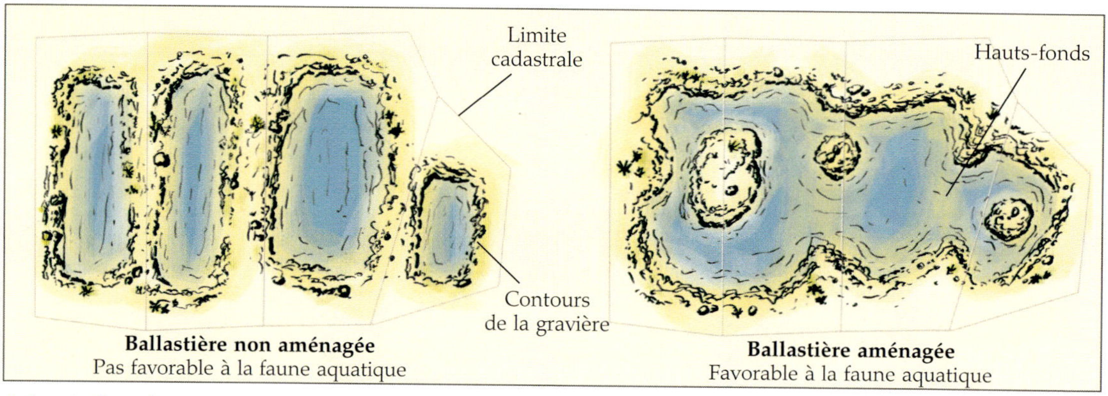

▲ Les ballastières, si elles sont aménagées, peuvent devenir des lieux accueillants pour le gibier d'eau.

excédentaire. Dans le cas contraire, on épand sur la surface de l'étang de la paille qui se gorge d'eau puis coule, créant un lieu de prolifération de larves, de mollusques et de zooplancton.

La végétation de bordure doit être diversifiée, les arbres proscrits à moins d'une trentaine de mètres de la rive à cause de leur ombre, de leur concurrence avec les plantes aquatiques de bordure et parce qu'ils gênent l'approche des canards lors de la pose. On peut implanter de nouvelles plantes ou regarnir les bordures d'étangs ou de ballastières.

L'entretien d'un étang consiste aussi à contrôler les plantes à forte progression comme les nénuphars mais aussi à éviter l'envahissement par la roselière. Celle-ci doit être régulièrement rafraîchie en la faucardant en dessous du niveau de l'eau pour favoriser la repousse de roseaux jeunes. L'opération doit être menée par fractions chaque année. Le curage est nécessaire pour retirer la vase qui, en s'accumulant, réduit la production d'animaux et de végétaux par asphyxie.

Certains plans d'eau ne disposent pas d'îles naturelles et il est impossible d'en créer artificiellement. On peut pallier ce manque en installant des radeaux flottants végétalisés qui servent de reposoir, d'abri et de lieu de nidification pour les canards. Ils sont solidement amarrés pour ne pas dériver par grand vent. Leur

▲ Le « moine » permet de contrôler le niveau de l'étang.

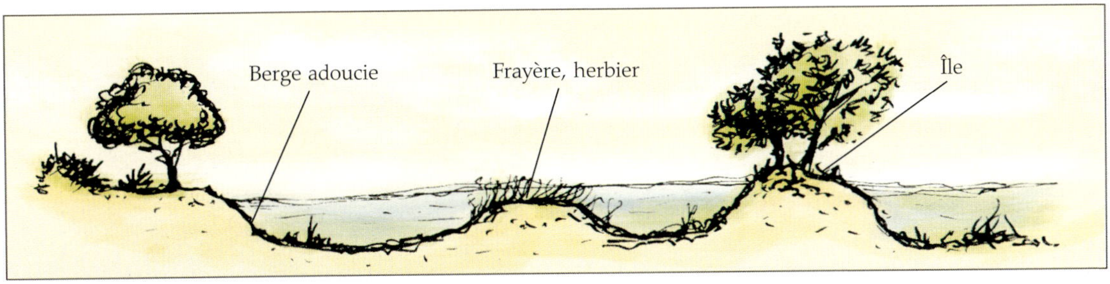

▲ La coupe d'un étang bien conçu.

▲ Les paniers de ponte protègent la cane qui couve des prédateurs nombreux.

construction est relativement aisée et ne fait pratiquement appel qu'à du matériel de récupération peu coûteux.

On peut également favoriser la reproduction des canards en disposant des paniers de ponte en pleine eau où la cane peut couver en toute quiétude à l'abri des prédateurs.

L'agrainage n'est pas une nécessité, sauf en période de froid intense. Le grain (avoine et blé ; le maïs est à écarter car il fait trop grossir) est distribué dans l'eau à une profondeur n'excédant pas 30 cm. Des agrainoirs à turbine programmables, montés sur pilotis, sont moins contraignants car ils ne sont approvisionnés que tous les 3 à 6 jours en fonction du volume et de la fréquence des distributions, mais ils ne sont pas très esthétiques !

▲ Le girobroyage du marais ouvre des zones propices à la bécassine.

Les marais

Les deux points sur lesquels peut porter l'aménagement d'un marais sont le niveau de l'eau et l'entretien de la végétation.

Pour qu'un marais conserve ses qualités, il faut essayer de maintenir le niveau de l'eau entre 1 et 3 cm. Pour y parvenir, on utilise le réseau des fossés qui le sillonnent pour drainer ou au contraire apporter de l'eau. Des vannes, temporaires ou permanentes, permettent de maîtriser le niveau en fonction de l'abondance des précipitations ou au contraire de la sécheresse. Si l'approvisionnement en eau du marais est trop aléatoire, un puits artésien permet de faire face aux situations extrêmes.

La période de nidification exige une constance du niveau d'eau pour ne pas risquer de noyer les nids.

La végétation du marais doit être entretenue en limitant les espèces envahissantes au profit d'autres moins invasives. Elle doit par ailleurs être fauchée de place en place, favorisant ainsi l'alternance de zones rases et de secteurs au couvert fourni.

Pour attirer les limicoles, bécassines en particulier, et pour limiter la progression des roseaux, il est recommandé de travailler le sol par endroits avec un rotavator en période de sécheresse estivale, créant ainsi des platières très prisées par le gibier.

Pour les marais de grande surface, l'entretien par des chevaux ou des bovins de races adaptées constitue un des seuls moyens efficaces qui a, en outre, l'avantage d'être naturel.

▲ L'entretien écologique des zones humides par des chevaux, ou par des bovins, se révèle la meilleure solution.

▲ Un marais acueillant comporte plusieurs types de végétation.

Les milieux salés

Les vasières des estuaires et des anses peuvent être traitées comme les marais d'eau douce pour ce qui concerne la végétation. Le problème du niveau de l'eau est plus ardu à régler à cause des marées. L'étanchéité des digues des mares de tonnes et de gabions doit être contrôlée régulièrement ainsi que le grillage de ceinture, et la végétation doit être contenue pour ne pas envahir l'eau libre. Il faut aussi s'assurer de la solidité des amarres qui retiennent la partie flottante, surtout quand le dispositif a subi du gros temps.

La création d'îlots artificiels au couvert végétal ras dans les zones où l'amplitude des marées est forte est utile aux limicoles qui y trouvent un lieu de repos lorsque les vasières sont recouvertes par le flot.

Toutes ces interventions, comme le girobroyage ou le travail du sol, doivent être autorisées par le service des affaires maritimes compétent.

La disposition de seaux de sang coagulé, récupéré aux abattoirs, favorise la prolifération de larves et d'insectes très prisés des limicoles.

Si les aménagements peuvent contribuer à améliorer les zones humides, c'est avant tout leur préservation qui importe. La prise de conscience de leur importance au plan de la biodiversité et leur fragilité conduisent à réglementer, voire à interdire, les interventions qui peuvent les mettre en péril : drainage, remblaiement dans les estuaires, retournement de prairies ou plantation de peupliers notamment.

▲ Il convient de contrôler la progression de certaines espèces végétales envahissantes.

▲ La réhabilitation des carrières peut être une opportunité de créer un milieu favorable à la faune sauvage.

La chasse

Le gibier d'eau offre une grande variété de pratiques de la chasse, souvent très anciennes, qui font partie du patrimoine culturel de certaines régions : huttes de Picardie, battues de foulques sur les étangs littoraux du Midi, pédalos du bassin d'Arcachon, cercueils de la baie de Somme... nécessitant un savoir-faire particulier qui se transmet de génération en génération.

Les pratiquants sont des passionnés, très souvent fin connaisseurs des oiseaux d'eau, des phénomènes météorologiques, des phases de la lune et des marées qui influencent tant le comportement du gibier. Il n'est donc pas étonnant que lorsque des dispositions réglementaires sont perçues comme une atteinte sans fondement à leur liberté, les réactions soient parfois véhémentes.

La chasse à la botte

Elle se pratique aussi bien sur le littoral, dans les marais, le long des fleuves et rivières qu'en parcourant les bordures d'un étang. La collaboration d'un chien augmente sensiblement les chances de réussite.

▲ Il faut savoir rester immobile quand le gibier arrive.

▲ Les débordements de rivière sont des lieux de chasse propices où le gibier vient se nourrir.

Le port de cuissardes est fortement recommandé pour accéder à certaines zones un peu profondes ou vaseuses et pour récupérer un oiseau tombé loin de la rive.

▲ Les coups de froid amènent du gibier, mais il faut savoir être raisonnable dans les prélèvements.

▲ En bord de mer, le mimétisme, même s'il est difficile, est nécessaire.

Sur le domaine maritime, la chasse à la botte ne peut donner de résultats que si la côte est très découpée, ménageant des petites criques où le chasseur peut surprendre des limicoles ou des canards, siffleurs en particulier, en train de se nourrir ou au repos. L'exploration des prés-salés et des vasières de fond de baie à la recherche de bécassines est également possible.

Dans les marais d'eau douce, c'est essentiellement ce gibier que l'on chasse à la botte. Si le marais a été piétiné par du bétail, que l'eau affleure juste et que les touffes de joncs sont nombreuses, il sera très attractif pour la bécassine.

Un chien d'arrêt à la quête entreprenante est un auxiliaire précieux pour réussir à en mettre quelques-unes au tableau. L'inconvénient réside dans le fait que, les oiseaux étant très méfiants, un chien de grande quête risque de vider rapidement le marais.

En bordure de rivière, l'exploration silencieuse des méandres permet bien souvent de surprendre colverts, sarcelles, souchets (en début de saison), foulques et poules d'eau.

Les rives d'étangs offrent plus d'opportunités grâce à la végétation de bordure, surtout si elle a été aménagée pour permettre une progression rapide et silencieuse entre les zones dégagées que constituent les platières à bécassines et les secteurs faucardés, et que des ouvertures sur l'eau libre ont été ménagées dans la végétation haute.

À moins de ne tirer que des oiseaux qui volent au-dessus d'une surface à la végétation rase, la présence d'un chien est indispensable pour retrouver et rapporter un gibier tué. Le chien est aussi très utile pour le lever. Labradors et retrievers excellent dans cet exercice.

Pour chasser à la botte, il est difficile de choisir un numéro de plomb étant donné la variété des espèces que l'on est susceptible de rencontrer. Un compromis acceptable est le n° 7, en s'astreignant à ne pas tenter de coups de longueur.

La chasse à l'affût

Elle comporte de nombreuses variantes, depuis la simple attente en un lieu stratégique jusqu'à la veille depuis une hutte, une tonne ou un gabion.

L'afflux des limicoles lors de leurs déplacements, au gré du flot, entre les lieux de gagnage et les lieux de repos offre des chasses à l'affût souvent fructueuses. Les 2 heures qui précèdent la pleine mer et à partir de 3 heures de marée descendante sont les moments les plus propices pour tirer les oiseaux. Selon les espèces, les trajectoires sont plus ou moins immuables mais dans tous les cas une bonne dissimulation du chasseur est indispensable.

Les appeaux, les appelants vivants et artificiels

L'arrêté ministériel du 9 décembre 2003 a donné la définition de ces auxiliaires du chasseur et précisé les conditions de leur utilisation.

- **Appeau** : instrument utilisé par l'homme pour attirer un animal par le bruit qu'il produit.
- **Appelant artificiel** (également appelé forme ou blette) : objet imitant plus ou moins fidèlement l'aspect d'un animal.
- **Appelant vivant** : animal vivant destiné à attirer le gibier.

L'usage des appeaux et des appelants artificiels est autorisé pour la chasse des oiseaux de passage et du gibier d'eau.

Est autorisé l'emploi d'appelants vivants, nés et élevés en captivité, des espèces d'oies, de canards de surface, de canards plongeurs dont la chasse est autorisée et de la foulque macroule pour la chasse du gibier d'eau.

Les appelants doivent être éjointés dans les 8 jours qui suivent leur naissance et marqués d'une bague fermée.

Une limitation est instaurée par installation (oiseaux attelés et parqués) : 50 colverts et 50 d'autres espèces.

Ces dispositions s'appliquent également en l'absence d'installation (hutte, tonne et gabion).

▲ La chasse hivernale en bord de mer est une épreuve physique !

La difficulté de ce type de chasse consiste à ne se découvrir que lorsque le gibier est à bonne portée et de résister à la tentation de tirer « dans le tas ». Le plomb n° 8 convient pour tirer bécasseaux, chevaliers, barges et courlis.
On peut pratiquer l'affût à partir d'installations, fixes ou mobiles, plus ou moins sophistiquées et utiliser des formes, des appeaux ou des appelants.

Les hutteaux

Ce sont des dispositifs mobiles installés pour la durée d'une marée sur le sable ou sur des vasières d'estuaires. Le choix de l'emplacement est dicté par de nombreuses données : coefficient de la marée, direction et force du vent, emplacement d'autres installations de chasse… Seuls des chasseurs expérimentés connaissant bien la région peuvent espérer un résultat. Les hutteaux sont adaptés à la chasse des limicoles de toutes espèces. L'utilisation de formes est utile : piquées par groupes de même espèce en nombre suffisant, bec au vent, elles font illusion et attirent le gibier par curiosité et du fait de leur caractère grégaire.
Pour le hutteau couché et le cercueil, la difficulté réside dans l'exiguïté de la meurtrière et dans la position couchée qui n'est pas des plus pratiques pour tirer. Il faut donc tirer le gibier posé, très exceptionnellement par raccroc au renvol.

▲ Le camouflage de la hutte lui permet de se fondre dans le paysage.

Les formes sont particulièrement attrayantes pour le bécasseau maubèche, les chevaliers et les courlis, associées à l'appeau pour ces derniers.

Pour les espèces moins méfiantes, comme les barges et l'huîtrier pie, le chasseur peut construire un affût rudimentaire avec des objets échoués (troncs d'arbre, caisses, planches) recouverts de varech, ou se contenter de creuser un trou où il se dissimule avec du varech. Dans ce cas, l'usage de l'appeau est préférable à celui de formes, par ailleurs assez encombrantes, car il attire immanquablement l'attention du gibier.

▲ Le tir de nuit exige une parfaite identification préalable du gibier.

Les huttes, tonnes et gabions

Destinées à la chasse de nuit, ces installations, à la différence des hutteaux, sont fixes. La première est construite au bord de la mare, mi-enterrée, avec des matériaux classiques ; elle est inféodée à l'eau douce. Les deux autres, situées en zone maritime, sont des installations flottantes qui montent et descendent dans un caisson au gré des marées ; elles sont solidement arrimées pour ne pas en sortir. Elles sont entourées d'une mare alimentée par le flot contenu par des digues.

Les huttes sont en général plus vastes et plus confortables que les tonnes et les gabions. Toutes comportent des meurtrières, appelées « guignettes » ou « guichets », permettant de surveiller la mare et les appelants qui y sont disposés. Le camouflage est déterminant dans la qualité d'une hutte, d'une tonne ou d'un gabion : ils doivent se fondre dans le paysage.

Les appelants et les formes sont les éléments indispensables de ce mode de

Les affûts mobiles

• **Le hutteau carré :** ce dispositif simple est constitué de quatre piquets fichés dans le sol auxquels est fixée une toile de couleur neutre ou un filet de camouflage. La hauteur de l'ensemble doit permettre au chasseur assis de voir au-dessus de la toile.

• **Le hutteau couché :** le chasseur est en position couchée dans une cavité tapissée d'une bâche imperméable et couvert par une toile soutenue par des arceaux fichés dans le sol. L'ouverture est orientée vers la mer et les formes disposées à courte distance.

• **Le cercueil :** typique du littoral picard, le cercueil est une caisse en bois munie d'une meurtrière à l'avant et d'une trappe d'accès. On le déplace en le fixant sur des roues de bicyclette jusqu'à l'emplacement choisi. On l'installe dans une cavité creusée de manière qu'il affleure en laissant juste la visibilité depuis la meurtrière. Le cercueil et les roues démontées sont camouflés avec du varech et du sable.

chasse : le chasseur est enfermé et ne dispose que de la vue étroite qu'offrent les guignettes sur la mare. Il faut donc amener le gibier à se poser à portée dans ce champ visuel. L'art de disposer les appelants et les formes est le fruit d'un long apprentissage fondé sur des expériences plus ou moins réussies.
Le nombre d'appelants attelés, leur disposition, notamment celle des canes court et long cri, le nombre et la disposition des formes dépendent des conditions météorologiques, du vent et de l'axe de déplacement des canards.
Certains facteurs étant sujets à changement, il peut s'avérer nécessaire de changer le dispositif au cours de la nuit.
Toutes les espèces d'oies et de canards sont susceptibles, en fonction de l'époque, de se poser sur la mare et d'y rester plus ou moins longtemps. Lors de coups de froid, c'est un enchaînement de poses d'espèces variées quasi continues qui peut s'offrir au chasseur… compensant tant de bredouilles !

▲ La pose des appelants demande une longue expérience.

▲ La période estivale permet d'effectuer l'entretien de la hutte.

L'habitude est d'attendre le groupement des oiseaux à bonne portée. Le tir s'effectue au posé. Les chasseurs ayant parfaitement identifié le gibier (dans le doute, on ne tire pas), l'un d'eux compte 1… 2 et au moment où il devrait prononcer le 3, tous tirent simultanément.
Les oiseaux blessés sont immédiatement doublés et le gibier récupéré aussitôt, car sa présence ventre en l'air aurait un effet d'épouvantail pour d'autres canards.

Chasse de nuit et installations fixes
La chasse de nuit n'est autorisée que dans certains départements dont la liste est fixée par arrêté ministériel.
Les installations utilisées pour la chasse de nuit doivent avoir été déclarées à la préfecture du département où elles se situent avant le 1er janvier 2000. De nouvelles installations sont dorénavant interdites.
En outre, sur le domaine public maritime, l'implantation de tonnes et de gabions est soumise à autorisation des affaires maritimes et leur nombre est limité pour chaque lot dans le cahier des charges.

▲ Les bordures de rivière réservent souvent des surprises.

Pour le tir de nuit, on utilise souvent une lunette fixée sur le fusil ayant un bon grossissement mais surtout une forte luminosité.

La dimension de la mare a son importance : trop petite, elle n'incite pas les canards à venir s'y poser car ils aiment avoir du champ pour le faire ; trop vaste, les oiseaux peuvent se poser et demeurer hors de portée s'ils sont inquiets. De même, elle doit comporter quelques trous de 2 m de profondeur environ pour retenir les canards plongeurs. Enfin, le côté placé sous les vents dominants doit être garni d'une végétation suffisante pour former écran et ainsi ménager une zone d'abri.

La passée

Elle peut se pratiquer à proximité de tout plan d'eau ou rivière fréquentés par le gibier d'eau.

On met à profit la période très courte où les oiseaux se déplacent pour aller se nourrir ou en revenir : juste avant le lever du jour et juste avant la nuit. Ces moments durent un quart d'heure, guère plus.

Si l'on peut disposer d'appelants (ce qui est le cas quand on fait la passée au bord d'une mare de hutte), ils détourneront les canards qui passent. Sinon, des formes placées sur l'eau aux pieds du chasseur, associées à l'emploi de l'appeau, donnent souvent d'excellents résultats, en particu-

▲ Matin et soir, la passée se pratique sur le pied de hutte.

▲ Le malonage est une pratique spécifique à la Vallée du Rhône.

lier dans les prés inondés par la crue d'une rivière qui sont très attrayants pour les canards et les bécassines.
Dans les marais proches de la côte ou au bord des estuaires, la passée peut permettre au chasseur de tirer des limicoles (bécassines, pluviers, vanneaux) ; l'appeau approprié est indispensable. Pour une raison pratique, il convient de les avoir enfilés sur un collier de cordelette que l'on passe autour du cou... reste à ne pas se tromper au moment de l'utilisation !
La vigilance doit être de tous les instants car un vol de canards qui dévie de sa trajectoire en entendant l'appeau ou les appelants peut surgir très vite, parfois dans le dos du chasseur, et se poser instantanément. Il devient alors invisible dans la pénombre s'il n'avance pas en laissant un sillage. Les sarcelles sont spécialistes de cette pose surprise. Pour avoir la chance de mettre un oiseau au tableau avant que le groupe soit trop éloigné, la seule solution consiste à tirer un coup de fusil dans l'eau à proximité des oiseaux puis d'essayer d'en cueillir un lorsqu'il se détache sur fond de ciel à l'envol.
À moins de disposer d'un bon chien capable de rester strictement immobile aux pieds du chasseur, la difficulté à la passée du soir est de récupérer un oiseau dans le noir, surtout s'il est blessé et plonge, il vaut donc mieux éviter de tenter le doublé.
Lorsqu'on chasse sans chien en bordure de rivière ou d'étang, il est utile d'avoir sur soi une cordelette munie d'un petit grappin permettant de récupérer un gibier qui dérive ou se trouve trop loin de la rive, ainsi qu'une torche électrique. Si l'étendue d'eau est importante, les oiseaux tués le soir peuvent être retrouvés le lendemain matin contre la rive où le vent les a poussés.

La chasse en bateau

Cette chasse se pratique surtout sur les cours d'eau et en mer. Dans le premier cas, on ne se déplace (la réglementation l'exige) qu'à la rame. Même si le bateau possède un moteur permettant de regagner le point de départ ou de parer à une urgence, il doit être coupé et relevé en action de chasse. Dans le second cas, il s'agit d'embarcations spécialement conçues pour la chasse du gibier d'eau en mer : le punt et le pédalo du bassin d'Arcachon.
Sur les cours d'eau, on laisse le bateau dériver, les avirons ne servant qu'à diriger. C'est en abordant un méandre, une petite anse, que le gibier peut être surpris. Si l'on est seul, il faut vite lâcher les rames et saisir le fusil posé à portée de main, cran de sécurité enclenché, déverrouiller celui-ci et tirer aussitôt. Si l'on est deux,

▲ La chasse en bateau requiert l'équilibre du chasseur et du chien.

le tireur est placé à l'avant dans le sens de la marche, fusil en main, prêt à tirer. Le rameur, pour sa part, ne tire pas ou exclusivement des oiseaux qui s'envolent vers l'amont. La chasse en bateau à deux exige une prudence absolue.

Le tir s'effectue toujours en position assise pour des raisons évidentes de sécurité.

Le punt est une embarcation légère à faible tirant d'eau (10 cm environ), pontée à l'avant, à l'arrière et sur les côtés. Il progresse avec des palettes actionnées par le chasseur qui le dirige grâce à un gouvernail de plus de 50 cm de long, immergé de 5 cm, manœuvré par un tire-

La chasse sur le domaine public fluvial

Le domaine public fluvial est amodié pour le compte de l'État par le service de navigation compétent pour le cours d'eau. Un cahier des charges national fixe les modalités d'exercice de la chasse sur l'ensemble des fleuves et rivières appartenant à l'État. Des clauses particulières fixent les dispositions spécifiques s'appliquant à chaque lot, notamment le nombre de permissionnaires autorisés. Les « batelets » utilisés pour la chasse sur ces lots doivent porter un numéro délivré par l'administration responsable.

veille. La navigation en punt demande de bonnes connaissances et une pratique assidue de la mer.

Autrefois, les punts étaient équipés de canardières dont certains modèles d'un calibre de 50 mm pouvaient tirer 800 g de plombs ! Elles sont désormais interdites puisque ne pouvant pas être épaulées.

De nos jours, les quelques pratiquants utilisent un fusil de calibre 12.

Le chasseur est allongé sur le ventre, face à l'avant. Il ne dépasse pratiquement pas de l'embarcation sauf le haut de la tête pour observer les oiseaux.

L'approche doit être lente et le punt donner l'illusion d'un tronc d'arbre qui dérive. Les macreuses, les siffleurs mais aussi, dans les estuaires, les colverts, les sarcelles et les pilets sont les principaux gibiers chassés en punt.

Le pédalo du bassin d'Arcachon est une embarcation de forme lancéolée à très faible tirant d'eau propulsée par une hélice située à l'arrière et reliée à un pédalier à l'avant. L'embarcation est dirigée grâce à un gouvernail à main. Un capot coulissant vient recouvrir les jambes du chasseur couché sur le dos.

Le pédalo est transporté sur une pinasse (bateau d'ostréiculteur typique du bassin d'Arcachon) et mis à l'eau quand un vol de canards ou d'oies est repéré. Une fois le chasseur installé à bord, le pédalo est lesté pour qu'il ne dépasse presque pas de

▲ La magie de la passée : pénombre et sons multiples.

la surface de l'eau. L'approche s'effectue en se basant sur des amers (clocher, sémaphore, phare ou pin de la côte) choisis dans l'axe du vol.

À partir de 200 m environ, le chasseur ne peut plus relever la tête pour se diriger, il doit continuer sur sa trajectoire tout en évaluant sa position. Quand il se pense à portée, il se redresse vivement et tire aussitôt les oiseaux qui s'envolent.

Cette chasse n'est pratiquée que par quelques amateurs éclairés. Elle ne peut être entreprise si la mer est trop forte. Elle exige des qualités sportives, une résistance au froid et un sens particulièrement aigu de la chasse.

La battue

Elle ne se pratique que sur les plans d'eau d'une certaine surface, dans le cours de la journée.

Sur les étangs de l'intérieur, les fusils placés occupent des postes camouflés par la végétation situés sur l'axe de déplacement principal des canards (souvent sur la digue et sur ses abords latéraux). Des rabatteurs, munis ou non de fusils, équipés de cuissardes ou de waders, parcourent la roselière, aidés par des chiens, et font lever les oiseaux qui tournent souvent autour de l'étang en prenant de l'altitude avant de choisir une direction de fuite.

▲ Parcourir un marais avec un bon chien lorsque les bécassines sont là : un vrai régal !

▲ Le chasseur posté en battue doit demeurer caché et immobile.

Cette pratique est en général le fait d'étangs où des canards ont été lâchés au cours de l'été.

Les grandes battues aux foulques, typiques des vastes étangs littoraux méditerranéens, regroupent un nombre important de participants. En effet, les oiseaux, très méfiants, se tiennent groupés au plus loin des rives.

L'opération mobilise plusieurs dizaines de chasseurs postés vers le fond de l'étang dans le plus grand silence, camouflés dans la végétation de bordure. Seulement quand ils sont en place, des dizaines de bateaux manœuvrés à la rame où des chasseurs ont pris place s'engagent sur le plan d'eau à l'opposé des postés. Ils forment une ligne en demi-cercle qui avance doucement en tâchant de conserver l'intervalle entre les embarcations. Le dispositif se resserre progressivement sur la bande de foulques qui peut compter plusieurs centaines d'individus. Contraints par le danger qui se rapproche, elles finissent par s'envoler et sont alors tirées à la fois par les chasseurs embarqués et par les postés.

La chasse en montagne

Les espèces

La bonne gestion des espèces

Les modes de chasse

Les espèces

Le gibier à plume

La gélinotte des bois

(Tetrastes bonasia)

De la famille des tétras, ce gallinacé est aussi connu comme « poule des coudriers ». D'une taille d'environ 35 cm, la gélinotte a un plumage brun rouille tacheté et barré de noir, un ventre blanc parsemé de brun, une queue courte et arrondie, de couleur grise, terminée par du noir avec un liseré blanc. Enfin, il a un œil bordé de rouge et une courte huppe. Le mâle se caractérise par une gorge noire marquée de blanc.

Cet oiseau est sédentaire, solitaire, territorial et taciturne. Sa présence en France représente une faible densité.

Il fréquente les futaies feuillues (noisetiers) en montagne, des Ardennes aux Alpes, ponctuellement dans le Massif central et les Pyrénées. La nourriture est

▲ La gélinotte des bois, un oiseau rare et convoité.

▲ La montagne est un milieu difficile où la survie est ardue.

composée de feuilles, de bourgeons, de chatons de coudrier, de bouleau et de saule, de fruits et de baies, d'insectes et de limaces.

En période d'accouplement, les mâles font une parade nuptiale des plus surprenantes. Le nid est à même le sol. En mai, la femelle y pond de 7 à 10 œufs blanc crème tachetés de brun. L'incubation dure 24 jours. Les poussins sont nidifuges et peuvent prendre leur envol dès le 8e jour.

Par temps de neige, la gélinotte vit surtout dans les arbres, mais peut se mettre à l'abri des intempéries dans une cavité qu'elle creuse dans la neige.

La prédation augmente actuellement du fait de la présence de plus en plus fréquente de sangliers et de blaireaux en altitude.

Le lagopède alpin *(Lagopus mutus)*

Aussi appelé « perdrix des neiges » ou « perdrix blanche », le lagopède est à peine plus grand qu'une perdrix rouge (36 cm). Il fréquente les étendues désertiques d'altitude des Alpes et des Pyrénées. Son mimétisme est remarquable car, trois fois dans l'année, il mue pour se confondre avec son environnement de haute montagne.

En été, le coq est brun foncé avec le ventre et les ailes blancs et la femelle est roussâtre avec la majeure partie des ailes blanche. En automne et au printemps, le plumage est gris mêlé de blanc pour se confondre avec les plaques de neige résiduelles. En hiver, le plumage est entièrement blanc sauf la queue et une bande noire allant du bec aux yeux. De plus, des caroncules rouges autour des yeux (davantage marquées chez le mâle) demeurent toute l'année.

Contrairement à ce qu'indique le nom scientifique *mutus*, le lagopède n'est pas muet mais émet un cri grinçant et caverneux difficile à localiser.

Le lagopède, grégaire et diurne, habite la haute montagne à partir de 2 500 m. Il se déplace principalement à patte.

Son régime alimentaire se compose de graines, de fruits et de baies, de graminées, de pousses et de lichens, ainsi que d'insectes et de petits mollusques. L'hiver, il creuse la neige pour trouver sa nourriture et se mettre à l'abri des intempéries.

La femelle pond à terre en juin de 6 à 10 œufs blanc crème tachés de roux et couve 24 jours. La couvaison ne débute que lorsque tous les œufs sont pondus de sorte qu'ils éclosent en même temps.

Résistant au froid, le lagopède (surtout les jeunes) est la proie des prédateurs terrestres et ailés. Il est également sensible au dérangement des randonnées et du ski hors piste.

> La caractéristique du lagopède alpin est la présence de fines plumes sur les pattes et les doigts. Cela l'isole du froid et lui sert de raquettes pour se déplacer sur la neige. Ainsi, les empreintes laissées par la marche dans la neige fraîche rappellent celles du lièvre, d'où le nom de **lagopède** (pied de lièvre).

La perdrix bartavelle

(Alectoris graeca)

De par sa taille (30 cm) et son plumage, la perdrix bartavelle peut facilement se confondre avec la perdrix rouge. Pourtant sa gorge blanche avec son collier noir bien défini et sa poitrine sans taches sombres lui donnent son originalité. Les deux sexes présentent les mêmes caractéristiques.

L'oiseau fréquente les versants secs et ensoleillés de la haute montagne des Alpes

▲ Même si elle ressemble à la perdrix rouge, ce n'est pas la même espèce.

▲ La perdrix bartavelle immortalisée par Marcel Pagnol.

du Sud (jusqu'en Savoie) en été et se réfugie dans les vallées à la mauvaise saison. Il grimpe avec beaucoup de vélocité dans les éboulis, les prairies en pente, les terrains broussailleux et les escarpements secs et ensoleillés, jusqu'à 2 500 m.

L'alimentation est à base de graines, de baies et de fruits, bourgeons et pousses, aussi d'insectes, principalement les jeunes.

La femelle pond en juin, à terre, 6 à 10 œufs jaune crème tachetés de brun qu'elle couve pendant 23 jours.

Les prédateurs terrestres et ailés causent parfois des pertes importantes.

L'enfrichement des alpages et l'abandon des petites parcelles de céréales, ainsi que la fermeture du milieu, sont défavorables à la bartavelle.

> On note des hybridations avec la perdrix rouge dans les Préalpes du Sud. Les produits sont fertiles (perdrix rochassière).

La perdrix grise de montagne

(Perdix perdix)

Tout à fait semblable à la perdrix des plaines du Bassin parisien et du Nord, bien que d'un plumage plus sombre, la perdrix grise de montagne a cependant hérité d'un nom spécifique (*Perdix perdix hispaniensis*) selon les biologistes.

On la trouve dans les Pyrénées, entre 1 300 et 2 500 m, du Canigou à la vallée d'Ossau, également sur les hauts plateaux du Massif central.

Les chasseurs ont su préserver cet oiseau grâce à des aménagements suivis (cultures à gibier) et à une gestion raisonnée, alors que les pâturages et les estives d'altitude ont tendance à disparaître sous l'effet de la déprise agricole.

Les myrtilles, les genêts, les bruyères, les genévriers et les prés escarpés fournissent abri, nourriture, ainsi que les insectes nécessaires aux pouillards.

Le tétras lyre *(Tetrao tetrix)*

Ce petit tétras également nommé petit coq de bruyère, coq de bouleau ou lyrure, a la taille d'une poule domestique. Le mâle possède un plumage noir à reflets bleu acier, une barre alaire blanche et une caroncule rouge, une queue à sous-caudales blanches dont les grandes plumes noires extérieures s'étalent en forme de lyre. La femelle est uniformément brun roux. Les tarses ont la particularité d'être emplumés.

Le tétras lyre, sédentaire, fréquente la zone intermédiaire entre forêts et alpages dans les Alpes, il est plus rare dans les Vosges et les Ardennes. Il se nourrit de myrtilles, de pousses de conifères, de graines et chatons, d'insectes.

▲ Couple de tétras lyre lors de la parade nuptiale.

▲ Le petit tétras en plumage nuptial marque son territoire.

La reproduction débute en avril par des parades spectaculaires comportant des faux-combats entre mâles, au sol et sur la neige, dans des endroits dégagés.

Le chant est constitué de violents chuintements suivis de gloussements sonores. Le nid confectionné au sol reçoit de 6 à 10 œufs beige roussâtre tachés de brun, couvés 26 jours. Les jeunes nidifuges volettent vers 3 semaines. Ne sont autorisés à la chasse que les coqs maillés (jeunes au plumage d'adulte) et les coqs adultes.

Les prédateurs sont nombreux et le dérangement dû aux randonneurs et aux skieurs est souvent important. L'enfrichement des alpages modifie défavorablement son habitat.

Le grand tétras *(Tetrao urogallus)*

Le grand tétras ou grand coq de bruyère ou urogalle a la taille d'un dindon (85 cm) et pèse de 3,5 à 5,5 kg. Le mâle porte un plumage brun sombre et noir à reflets métalliques, il est tacheté de blanc sur les flancs, une médaille blanche sur les ailes, une longue queue arrondie ponctuée de blanc portée en éventail, un fort bec crochu surmonté d'une caroncule rouge. La femelle est plus petite, elle présente un plumage roux avec un ventre plus clair et des flancs tachetés de blanc. Les tarses sont emplumés.

L'oiseau a élu domicile dans les forêts claires de conifères (et de feuillus mélangés). On le rencontre dans les Vosges, le Jura, les Alpes et les Pyrénées. Des introductions ont eu lieu dans le parc national des Cévennes.

Le **chant d'amour** du grand tétras est fait de gloussements intermittents séparés par un bruit de cisaillement. Les chasseurs profitaient autrefois de ce moment pour approcher le grand coq dont la méfiance disparaît alors, et le tirer. Cette pratique, liée à la période de la reproduction des oiseaux, n'est évidemment plus employée.

Le grand coq se nourrit de baies et de fruits, de graines, de pousses, de bourgeons et d'aiguilles de conifères ainsi que d'insectes. Les jeunes ont besoin de protéines fournies par les insectes, particulièrement les fourmis pendant le premier mois. Sédentaire et farouche, il craint surtout le dérangement et les exploitations forestières intempestives qui entraînent souvent son déclin.

▲ Le mythique grand tétras en train de chanter perd toute conscience pendant un instant.

La reproduction débute en avril par les parades de mâles qui se rassemblent, la queue déployée en roue, dans une clairière qui leur tient lieu d'arène d'affrontement, avant l'aube. Les combats ou leurs simulacres sont brefs.

Ils se perchent également dans les grands arbres du voisinage pour se pavaner.

La poule pond au sol, dans une cavité abritée sous la végétation, de 6 à 8 œufs jaunâtres maculés de brun, couvés 26 jours. Les jeunes sont nidifuges et volettent dès une vingtaine de jours. Ne sont autorisés à la chasse – seulement dans les Pyrénées – que les jeunes coqs maillés et les mâles adultes.

Des hybridations sont parfois observées dans la nature avec le tétras-lyre (petit coq et poule de grand coq) mais les produits sont stériles.

Le petit gibier de montagne se déguste comme le petit gibier de plaine. La gélinotte a la réputation d'une chair délicate au goût très fin.

Le gibier à poil

Le lièvre variable *(Lepus timidus)*

Un peu plus petit que le lièvre commun, le lièvre variable (50 à 60 cm) doit son nom au fait qu'il mue à l'automne, porte une livrée blanche en hiver (ce qui lui vaut le nom de blanchot) qui redevient brune au printemps. Seule la pointe des oreilles reste noire. Les deux sexes présentent les mêmes caractéristiques. La formule dentaire est 2033/1023. Les pattes, larges et velues, permettent de circuler sur la neige, même poudreuse.

On rencontre le lièvre variable de 800 à 3 400 m d'altitude. Solitaire et discret, plutôt nocturne, il gîte dans les alpages en été et, en hiver, dans les forêts ou dans un trou dans la neige.

C'est un herbivore qui se nourrit de graminées, de feuilles, de bourgeons et d'écorces. La femelle a 2, rarement 3 portées, de 2 à 5 levrauts par an. La gestation dure 50 jours et l'allaitement 3 semaines. La superfétation est possible ; l'hybridation avec le lièvre commun donne des levrauts stériles.

Le lièvre tôt fait :

Découper l'animal en morceaux en conservant le sang du lièvre dépouillé. Mettre les morceaux à feu vif dans une cocotte avec le sang, du lard en cubes, 1 bouquet garni, 1 oignon en morceaux, du poivre concassé. Ne pas saler. Recouvrir de vin rouge ou blanc suivant le goût. Flamber à l'alcool de bouche, puis ajouter 200 g de beurre et 4 cuillerées de farine. Saler et remuer. Laisser réduire à grand feu et servir au bout de 25 minutes avec un accompagnement au choix (purée, salade verte, champignons).

La marmotte *(Marmotta marmotta)*

Ce gros mammifère rongeur (70 cm de long et de 3 à 5 kg) vit dans les Alpes entre 1 200 et 3 200 m. Il a été réintroduit dans les Pyrénées en 1948 pour servir, entre autres, de nourriture d'appoint pour les ours.

Le pelage est entièrement gris, mais plus clair sur le ventre. La queue est petite, les oreilles courtes. Les pattes portent des ongles robustes pour creuser des terriers. La croissance est lente, la dentition compte 22 dents (1023/1013). La vue est perçante. Les deux sexes présentent les mêmes caractéristiques.

La marmotte hiberne en colonie dans des terriers, de septembre à avril, après avoir accumulé des réserves de graisse. En été, la famille se protège grâce à un guetteur qui avertit les autres d'un danger en sifflant.

Ce rongeur se nourrit d'herbe, de racines, de graines, de fruits et de baies, voire d'insectes.

La maturité sexuelle est tardive, n'intervenant qu'à 3 ans. Le rut débute dès la fin de l'hibernation, en avril-mai. La gestation dure 33 jours. De 2 à 4 jeunes naissent aveugles et sans poil dans le terrier garni d'herbe sèche. Ils sortent vers 5 semaines. La femelle ne fait qu'une portée tous les 3 ans environ.

Les prédateurs naturels sont principalement l'aigle royal et le renard.

Le bouquetin des Alpes

(Capra ibex)

Ce grand mammifère ruminant de la famille des bovidés connaît un statut particulier. En effet, il est classé gibier par la loi de 1963 relative à l'équilibre agro-sylvo-cynégétique à l'origine du plan de chasse. Son plan de chasse est égal à 0, c'est-à-dire qu'il est encore protégé et que les prélèvements ne sont pas autorisés. Cela est dû au fait que l'espèce n'est pas encore stabilisée alors que de nombreux repeuplements ont été effectués en grande partie par les chasseurs.

Le bouc (mâle) mesure 1 m au garrot, est long de 1,30 à 1,50 m, pour un poids allant de 70 à 100 kg. L'étagne (femelle) est un peu plus petite ; le jeune de l'année est un cabri, celui de 1 an un éterlou (mâle) ou une éterle (femelle).

Le pelage brun mue au printemps. Le bouc possède une barbiche et d'épaisses cornes permanentes pouvant atteindre 1 m de long et recourbées vers l'arrière. Elles portent des anneaux marquant l'accroissement annuel et servant à déterminer l'âge de l'animal. Les femelles portent des cornes moins grandes.

Le sabot est formé de 2 onglons sans ligament interdigital, ce qui permet un écartement et une meilleure adhérence aux rochers. La formule dentaire de 32 dents est 0033/3133.

L'espèce était en voie de disparition dans les Alpes françaises à cause d'une chasse trop importante et d'un excès de braconniers motivés par une légende qui voulait qu'une concrétion que l'on trouve dans la panse, le bézoard (agglomérat de poils et de calcaire de quelques centimètres de diamètre), avait des vertus pharmaceutiques. Le bézoard servait aussi de motif décoratif en orfèvrerie.

3 000 m
Bouquetin
2 500 m
Chamois
Isard
Lièvre variable
(blanc en hiver)
Renard roux
2 000 m
Cerf
Gélinotte
des bois
Sanglier
Chevreuil
Lièvre
commun
1 500 m
Mouflon
Martre
1 000 m

NEIGES ÉTERNELLES
3 000 m
ROCHES-PIERRIERS
Lagopède
2 500 m
Marmotte
ALPAGES
Perdrix bartavelle
2 000 m
Tétras lyre
CONIFÈRES
FORÊTS MÉLANGÉES
1 500 m
1 000 m

Une population résiduelle de bouquetins vivait encore à la fin du XIXe siècle dans la réserve italienne de chasse du Grand-Paradis, domaine de chasse du roi Victor-Emmanuel, située à la frontière des Alpes françaises. Ce fut la source d'approvisionnement pour les réintroductions opérées depuis lors. D'autres populations existent principalement en Suisse et en Autriche.

Des bouquetins vivent également en Espagne (*Capra pyrenaica*), différant de ceux des Alpes par des cornes en forme de lyre. En France, ils se répartissent sur environ 7 départements, mais c'est en Savoie dans le Parc de la Vanoise que leur nombre est le plus grand.

Le bouquetin fréquente la haute montagne et les zones rocheuses au-delà de la limite forestière, jusqu'à 3 000 m. Son régime alimentaire est herbivore, agrémenté de bourgeons, de baies, de pousses et de lichens trouvés sous la neige en hiver ; il est friand de sel. Il constitue une réserve de graisse avant l'hiver, ce qui occasionne des variations de poids de plusieurs kilos au gré des saisons.

L'espèce est polygame, le rut débute au commencement de l'hiver et se prolonge jusqu'en décembre. La gestation dure 170 jours et la mise bas ne donne qu'un seul cabri dont l'allaitement se prolonge jusqu'en septembre. Le bouquetin se manifeste par des bêlements et siffle en cas de danger.

Les animaux sont grégaires mais le plus souvent en hardes séparées pour les boucs et les étagnes. Le bouquetin s'hybride facilement avec les chèvres domestiques et les produits sont fertiles entre eux.

Le chamois *(Rupicapra rupicapra)*

C'est également un bovidé ruminant que l'on trouve dans tout l'arc alpin, le Jura, ainsi que là où il a été introduit : Vosges, en 1956, et Massif central, en 1978.

La longueur de l'adulte est de 1,10 à 1,30 m, la hauteur au garrot de 0,80 m, le poids de 25 à 50 kg. Le poil est gris beige sale au printemps et en été, plus foncé, presque noir, en hiver. La face et la poitrine sont claires, presque blanches, sauf une barre noire entre les cornes et les naseaux. En hiver, le bouc porte une crinière de poils érectiles sur la ligne médiane du dos. On rencontre le chamois jusqu'à 2 500 m d'altitude, il redescend dans les forêts en hiver. L'expansion des cerfs, des chevreuils et des sangliers en altitude conduit à une concurrence souvent défavorable au chamois qui recherche calme et tranquillité. Il en résulte des dégâts par abroutissement, écorçage et frottis, et des risques de parasitisme et de maladies accrus. Des épidémies de kératoconjonctivite – maladie infectieuse typique des ongulés de montagne qui se caractérise par une ophtalmie purulente pouvant entraîner la cécité – révèlent une surpopulation. Les troupeaux domestiques estivants peuvent également être affectés.

Le chamois possède 2 glandes derrière les cornes, actives surtout au moment du rut. Elles servent à marquer le territoire. Les 2 onglons du sabot sont reliés par une membrane, ce qui facilite le déplacement dans la neige ; 2 doigts rudimentaires placés en arrière ne touchent pas le sol.

Parmi les divers sons émis par les chamois, le sifflement lancé en cas d'alerte est le plus caractéristique. Le chamois se

▲ Le chamois surveille attentivement les alentours et donne l'alerte en cas de danger.

regroupe en hardes de femelles et de jeunes ; les mâles se regroupent à part ; les vieux restent solitaires.

Les cornes permanentes sont des étuis avec une hampe à peu près droite, perpendiculaire au crâne, et terminée par un crochet tourné vers l'arrière, (longueur à l'âge adulte : jusqu'à 30 cm). Les cornes des femelles sont moins importantes, un peu plus grêles. Des anneaux de croissance permettent de déterminer l'âge de l'animal.

Le mâle adulte est un bouc, la femelle une chèvre, le jeune de 1 an un cabri ou chevreau, le jeune de 2 ans un éterlou (mâle) ou une éterle (femelle). La durée de vie des chamois est assez longue (jusqu'à 20 ans).

Le chamois adulte a 32 dents (0033/3133). Le régime alimentaire herbivore est complété de pousses, de bourgeons, de

▲ Chamois en alerte, toute la chevrée va se volatiliser en un instant.

Chamois en civet

Découper une épaule marinée en gros dés. Saler, poivrer, faire revenir à feu vif dans de l'huile et du beurre, puis flamber. Recouvrir de marinade et faire cuire à feu doux en cocotte 2 heures avec des lardons. Décanter et filtrer la sauce, la lier à la farine, puis servir la venaison dans la sauce. Accompagner au choix de pâtes fraîches, de purée et de champignons.

feuilles et d'écorces en hiver. Le chamois est grand amateur de sel. On peut trouver un bézoard dans la panse. Les crottes sont vert olive quand elles sont fraîches, ovoïdes, réparties en petits tas, moins grosses que celles du mouton, un peu plus grandes que les moquettes du chevreuil. Le rut débute en octobre et se prolonge jusqu'en décembre. La gestation de 165 jours donne le jour à un cabri, les jumeaux sont rares. Le jeune suit sa mère dès la naissance et est sevré à 2-3 mois. Les principaux prédateurs sont l'aigle royal, le renard (pour les cabris), les chiens errants et les grands carnivores (lynx dans les Vosges, le Jura et Alpes du Nord ; loup dans les Alpes du Sud).

L'isard *(Rupicapra rupicapra pyrenaica)*
C'est une variante géographique du chamois vivant dans les Pyrénées. Il se différencie par une taille inférieure, des cornes moins développées et une robe plus rouge (été). En hiver, le pelage s'assom-

▲ L'isard est le cousin pyrénéen du chamois.

brit légèrement et une bande noire se dessine sur les membres antérieurs.
Les mœurs, l'alimentation et la reproduction sont semblables à celles du chamois.

Le mouflon de Corse

(Ovis musimon)
Originaire de l'île de Beauté, le mouflon n'y est plus chassé. Ce ruminant de la classe des bovidés est un mouton sauvage présent dans plusieurs îles de la Méditerranée et au Moyen-Orient. Il a été réintroduit sur le continent et dans beaucoup de pays européens.
Les cornes sont spiralées, enroulées, à croissance annuelle marquée de cernes qui permettent de déterminer l'âge de l'animal. Elles peuvent atteindre 90 cm de long.
Il existe des populations de mouflons dont les femelles ont des cornes moins développées que chez le bélier (troupeaux du Massif central et des Pyrénées) et d'autres dépourvues de cornes (troupeaux alpins).
La hauteur au garrot est de 0,80 m, la longueur de 1,20 à 1,40 m, le poids de 25 à 50 kg, la femelle étant de taille et de poids inférieurs. Le pelage brun chocolat en hiver s'éclaircit vers le brun-roux en été. Le ventre, la face intérieure des membres

▲ Le mouflon s'adapte à toutes sortes de milieux et à différentes altitudes.

ainsi que le masque facial sont blancs. L'hiver, le poil s'épaissit formant une bourre épaisse. Les mâles présentent souvent une tache blanche sur le dos (la selle) ainsi qu'une barbe noire allant de la gorge à la base du cou.
Le mouflon a 32 dents (0033/3133). Jusqu'à 1 an et demi, les 8 incisives inférieures (3 incisives et 1 canine) sont des dents de lait ; à 2 ans, les incisives centrales sont adultes ; à 2 ans et demi, les mitoyennes

Cuissot de mouflon

Essuyer le cuissot après marinade. Saler, poivrer, recouvrir d'un filet d'huile ou d'une crépinette et mettre à four chaud préchauffé 10 minutes pour saisir la venaison (elle garde ainsi ses sucs) puis modérer la cuisson pendant 50 minutes suivant la grosseur. Arroser avec le jus et retourner le cuissot. Servir comme un gigot avec accompagnement au choix.

sont adultes ; à 3 ans et demi-4 ans, toutes les incisives sont adultes.
L'animal est plutôt d'origine forestière montagnarde et a montré une grande aptitude à coloniser les milieux les plus divers. Il affectionne les moyennes montagnes méridionales au relief sec, rocailleux et accidenté avec des prairies et des forêts.
Les principaux prédateurs sont les loups dans les Alpes du Sud et les chiens errants.

▲ La féerie des paysages de montagne fait partie du plaisir du chasseur.

La bonne gestion des espèces

Le petit gibier de montagne subit une pression de chasse relativement modérée du simple fait de la faible densité des populations, des difficultés du milieu pour le gibier lui-même et pour les chasseurs qui le quêtent.

Pour la plupart des espèces, il est indispensable d'approfondir les connaissances sur leur état de conservation et leur démographie pour affiner les méthodes de gestion et d'aménagements cynégétiques. Ainsi, pour la perdrix grise de montagne, il convient de résister à la tentation de repeupler avec des oiseaux d'élevage qui n'ont pratiquement aucune chance de survivre aux difficiles conditions météorologiques et qui, de surcroît, polluent génétiquement et sanitairement les populations autochtones.

La principale cause de changements des milieux montagnards depuis plusieurs décennies est la déprise agricole entraînant la disparition de pâturages et d'estives au profit d'une végétation ligneuse et arborée (rhododendrons et aulnes verts), non broutée par les troupeaux domestiques. Il en va de même pour la reforestation volontaire destinée à restaurer les terrains en

▲ L'ouverture du milieu par des cultures contribue à l'amélioration du territoire.

Périodes des travaux sylvicoles (grand tétras)			
Rythme du grand Tétras (Grand tétras)	**Hivernage** 16/12-15/04	**Chant et nidification** 16/04-30/06	**Vie et croissance** 01/07-15/12
Martelage	oui	non	possible
Chablis	oui	possible	possible
Coupe et travaux	oui	non	possible
Desserte	oui	non	possible

montagne (RTM) pour éviter l'érosion, les avalanches et les inondations en aval.
Ces conditions sont favorables aux cervidés et aux sangliers qui se rencontrent jusqu'à 1500 m, mais elles s'avèrent néfastes aux autres espèces de galliformes (perdrix grise des Pyrénées, tétras lyre, grand tétras et bartavelle).

Les travaux forestiers occasionnent un dérangement non négligeable : en effet, les périodes d'enneigement imposent un calendrier pour les opérations sylvicoles avancées en automne, ce qui est peu dommageable, mais retardées au printemps, ce qui est perturbant pour le grand tétras en particulier.

▲ Les prairies à graminées sont fréquentées par tous les grands gibiers de montagne.

Le développement des loisirs de montagne (randonnée, ski hors piste, VTT, vol libre…) et l'ouverture de routes forestières et pastorales augmentent considérablement la fréquentation humaine donc le dérangement des espèces dans leurs habitats en été comme en hiver. En période hivernale, les animaux de montagne connaissent des périodes difficiles et tout dérangement les contraint à dépenser une énergie qu'il leur est nécessaire d'épargner.

Ceci a conduit à créer un Observatoire des galliformes de montagne (OGM). Il s'agit d'un groupe scientifique destiné à améliorer les connaissances sur les espèces en s'appuyant sur des protocoles agréés. Les principales actions consistent à multiplier les comptages au chant ou avec des chiens, à établir une cartogra-

▲ Poste d'agrainage en montagne : son installation demande de gros efforts.

L'OGM concerne les départements des Alpes-de-Haute-Provence, Hautes-Alpes, Alpes-Maritimes, Ariège, Aude, Drôme, Haute-Garonne, Isère, Pyrénées-Atlantiques, Hautes-Pyrénées, Pyrénées-Orientales, Haute-Savoie, Savoie, Var, Ardèche, Gard, Lozère.

phie informatique, à analyser les tableaux de chasse, à coordonner le suivi des espèces, à synthétiser les données recueillies et à les communiquer aux gestionnaires.

L'Observatoire peut ainsi être consulté avant la création de pistes de ski, de remontées mécaniques tout en tenant compte des nécessités du développement économique et de l'agriculture de montagne.

L'instauration d'un prélèvement maximal autorisé (PMA) est une excellente mesure de préservation du petit gibier de montagne.

Dans le cadre des schémas départementaux de gestion cynégétique, les PMA limitent le nombre de pièces à tuer pendant la saison de chasse sans faire référence à un territoire déterminé, avec la tenue d'un carnet de prélèvement pour chaque espèce et le marquage avec un dispositif spécifique.

Le carnet de prélèvement est délivré par la fédération à chaque chasseur individuellement. Il comporte la marche à suivre lors de la capture, le gibier devant être marqué avant tout transport. Le carnet est retourné à la fédération des chasseurs dans les 15 jours suivant la fermeture de la chasse.

L'OGM donne aussi des indications quant à l'aménagement des habitats qui se ferment. Il préconise, par exemple, le débroussaillage mécanique des rhododendrons qui repoussent lentement, chimique des aulnes verts dont la repousse est rapide, et des épicéas parce que l'entretien des milieux ouverts à grand-peine est difficile. Ces interventions sont réalisées pour ménager les aires herbacées fournissant les insectes pour les poussins de tétras lyre et favoriser la pousse des myrtilles et de la bruyère. Les évaluations

Le carnet de prélèvement est obligatoire pour le **lièvre variable**, dans les Alpes-de-Haute-Provence, les Hautes-Alpes, les Alpes-Maritimes, la Drôme, l'Isère, la Savoie et la Haute-Savoie ; pour la **marmotte**, dans les Alpes-Maritimes, l'Isère, la Savoie et la Haute-Savoie ; pour le **tétras-lyre**, dans les Alpes-de-Haute-Provence, les Hautes-Alpes, les Alpes-Maritimes, la Drôme, l'Isère, la Savoie et la Haute-Savoie ; pour la **bartavelle**, dans les Alpes-de-Haute-Provence, les Hautes-Alpes, les Alpes-Maritimes, l'Isère et la Savoie ; pour la **gélinotte**, dans les Alpes-de-Haute-Provence, les Hautes-Alpes, les Alpes-Maritimes, l'Ariège, l'Aude, la Haute-Garonne, l'Isère, les Hautes-Pyrénées, les Pyrénées-Atlantiques, les Pyrénées-Orientales, la Savoie et la Haute-Savoie ; pour le **grand tétras**, en Ariège, dans l'Aude, la Haute-Garonne, les Pyrénées-Atlantiques, les Hautes-Pyrénées et les Pyrénées-Orientales ; pour la **perdrix grise de montagne**, au-dessus de 800 m, dans les Pyrénées-Atlantiques, au-dessus de 1 000 m, en Ariège, dans l'Aude, la Haute-Garonne, les Hautes-Pyrénées et les Pyrénées-Orientales.

déjà entreprises doivent être poursuivies et analysées sur une longue période pour en tirer des conclusions valables.
Auparavant, il a fallu recenser ces aires de reproduction anciennes auprès des habitants, des vieux chasseurs et en consultant les livres anciens qui traitaient de la question.
Cela doit être complété par le contrôle de la circulation automobile et piétonnière, du ski hors piste et par l'installation sur les câbles des remontées mécaniques de boules colorées afin d'éviter aux oiseaux en vol de se tuer.
De même, les exploitations forestières doivent ménager des zones diversifiées en mosaïque d'essences feuillues et résineuses, maintenir de vieux arbres pour le grand coq, ainsi que des lisières et des clairières au milieu des massifs.
Dans les zones à grand coq, comme dans certains secteurs des forêts soumises au régime forestier dans les Vosges exploitées sous forme de licences de chasse annuelles, l'exercice de la chasse au grand gibier est réglementé afin d'éviter la perturbation de la reproduction des grands tétras. Pour cela, les battues ne peuvent être pratiquées qu'avec des petits chiens de la taille d'un fox-terrier.
Par ailleurs, la pénétration est interdite dans les parcelles depuis la fermeture générale jusqu'au 15 juillet et la chasse silencieuse autorisée seulement à partir de cette date dans les zones concernées par un arrêté de biotope (mesure de protection particulière de la faune sauvage et de ses habitats). La participation des chasseurs est requise pour le suivi des populations de grand coq grâce à des fiches d'observation à remettre au correspondant local de l'ONF. Par ailleurs, le goudron de Norvège est interdit car la présence des sangliers au-delà de 800 à 1 000 m d'altitude n'est pas souhaitable : ils peuvent détruire des nichées ou des couvées.
Pour le grand gibier de montagne, les aménagements sont peu praticables à cause des difficultés d'accès au milieu montagnard et du fait du comportement naturel de survie des animaux qui descendent l'hiver à l'abri des forêts. Ils peuvent alors profiter éventuellement des aménagements réalisés pour les cervidés.
Les pierres à sel et parfois l'affouragement en moyenne montagne lors de conditions climatiques difficiles contribuent à améliorer les conditions de vie de la grande faune de montagne.
Le plan de chasse du grand gibier de montagne est obligatoire depuis 1979 pour le mouflon avec perception d'une taxe destinée à alimenter le fond de dédommagement des dégâts de ce gibier aux pâturages. Depuis 1990, le plan de chasse est obligatoire pour le chamois et l'isard, mais sans taxation étant donné que ces espèces ne causent guère de dommages aux cultures. Le marquage des animaux capturés est également obligatoire avant tout déplacement; un système de pré-marquage avant le mar-

> Sauf plan de chasse, la période d'ouverture de la chasse du gibier de montagne est limitée à 2 mois au maximum, excluant le temps de neige, ce qui limite naturellement les prélèvements.

quage définitif est instauré en Haute-Savoie étant donné les difficultés et les aléas de la chasse qui se pratique traditionnellement en petites équipes de chasseurs. Le système de pré-marquage est donné par le titulaire du plan de chasse aux groupes de chasseurs. Au retour dans la vallée, on marque définitivement le gibier au lieu de rendez-vous convenu.

La commercialisation du gibier de montagne est interdite sauf pour la perdrix grise de montagne. Le repeuplement à partir de perdrix d'élevage qui n'appartiennent pas à l'espèce endémique est interdit afin de préserver la pureté des souches d'oiseaux sauvages. Le préfet peut également interdire la commercialisation durant le mois qui suit l'ouverture, toujours dans un souci de préservation des espèces. En revanche, la commercialisation du chamois et du mouflon soumis au plan de chasse est autorisée.

▲ Les skieurs peuvent perturber la faune de montagne.

Les modes de chasse

La chasse au chien d'arrêt

Ce mode de chasse à la billebaude est le plus pratiqué pour le petit gibier de montagne. C'est une chasse de qualité qui demande au chasseur comme à son chien endurance, ténacité, sportivité et rapidité dans le tir car le gibier a tôt fait, en deux coups d'ailes, de plonger vers la pente la plus proche et de disparaître dans l'abîme.

La battue

Elle concerne surtout le grand gibier. Ce mode de chasse est prohibé pour le chamois, sauf dans l'Ain, les Alpes-Maritimes et les Vosges, et pour l'isard, dans les Pyrénées. Pour le mouflon, la battue est autorisée dans les Alpes-Maritimes, l'Aveyron, la Dordogne, le Gard, l'Hérault, le Puy-de-Dôme, la Haute-Savoie et les Vosges.

L'emploi des chiens n'est autorisé pour le chamois que dans les Alpes-Maritimes, la Haute-Savoie et les Vosges ; pour le mouflon, dans les Alpes-Maritimes, l'Aveyron, la Dordogne, le Gard, l'Hérault, le Puy-de-Dôme, la Haute-Savoie et les Vosges.

L'approche et l'affût

Ce sont les modes de chasse généralement pratiqués pour le grand gibier. Ils sont les seuls autorisés pour la chasse de l'isard et du grand tétras dans les Pyrénées. Partout ailleurs, le grand coq est protégé.

Les prélèvements de grand gibier de montagne recensés (hors parcs et enclos) en 2001-2002 sont de 8 508 têtes pour le chamois, 1 929 pour l'isard et 2 159 pour le mouflon.

▲ L'approche en montagne exige de longues reptations.

Le chasseur et ses partenaires

Les armes et les munitions

Le tir de chasse

Les partenaires animaux

Les armes et les munitions

Les armes à canon lisse

Ce sont des fusils principalement destinés à tirer le petit gibier avec des cartouches chargées à plomb même s'ils peuvent tirer des balles, avec plus ou moins de précision selon les armes. Il existe plusieurs types d'armes lisses qui diffèrent par le nombre et la disposition des canons, par le mode d'approvisionnement ou les mécanismes d'ouverture et de percussion.

Les armes basculantes

Elles peuvent être monocanon, avoir des canons juxtaposés ou superposés. Elles ont toutes en commun de pouvoir se casser soit en manœuvrant une clé située sur le dessus ou sur le côté (baby Breton) de la bascule, soit en agissant sur le pontet qui déverrouille l'arme (Bergeron, Simplex). Les fusils basculants peuvent être équipés d'extracteurs (le chasseur doit retirer manuellement les douilles vides) ou d'éjecteurs (les douilles sont éjectées par un ressort à l'ouverture de l'arme).

Il existe deux types de montage du système de percussion sur les fusils juxtaposés. Il se trouve dans la bascule (Anson) ; sinon, chaque canon est commandé par une platine fixée sur le côté de la bascule. Les fusils peuvent être monodétente (le choix du canon étant obtenu avec un

▲ Fusil à chiens extérieurs « Lefaucheux ».

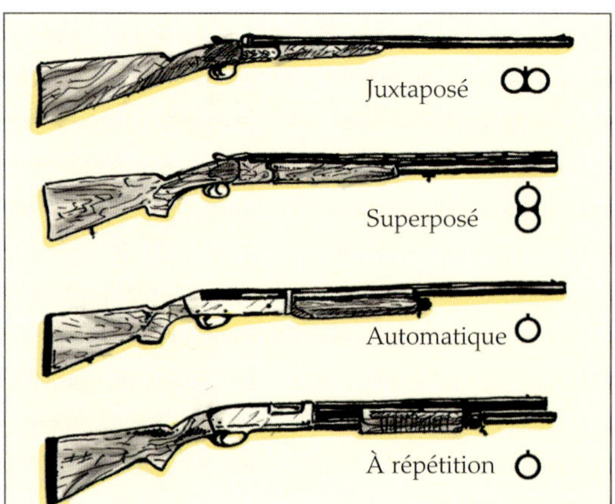

▲ Les différents types de fusils.

Charge de plomb des différents calibres

Calibre	12	20	24	28	32 (14 mm)	34 (12 mm)
Charge (en g)	32	28	24	20	16	12

poussoir sélecteur placé en arrière de la clé de bascule) ou à double détente. Enfin, il existe encore des fusils à chiens extérieurs à percussion centrale ou du type Lefaucheux utilisant des cartouches à broches. Certains exemplaires en très bon état sont encore utilisés à la chasse.

Les armes basculantes ont l'avantage de permettre de constater qu'elles sont inoffensives lorsqu'elles sont ouvertes et déchargées.

Les armes à canons fixes

Il existe un fusil à deux canons fixes juxtaposés dont la culasse manœuvrée par une clé à oreilles coulisse dans l'axe de ceux-ci, fabriqué par les maisons Darne et Charlin.

Les fusils à un canon fixe sont de deux types :

– fusils semi-automatiques dont le réarmement est effectué par le mouvement de la culasse après chaque coup tiré (la réglementation impose que le magasin ne doit pouvoir contenir que deux cartouches et ce de manière définitive : les réducteurs de capacité ne sont pas autorisés) ;

– fusils à répétition, réarmés manuellement entre chaque tir ; ce sont les fusils à pompe dont l'utilisation à la chasse est licite mais la détention soumise à autorisation préfectorale pratiquement impossible à obtenir.

Comparaison du groupement des plombs entre canon lisse et full choke sur une cible de 76 cm

	25 m	35 m	40 m	50 m
Lisse	67%	50%	*	*
Full choke	95%	82%	67%	51%

* Le tableau n'est pas complet car il est déraisonnable de tirer au-delà de 35 m avec un canon lisse.

Anatomie d'un fusil

Il existe beaucoup de variantes parmi les fusils de même type concernant :

Le calibre

On trouve une gamme étendue de calibres : 12, 16, 20, 24, 28 sont les plus couramment utilisés.

> Le calibre est un chiffre qui indique le nombre de balles sphériques, correspondant à la charge de l'arme, contenues dans une livre ancienne (489,5 g). C'est-à-dire que la charge d'un calibre 12 est plus lourde que celle d'un calibre 20. Le calibre est donc inversement proportionnel au poids de plomb tiré.

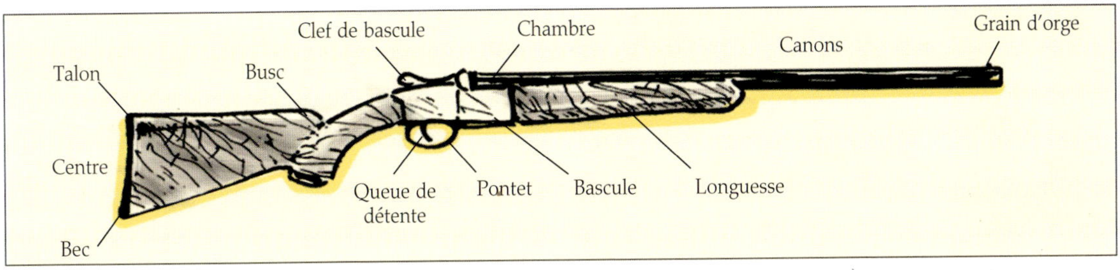

Le fusil.

Les fusils de calibre 12 sont généralement plus lourds que ceux des calibres plus petits. Par ailleurs, entre deux fusils de même calibre tirant les mêmes cartouches, c'est le plus lourd qui aura le moins de recul.

Le canon

Partie essentielle de l'arme car il subit de fortes pressions lors du tir, le canon est fabriqué avec de l'acier demi-dur ou dur. Constitué de trois parties (la chambre, l'âme et le cône de raccordement qui les relie), il peut comporter à son extrémité un choke constitué de la rampe et du choke proprement dit. Le choke réduit le diamètre du canon entraînant un resserrement de la charge de plombs, ce qui favorise sa pénétration dans l'air et réduit la dimension de la gerbe par rapport à un canon lisse (ne comportant pas de choke). Les chokes les plus couramment utilisés sont le quart, le demi, le trois quart et le full-choke, ce qui représente, par rapport à l'âme, des diamètres réduits à la bouche de 2/10e de mm pour un quart de choke et 8 à 10/10e pour un full.

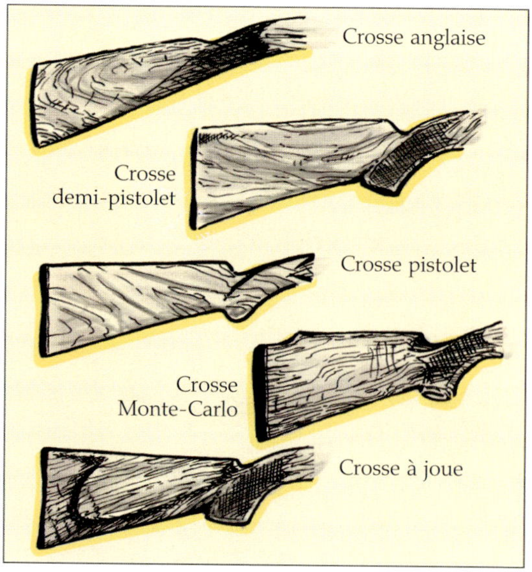

▲ Les différents types de crosses.

La chambre peut mesurer 65, 70 ou 76 mm, ce qui entraîne l'utilisation de munitions adaptées. Une cartouche de 76 mm ne doit pas être introduite dans un canon chambré à 65 mm, car elle risquerait de provoquer une explosion. En revanche, on peut tirer sans inconvénient une cartouche de 65 mm dans un canon chambré à 76.

L'âme a une forme cylindrique, elle sert à accélérer le plomb propulsé par la charge de poudre mise à feu par la percussion de l'amorce. Elle joue le rôle d'une rampe de lancement. Plus elle est longue, plus la puissance à la bouche, donc la portée, sont importantes. Les canons ont des longueurs variant de 70 à 75 cm.

En général, le canon lisse ou le moins choké est commandé par la première queue de détente : le canon droit pour un fusil juxtaposé, le canon inférieur pour un superposé. Avec un fusil monodétente, le sélecteur permet de choisir le canon.

Certains armuriers de grand renom fabriquent des paires de fusils dédiés au tir en battue avec chargeur (ce sont, en général, des fusils juxtaposés à double détente). Dans ce cas, le fusil n° 1 utilisé pour tirer devant est plus choké à droite ; le n° 2, réservé au tir derrière la ligne, est plus choké à gauche.

La crosse

Traditionnellement en noyer, la crosse est parfois en plastique pour la pratique de chasses particulièrement éprouvantes

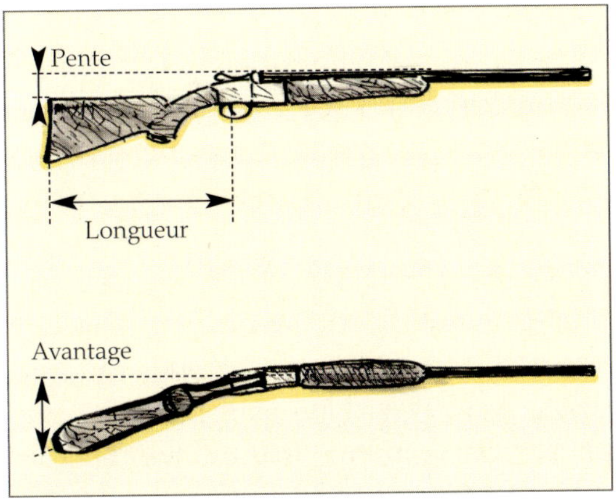

▲ Les caractéristiques d'une crosse.

pour les armes (marais, pays tropicaux, neige). Elle peut avoir plusieurs formes : crosse anglaise – souvent considérée comme la plus élégante –, demi-pistolet ou pistolet. C'est la qualité de la prise en main et le confort lors de l'épaulé qui doivent dicter le choix.

Une crosse doit être adaptée à la morphologie du tireur en intervenant sur trois éléments :

– la longueur : c'est la distance entre la queue de détente la plus en avant et le milieu de la plaque de couche (partie de la crosse qui est au contact de l'épaule) ; elle doit être égale à la longueur de l'avant-bras de la saignée du coude à l'articulation entre les deuxième et troisième phalanges de l'index ;

– la pente : c'est l'angulation de la crosse avec les canons dans un plan vertical ; plus la pente est importante, plus on tire bas et vice versa. On peut donc en la modifiant corriger des difficultés de tir que rencontre le chasseur ;

– l'avantage : c'est la déviation de la crosse par rapport à l'axe de la ligne de visée ; elle permet que, l'arme épaulée, l'œil soit aligné avec cet axe. La crosse est déviée à droite pour un droitier, à gauche pour un gaucher. Pour un droitier, trop d'avantage dévie le tir vers la droite, pas assez vers la gauche ; inversement pour un gaucher.

Ici intervient une notion importante, l'œil directeur, qui va avoir une incidence sur la manière de tirer. On le détermine en alignant, bras tendu et les yeux ouverts, l'index avec un élément éloigné du paysage (clocher, arbre, cheminée), puis on ferme alternativement un œil et l'autre. Lorsque l'alignement initial n'est pas modifié, c'est l'œil directeur. En général, il s'agit de l'œil droit, indépendamment des performances de celui-ci (myopie, presbytie, hypermétropie). Dans ce cas, il est conseillé de tirer les yeux ouverts, ce qui permet d'avoir le champ visuel le plus large. Si l'œil gauche est directeur, il faudra tirer en le fermant.

▲ La détermination de l'œil directeur, ici c'est l'œil droit.

Dans le cas extrême où un chasseur droitier a perdu son œil droit, la crosse doit être adaptée pour permettre la visée avec l'œil gauche en la déviant fortement : c'est la crosse de borgne.
Le choix d'un fusil est affaire de goût personnel, cependant un armurier compétent peut conseiller le chasseur en préconisant plutôt un fusil à canons juxtaposés ou superposés adapté à sa morphologie, à sa manière d'épauler et à son œil directeur.
Le choix de la qualité du bois de la crosse, de sa forme, du mécanisme de percussion repose sur des critères esthétiques et financiers.

Les munitions pour le petit gibier

Il existe une grande diversité de munitions pour le tir du petit gibier. Elles diffèrent par la nature de l'étui, de la bourre, par la longueur de l'étui et du culot, par le type de sertissage. Le choix dépend du fusil, du nombre de cartouches tirées par saison, des distances habituelles de tir et du gibier chassé.

Les fabricants proposent deux types de cartouches : à étui plastique ou carton. Si les premières ont l'avantage de bien résister aux intempéries, elles ne sont pas biodégradables ce qui impose à tout chasseur respectueux de la nature de les ramasser. Les secondes, grâce aux techniques modernes de fabrication, résistent pourtant bien à l'humidité mais sont difficiles à trouver dans le commerce, plus chères et rarement disponibles dans les calibres autres que le 12.
Il existe deux genres de bourres : la bourre à jupe qui renferme le plomb jusqu'à sa sortie du canon et sur quelques mètres après, assurant une dispersion moindre et une puissance accrue par rapport à la bourre grasse constituée d'un cylindre de feutre. La première a l'inconvénient d'être en plastique et, comme elle ne peut être récupérée, d'engendrer une pollution.
Deux hauteurs de culot sont disponibles : 8 et 16 mm. Le grand culot protège la chambre et ménage le mécanisme d'éjection. Il est donc recommandé pour ceux qui tirent beaucoup ou utilisent des armes anciennes. Le culot de 8 convient bien pour les cartouches de 65 mm ; pour les

Portée maximum des différents plombs	
8	200 m
7	220 m
6	240 m
4	280 m
2	330 m
1	350 m
balle	1400 à 1500 m

Numéro de plomb pour les principaux gibiers	
Renard	2 - 3 - 4
Lièvre - Canard	4 - 5 - 6
Lapin	7 - 8 - 9
Faisan - Pigeon ramier	5 - 6 - 7
Perdrix	6 - 7 - 8
Grive - Alouette	8 - 9 - 10

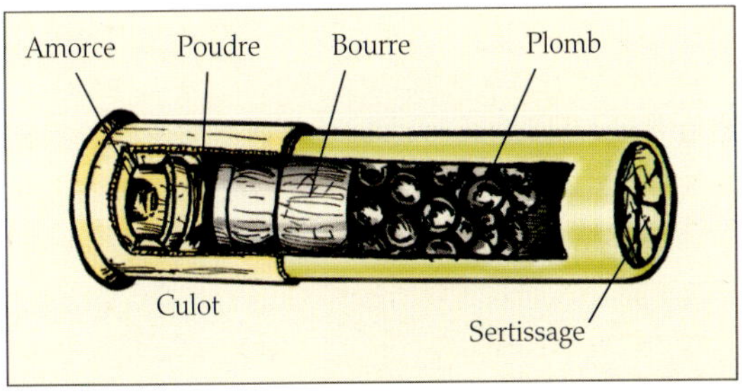

▲ La coupe d'une cartouche.

étuis de 70 et 76 mm, il vaut mieux choisir un culot de 16.

Certaines cartouches sont adaptées à des usages spécifiques et comportent des dispositifs particuliers :

– concentrateurs : un cylindre de carton ou de plastique contient la charge de plomb, il augmente la puissance et resserre le groupement par rapport à une cartouche normale. Autrefois utilisée pour les tirs de longueur, elle est aujourd'hui remplacée par la bourre à jupe qui donne des résultats équivalents.

▲ Cartouches à balle pour fusil à canon lisse.

– disperseurs : ils trouvent leur utilité pour le tir à courte distance dans une végétation dense (chasse à la bécasse ou au lapin) ou pour corriger les effets d'un canon trop choké.

La vocation première d'un fusil à canons lisses est la chasse du petit gibier. La gamme des cartouches propose différentes dimensions de plomb identifiées par un numéro.

À chaque espèce correspond un éventail de numéros de plomb adapté.

Pour éviter de blesser inutilement, il est important de connaître la portée maximum du plomb qui est inversement proportionnelle à son diamètre.

Les fusils à canons lisses peuvent tirer des balles dont le poids correspond à leur calibre. Il existe différents types de balles généralement identifiées par le nom de leur fabricant : Brenneke, Wonder, Prévot, Sauvestre, Fier, Blondeau, Gicle, Gualandini…

Leur performance ne peut s'apprécier qu'à l'occasion d'essais sur cible. En effet, cer-

Réglementation spécifique pour la chasse dans les zones humides

Pour lutter contre le saturnisme (intoxication due à l'ingestion de plombs de chasse chez les oiseaux d'eau), la France, à l'instar du Canada et de la Grande-Bretagne, a décidé qu'à partir de 2005 seules les cartouches à grenaille d'acier pourraient être utilisées pour la chasse en zone maritime, dans les marais non asséchés, sur les fleuves, canaux, rivières, réservoirs, lacs, étangs et sur les nappes d'eau.

Les munitions correspondantes sont maintenant au point, elles ne détériorent pas les canons. Il faut cependant éviter de les tirer dans des canons trop chokés.

▲ Plusieurs hauteurs de culot.

taines balles conviennent mieux à une arme. Par ailleurs, un canon très choké peut déformer la balle et diminuer notablement ses qualités balistiques. Il est préférable de tirer ce type de projectile dans un canon lisse ou lisse amélioré.

Le tir à balle dans un canon lisse présente, selon la nature et la forme du projectile, des risques de ricochet dus notamment à la vitesse relativement faible : 350 à 380 m/s, qu'il faut comparer à celle d'une balle de carabine : 750 à 900 m/s.

Il convient donc d'être particulièrement vigilant.

Les critères d'appréciation d'une bonne cartouche sont :

– la régularité : constance dans la portée, le groupement et la vitesse ;
– la douceur au départ : recul limité et ménagement du mécanisme ;
– la préservation des canons : montée en pression progressive des gaz de combustion, absence de traces de plomb dans l'âme du canon après le tir ;
– la préservation des percuteurs : pas de percement de l'amorce gênant l'ouverture.

La réglementation a édicté un certain nombre d'interdictions concernant armes et munitions pour l'exercice de la chasse.

Caractéristiques des différentes cartouches Comparaison entre les calibres 12 et 16			
Numéro de plomb	**Diamètre en mm**	**Nombre de plombs cal 16 (28 g)**	**Nombre de plombs cal 12 (32 g)**
1	4,00	74	85
2	3,75	90	103
3	3,50	111	127
4	3,25	139	159
5	3,00	177	202
6	2,75	230	262
7	2,50	307	351
8	2,25	425	484
9	2,00	608	695
10	1,75	903	1032

N.B. : L'usage de plombs d'un diamètre supérieur à 4 mm étant interdit, les chevrotines et les numéros de plomb 0, 00 et 000 ne figurent pas dans ce tableau.

Les armes rayées

La progression des populations de grand gibier et l'obligation de le tirer à balle ont considérablement augmenté les ventes d'armes à canon rayé. En effet, elles sont adaptées à cette chasse parce que précises, développant selon les calibres et les munitions employés une énergie suffisante pour tuer proprement un grand gibier avec des munitions qui réduisent le risque de ricochet.

Le canon rayé tient son nom des rayures hélicoïdales de l'âme du canon qui impriment à la balle un mouvement de rotation augmentant la précision et la rectitude de la trajectoire.

Les fabricants offrent une gamme très étendue d'armes adaptées à tous les modes de chasse du grand gibier : depuis le tir à l'approche du chevreuil avec une carabine de petit calibre jusqu'au tir du sanglier en battue avec un express de gros calibre.

Le calibre d'une arme rayée européenne se définit par deux chiffres séparés par le signe multiplié. Le premier chiffre indique le diamètre du projectile, le second la longueur de l'étui. Les deux valeurs

▲ Carabine à réarmement manuel type Mauser.

Armes et munitions interdites

- Les armes de guerre.
- Les armes non susceptibles d'être épaulées sans appui (canardières).
- Les armes semi-automatiques permettant le tir de plus de trois cartouches.
- Les armes à canon rayé munies d'une hausse permettant le tir au-delà de 300 m.
- Les cannes-fusil.
- Les armes à air comprimé.
- Les silencieux.
- Les dispositifs de visée comportant un convertisseur d'image ou un amplificateur d'image électronique.
- Les chevrotines et plombs d'un diamètre supérieur à 4 mm.
- Les balles non expansives.
- Pour le tir des ongulés, les armes à percussion annulaire et les armes d'un calibre inférieur à 5,6 mm ou les armes dont la balle ne développe pas une énergie minimale d'1 kJ à 100 m.

sont exprimées en mm (7x64 signifie que la balle fait 7 mm de diamètre et l'étui 64 mm de long). Les Anglo-Saxons désignent le calibre par le diamètre de la munition en centièmes d'inch suivi de la marque du fabricant (280 Remington).

Les carabines

Ce sont des armes à un canon, à répétition ou semi-automatiques.

Pour les premières, il existe plusieurs systèmes de réarmement manuel. Les plus courants sont :

– la culasse type Mauser, manœuvrée par un levier latéral, qui coulisse dans l'axe du canon en effectuant un quart de tour vers l'arrière pour extraire et éjecter la douille vide, vers l'avant pour réapprovisionner la chambre à partir du chargeur muni d'un ressort qui pousse la cartouche vers le haut. C'est le type de mécanisme le plus utilisé en Europe continentale.

▲ Les calibres américains : la 7 mm Remington.

▲ Carabine semi-automatique à chargeur amovible (4e catégorie).

Certains modèles sont équipés de la double détente, particulièrement utile pour les tirs de précision à grande distance. L'arme possède deux queues de détente : la seconde, appelée « stecher », sert à armer la première qui est alors d'une sensibilité telle que le coup part en l'effleurant seulement. Lorsqu'on n'a pas tiré après avoir armé le stecher, il faut le désarmer aussitôt pour des raisons évidentes de sécurité.

Plusieurs fabricants proposent des carabines à fût long qui confèrent à l'arme une ligne élégante recherchée par certains chasseurs ;

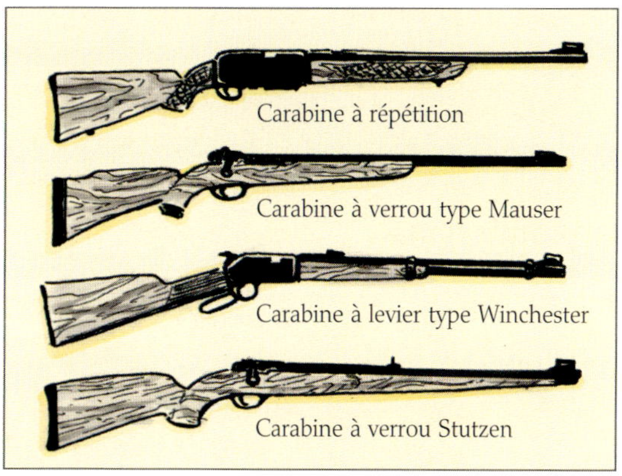

▲ Les différents types de carabines.

– le système dit « à pompe » qui permet d'éjecter et de réapprovisionner grâce à la poignée coulissante servant d'affût située sous le canon, manœuvrée vers l'arrière puis vers l'avant. Winchester et Remington sont les principaux fabricants de ce type d'armes ;

– le mécanisme à levier de sous-garde, prolongeant le pontet d'une poignée, qui effectue un quart de cercle dans l'axe de l'arme éjectant quand il descend, réapprovisionnant quand il remonte (c'est le mécanisme qui équipe les Winchester, Savage et Marlin que l'on voit dans tous les westerns).

Les armes semi-automatiques, improprement appelées « automatiques », ont leurs adeptes parce qu'elles permettent un tir rapide sans autre action que de presser la queue de détente. C'est le départ du coup qui propulse la culasse vers l'arrière, entraînant l'éjection de la cartouche, le retour, dû à un ressort, réapprovisionne l'arme. Elles peuvent être équipées d'un chargeur fixe pivotant ou amovible (dans ce cas, elles sont classées en 4e catégorie, soumise à autorisation). La réglementation limite la capacité de tir de ces armes à trois coups (deux cartouches dans le chargeur, une dans la chambre).

Malgré les améliorations apportées dans le mécanisme de la culasse, il arrive encore souvent que ces carabines s'enrayent. Un armurier a inventé et mis au point une arme particulièrement adaptée à la chasse en montagne : la « crapahut » dont la culasse type Mauser coulisse sur un rail intégré dans la crosse, raccourcissant notablement la longueur de la carabine donc son encombrement.

Les armes basculantes

Elles connaissent un regain de faveur auprès des nouveaux venus à la chasse du grand gibier parce qu'elles ressemblent au fusil qu'ils utilisent pour la chasse du petit gibier, ce qui en facilite l'apprentissage. Pour ce type d'armes, l'éventail des calibres est large pour répondre aux exigences des modes de chasse pratiqués.

– **Les armes à un canon :** elles sont adaptées à la chasse à l'approche car elles sont légères, comme une carabine, mais plus courtes puisque sans culasse et d'une utilisation aussi simple qu'un fusil de chasse. Leur élégance est également un de leurs atouts. Les modèles fabriqués par l'Allemand Blaser sont réputés.

– **Les express :** ce sont des armes à double canon rayé, juxtaposés ou superposés, munies ou non d'éjecteurs, qui conviennent particulièrement à la chasse en battue. Leur avantage réside dans la vitesse de rechargement par rapport à une carabine et la facilité de viser comme avec un fusil.

– **Les armes mixtes :** elles comprennent canon rayé et canon lisse. Ce sont des armes polyvalentes permettant de répondre à toute rencontre en action de chasse.

Il en existe plusieurs modèles :

- Le mixte à deux coups; un canon lisse et un canon rayé, juxtaposés ou superposés.
- Le drilling à deux canons lisses juxtaposés et un canon rayé placé en dessous au milieu. La sélection du canon rayé s'effectue à l'aide d'un poussoir situé sur l'arrière de la bascule.

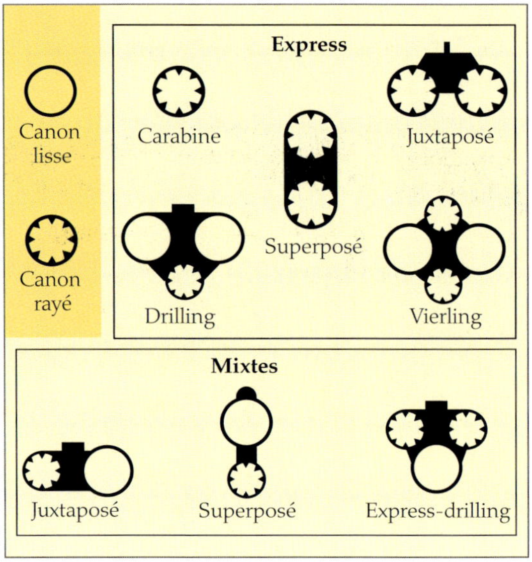

▲ Les différents types d'armes rayées.

- L'express drilling à deux canons rayés juxtaposés et un canon lisse en dessous au milieu sélectionné comme pour le drilling.
- Le vierling à deux canons lisses juxtaposés encadrés au-dessus et en dessous par deux canons rayés. C'est une arme lourde qui vaut surtout pour son originalité.
- Les armes rayées sont équipées d'un système de visée : hausse ou œilleton. La première, qui peut avoir des formes diverses, est fixée sur le canon à peu près à la hauteur de la main qui soutient le canon ; elle est associée au guidon placé à son extrémité. C'est l'alignement : hausse – guidon – gibier qui constitue la visée.

L'œilleton est une petite plaque métallique percée d'un trou. Il est placé sur l'arrière du canon aussi près que possible de l'œil. Pour viser, il faut que la cible s'inscrive dans l'œilleton.

▲ La gamme des munitions pour armes rayées !

Les munitions pour le grand gibier

En fonction du gibier et du mode de chasse pratiqué, il existe un grand choix de munitions. On n'utilise pas la même balle pour chasser l'isard et le sanglier en battue. Pour un calibre donné, les fabricants offrent plusieurs structures et plusieurs poids de balle.

Si l'on exclut les calibres 22 LR et 22 hornet qui sont interdits pour la chasse (mais parfois autorisés pour la destruction des nuisibles), le poids des balles varie de 3,2 à 32,4 g, ce qui correspond à des diamètres de 5,6 à 12,06 mm. Les poids comme les diamètres les plus forts sont destinés aux chasses de grands gibiers africains tels que le buffle ou l'éléphant qui requièrent des munitions puissantes ayant une force d'arrêt importante.

Pour chaque mode de chasse, il existe une munition appropriée.

Approche et affût

Les critères à privilégier sont la vitesse de la balle et une trajectoire tendue ; le poids de la balle peut être plus faible que pour la chasse en battue car on tire gé-

Gamme de poids de balle pour les calibres les plus utilisés en France

Calibre	Poids de balle
5,6 mm	3,6 à 4,8 g
243 Winchester	3,56 à 6,5 g
6,5 mm	6 à 9,1 g
270 Winchester	6,5 à 9,7 g
280 Remington	9,1 à 11 g
7 x 64	8 à 11,5 g
7 mm Remington magnum	9,1 à 11,5 g
300 Winchester	9,7 à 14,3 g
8 x 57 JRS	11,7 à 13 g
8 x 68 S	11,7 à 14,5 g
9,3 x 62	14,6 à 19 g
9,3 x 74	13 à 19 g

néralement un animal arrêté ce qui permet une visée plus précise.
– Pour le chamois, l'isard, le chevreuil, le mouflon et les sangliers de moins de 50 kg, les calibres de 5,6 à 7 mm associés à des poids de balle de 4,8 à 8 g conviennent bien.
– Pour le cerf et les gros sangliers, il vaut mieux choisir des calibres de 7 à 8 mm avec des poids de balle de 10,5 à 12,1 g.

Battue

La chasse en battue concerne souvent plusieurs espèces. Le choix du calibre et du poids de balle résulte donc d'un compromis : on privilégie le poids de la balle par rapport à la vitesse car il importe de provoquer une onde de choc forte entraînant l'effet d'inhibition (l'effet d'inhibition résulte de la diffusion brutale dans le corps de l'animal de l'énergie du projectile provoquant un « court-circuit » du système nerveux).

À titre d'exemple, une balle de 11 g ayant une vitesse initiale de 815 m/s a une énergie supérieure de 2 000 kg/m à une balle de 8 g propulsée à 930 m/s.

Les calibres les plus appropriés sont les calibres de 7 à 8 mm. Le calibre de 9 mm, s'il arrête convenablement un cerf ou un sanglier avec un projectile de 14 à 19 g, abîme chevreuils et bêtes rousses.

Il existe une grande diversité dans la structure des balles : demi-blindées ou expansives, à pointe ronde ou pointue, en plomb ou en tôle mince, à noyau simple ou double et aussi les alliages qui composent le projectile.

Les étuis des cartouches sont à bourrelet, ce qui se traduit par la lettre « R » (suivant

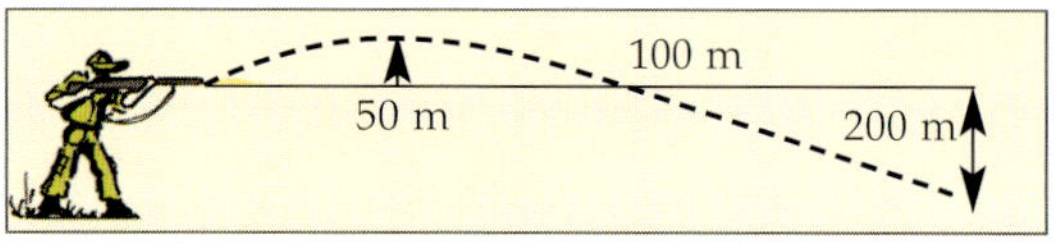

▲ La trajectoire de balle tirée d'une carabine réglée à 100 m.

les chiffres du calibre), ou à gorge (dans ce cas, pas d'indication particulière). La lettre « S » suivant le calibre indique un alésage large de la balle.

En fonction des calibres et du poids de la munition, la vitesse de la balle se situe entre 750 et 950 m/s à la sortie du canon et entre 550 et 850 m/s à 250 m, avec pour

▲ Carabine calibre 7 x 64 équipée d'une lunette.

conséquence un danger à des distances considérables (3 000 à 5 000 m).
À titre comparatif, une balle de fusil à canon lisse a une vitesse voisine de 370 m/s et une portée de 100 à 1 500 m.
Les principales marques fabriquant des balles sont : Fédéral, Norma, R.W.S, Remington et Winchester.
Chaque balle ayant ses caractéristiques propres, le réglage de l'arme sur cible impose d'utiliser la même munition à la chasse.
La trajectoire d'une balle n'est pas rectiligne ; le réglage d'une arme rayée avec une munition déterminée consiste à faire coïncider la trajectoire de la balle et la ligne de visée à une distance choisie. Avant ce point, la balle est au-dessus de la ligne de visée, après elle est au-dessous. Plus une balle est rapide et légère, plus la trajectoire est tendue.

Les optiques

Si une lunette peut être montée sur un fusil à canons lisses pour la chasse de nuit au gibier d'eau, c'est plus souvent sur les armes rayées qu'on utilise des dispositifs optiques. Ils facilitent le tir avec pour objectif de placer une bonne balle et de ne pas blesser.

Les lunettes

À grossissement fixe ou variable, elles agrandissent l'image du gibier visé. Le réticule incorporé permet de placer la balle avec précision.
Le réticule 2 convient particulièrement à la chasse en battue ou aux chiens courants.

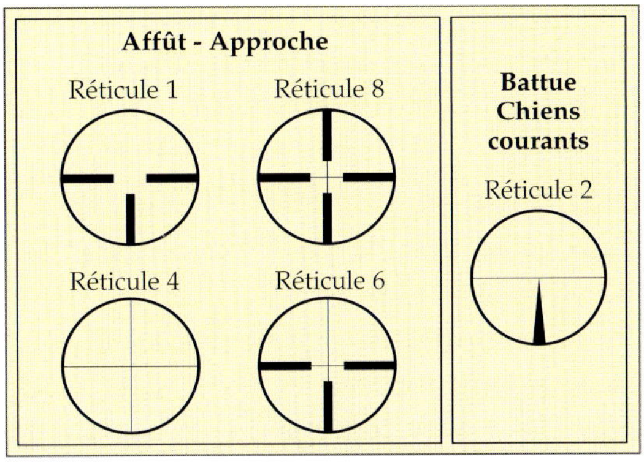

▲ Les différents types de réticules.

Le grossissement à adopter est fonction du mode de chasse pratiqué : pour la battue de 1,5 à 3, pour l'affût et l'approche de jour 4 ou 5 et pour le tir crépusculaire 6 à 8 avec une très bonne luminosité, donc un indice crépusculaire élevé. La lunette polyvalente pour un chasseur pratiquant plusieurs modes de chasse a un grossissement variable de 1,5 à 6.
Pour des tirs à distance quasi constante, comme en battue, un grossissement fixe peut convenir.
Il importe de choisir une lunette de qualité et d'éviter les produits bas de gamme qui, s'ils sont bon marché, réservent souvent de mauvaises surprises.

▲ Étui à bourrelet (à gauche), à gorge (à droite).

Le montage est essentiel pour les performances de la lunette : à crochets et pivotant, il assure une bonne fixation et résiste relativement bien aux chocs. À glissière, il est plus fragile et se dérègle facilement. Il doit être effectué par un professionnel.

Les systèmes de visée optique

Leur technique consiste à superposer dans le viseur l'image du gibier et un point rouge figurant le point d'impact de la balle. Ce point rouge est issu de la lumière ambiante grâce à un jeu de lentilles et de miroirs ou généré par une pile.
Dans les deux cas, le tir s'effectue les yeux ouverts.

▲ Système de visée optique sur une carabine.

L'entretien des armes

Pour un enfant, c'est souvent la première étape de l'apprentissage de la chasse de regarder un parent nettoyer son fusil au retour de la chasse.
Prendre soin de ses armes, c'est répondre à un souci de sécurité et leur assurer la longévité, en particulier pour celles qui se transmettent de génération en génération.
L'arme démontée est placée sur une table recouverte d'un tissu pour éviter les chocs.
On commence par passer, à l'aide de la baguette, l'écouvillon métallique puis la brosse et enfin l'écouvillon de laine sec. Il ne doit subsister aucune trace de poudre dans le canon, on le vérifie en regardant une source lumineuse à travers le canon.
Toutes les pièces métalliques (bascule, culasse, percuteurs, extracteurs ou éjecteurs) sont nettoyées à la brosse douce pour retirer les débris végétaux ou la boue.
Pour accéder aux recoins, on utilise un chiffon mince renforcé d'une allumette.
On passe alors dans les canons un chiffon imbibé d'huile de vaseline pure, puis on l'applique sur toutes les parties métalliques. On termine en déposant une goutte d'huile sur les percuteurs, à la base des queues de détente, sur le mécanisme des extracteurs ou des éjecteurs et sur celui de la longuesse. S'il a plu, on passe sur le bois de la crosse et de la longuesse de l'huile de lin (avec un pinceau ou un chiffon doux).
L'arme est alors remontée pour être remise au râtelier ou rangée dans sa valise.
Pour les armes rayées, avant une nouvelle sortie, il convient de passer un chiffon sec dans le canon afin de retirer l'huile qui pourrait modifier légèrement le tir.

Les accessoires

L'équipement du chasseur comporte de multiples accessoires qui constituent pour son entourage une source quasi inépuisable d'idées de cadeaux.

▲ Le nettoyage est gage de longévité.

Les couteaux

Il est indispensable d'avoir un couteau de poche sur soi, que ce soit pour extraire une cartouche bloquée dans le canon, pour encocher et fixer un dispositif de plan de chasse, pour couper des branches qui gênent la visibilité à son poste ou pour fabriquer des repères délimitant la zone de tir… et aussi pour tailler le pain et le saucisson au moment du casse-croûte.

▲ Différents types de couteaux de chasse.

▲ L'épieu est une arme efficace pour achever le grand gibier.

Les couteaux de chasse à lame fixe et les dagues font partie de l'équipement du chasseur de grand gibier pour achever un animal blessé et pour le vider. Ils doivent être aiguisés régulièrement pour conserver un tranchant parfait.
La dague de vénerie doit être longue et souple pour le cerf, courte et rigide pour le sanglier.
Les couteaux et dagues doivent être graissés pendant l'intersaison.

L'épieu

C'est une arme qui revient à la mode dans les chasses de grand gibier. Les traqueurs ne portant, en général, pas d'arme à feu, l'épieu leur permet de protéger les chiens contre un animal agressif et d'achever un gibier blessé tenu au ferme.
La solidité du manche est essentielle : il encaisse des chocs violents au moment de l'impact. Gainé de cuir, il offre une bonne prise et évite les blessures s'il vient à se briser. La lame doit être courte et rigide. En vénerie, on utilise souvent la lance. Le manche démontable placé dans un étui est fixé à la selle, le couteau porté au ceinturon.

Les trompes, piboles et cornes

Ce sont les instruments de communication de la chasse. Si la trompe de vénerie en est l'illustration la plus achevée, les cornes et piboles ont leur place aussi bien dans les chasses en battue au petit ou au grand gibier que pour la chasse aux chiens courants. Elles donnent à tous les participants des informations précieuses dont la signification a été indiquée en début de chasse, d'où la nécessité d'être

▲ De la trompe de chasse à la petite corne de battue : les moyens de communication des chasseurs.

attentif aux consignes données par le responsable de chasse. Dans une battue de grand gibier, tous les chasseurs doivent porter une corne ou une pibole pour répéter les sonneries de voisin en voisin jusqu'aux plus éloignés.
Une corne ou une pibole se choisit pour sa sonorité, elle doit être audible à grande distance, et pour son encombrement (les critères ne sont pas les mêmes selon qu'on est posté en battue ou que l'on mène les chiens courants dans un paysage de montagne). Les modèles gainés de cuir sont d'un entretien plus facile.

Les jumelles

Que ce soit pour l'observation du petit gibier en plaine ou au marais, pour la chasse à l'approche ou à l'affût du grand gibier en montagne ou en forêt, les jumelles sont indispensables.
En fonction de leur utilisation, on privilégiera l'une ou l'autre de leurs caractéristiques :
– la luminosité est fonction du diamètre de l'objectif variant de 25 à 56 mm ; plus il est important, plus l'indice crépusculaire est élevé ;
– le grossissement variable de 7 à 12 fois (sachant que plus il est fort, plus la vision est tremblée si les jumelles ne sont pas stables).
Le gainage en caoutchouc évite les reflets, protège les jumelles et amortit les bruits provoqués par le choc avec l'arme ou un élément métallique de la tenue, ce qui est appréciable à l'approche.

▲ Les jumelles, un outil indispensable pour observer et choisir le gibier à tirer.

Les vêtements

Ils doivent avant tout être fonctionnels : adaptés au mode de chasse pratiqué, à la température et, le cas échéant, aux intempéries. Ils doivent être amples pour ne pas gêner les mouvements, confortables, d'une teinte qui se fonde autant que possible avec le paysage. Les textiles modernes proposent des tissus qui évitent la condensation.

Les gants doivent être chauds mais assez fins pour permettre au doigt de presser la queue de détente.

Chapeau ou casquette, c'est affaire de goût, sont bien utiles pour protéger du froid et des intempéries mais aussi de l'éblouissement du soleil.

En fonction du mode de chasse et des conditions météorologiques, on choisira de porter des bottes ou des chaussures. Si l'on opte pour les premières, le choix de bottes en caoutchouc doublées de cuir assure un excellent confort en autorisant le port de chaussettes fines même par temps froid. Si l'on choisit les secondes, elles doivent être en bon cuir avec semelles à double couture, bien tenir la cheville et être entretenues régulièrement avec de la graisse pour leur conserver souplesse et imperméabilité.

Les autres accessoires

La panoplie du chasseur peut comporter de nombreux accessoires et objets supplémentaires : canne de pirsch, pliant ou canne de battue, sacoches à cartouches, bien utiles pour les battues de petit gibier, bretelles amovibles, housses pour les armes, protège-bouche pour carabines, etc. La liste n'est pas exhaustive !

Le tir de chasse

Le matériel choisi, il faut acquérir les connaissances et les réflexes pour tirer correctement.

Les armes rayées

Le tir est différent selon que l'on chasse à l'affût ou à l'approche et en battue.

Affût et approche

Le tir est identique au tir à la cible puisque l'animal est, en général, arrêté. L'arme ayant été réglée pour une distance définie, il convient de viser un petit peu plus bas en deça, un peu plus haut au-delà.

Il faut éviter de tirer si la végétation masque en partie l'animal, de même s'il se présente sous un angle tel que la balle endommagera la venaison (tir en cul ou de face). Il s'agit d'une raison éthique et non balistique.

Lorsque l'animal se présente de profil, ce qui doit être recherché autant que possible, il faut chercher à atteindre un point situé une main au-dessus du coude qui correspond au cœur et aux vaisseaux majeurs.

Une correction est nécessaire si l'on tire un animal en surplomb, comme c'est souvent le cas en montagne, ou en contrebas, comme c'est le cas depuis un mirador. On vise en dessous dans le premier cas, au-dessus dans le second par rapport à la zone vitale recherchée (la forme cylindrique du corps de l'animal l'explique).

Il est nécessaire de connaître ses propres limites, notamment la distance au-delà de laquelle son tir devient imprécis et risque de blesser. C'est en tirant à la cible qu'on la détermine. Elle varie selon les individus.

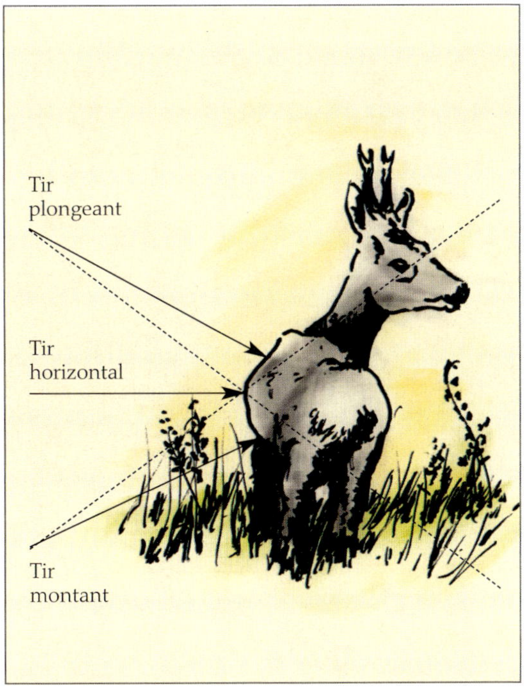

▲ Les corrections à apporter selon la position du tireur par rapport au gibier.

Vitesse de différents gibiers lancés en travers Corrections à apporter			
Gibier	**Vitesse en km/h**	**Correction à 30 m**	**Correction à 45 m**
Lièvre	55 à 65	1,5 à 1,8 m	3 à 3,6 m
Lapin	45 à 55	1,2 à 1,5 m	2,4 à 3 m
Bécasse	45 à 55	1,2 à 1,5 m	2,4 à 3 m
Perdrix	70 à 80	1,9 à 2,2 m	3,8 à 4,4 m
Faisan	75 à 85	2 à 2,3 m	4 à 4,6 m
Canard	90 à 110	2,5 à 3 m	5 à 6 m

Battue

Le tir s'effectue à plus courte distance qu'à l'affût ou à l'approche mais sur un animal en mouvement, parfois très rapide. Même si la balle a une vitesse importante, il faut faire une correction en fonction de la distance. À titre d'illustration : un sanglier courant à 40 km/h et passant en travers à 40 m progresse de 50 cm pendant le temps que la balle, lancée à 800 m/s, met pour l'atteindre. C'est la correction qu'il faut donc apporter. Beaucoup de tirs ratés ou qui provoquent de gros dégâts sur l'arrière-main de l'animal trouvent ici leur explication.

L'esprit sportif comme l'éthique interdisent les tirs sous un angle qui abîment la venaison.

Il est important d'avoir à l'esprit, si on utilise une lunette en battue, que le champ visuel est sérieusement réduit. Ceci incite à bien repérer les alentours et à la plus extrême prudence au moment du tir.

▲ Le poids du corps sur le pied gauche pour un droitier.

Les armes lisses

Le tir avec un fusil à canons lisses demande un entraînement régulier pour devenir un honnête fusil : il faut chaque fois intégrer la distance du gibier, sa vitesse, sa trajectoire et instantanément effectuer la bonne correction.

Le premier entraînement consiste, avec un fusil non chargé, bien à sa couche, à

épauler face à un miroir ou en visant un objet. La crosse doit venir se placer au creux de l'épaule, toujours au même endroit, l'œil doit être aligné avec la bande et le grain d'orge, la main avant doit à la fois presser le fusil sur l'épaule et diriger les canons, la joue doit être plaquée sur la crosse et le poids du corps sur le pied gauche pour les droitiers, le droit ne servant que de stabilisateur.
Le geste doit être fluide quelle qu'en soit la rapidité d'exécution.
Le second entraînement consiste à tirer au ball-trap sous la conduite d'un moniteur. C'est l'occasion de se familiariser avec la variété de trajectoires, de vitesses et de hauteurs que permettent les pigeons d'argile et d'acquérir les automatismes indispensables. Si l'on applique les conseils du moniteur, on se surprend à casser presque tous les plateaux.
Une notion à intégrer : la gerbe de plombs sortant du canon s'inscrit dans un volume qui se déforme au fur et à mesure de sa progression. D'un cylindre compact, elle prend la forme d'un ballon de rugby dont la circonférence augmente avec la distance parcourue. Les essais sur cible permettant d'évaluer le groupement n'en montrent que la projection.
Il existe deux manières de tirer : les yeux ouverts ou en fermant un œil. La première, instinctive, consiste à lancer son coup de fusil directement en avant du gibier, au « coup d'épaule ». La seconde consiste à épauler, à viser avec un œil en suivant la trajectoire du gibier, à le dépasser et à lâcher le coup de fusil sans arrêter le mouvement.
Quelle que soit la méthode adoptée, le point visé au moment où le coup de fusil part est celui où sera l'oiseau au moment où les plombs atteindront sa trajectoire.
Pour un oiseau partant devant soi et montant, il faut qu'il soit caché par l'extrémité des canons ; au contraire, lorsqu'il a une trajectoire descendante (comme c'est souvent le cas en montagne pour un oiseau se levant en amont), il faut qu'il soit bien visible au-dessus du bout des canons.
Un lièvre venant vers le chasseur doit être tiré en avant du bout des pattes antérieures, il est donc totalement découvert ; au contraire, un lièvre fuyant est tiré à la pointe des oreilles donc caché par l'extrémité des canons.
Beaucoup de ratés sont dus au fait que le tireur ne plaque pas assez sa joue sur la crosse et regarde au-dessus des canons ce qui occasionne en outre une bonne claque au moment du départ du coup.
Chacun adopte la méthode qui lui convient le mieux, sachant qu'un moniteur corrige plus facilement ceux qui utilisent la seconde. En outre, elle permet plus aisément de tenter le doublé.

Les partenaires animaux

De tout temps, l'homme a utilisé des animaux pour chasser. Les chiens, loups à l'origine, furent les premiers domestiqués, améliorant sensiblement les performances des chasseurs en poursuivant le gibier jusqu'à épuisement. C'est l'origine de la chasse à courre.
Puis les chevaux sont intervenus, qui permirent de se déplacer rapidement en suivant les chiens à la poursuite des troupeaux d'animaux sauvages convoités.
La chasse au vol trouve son origine en Asie, puis gagna l'Europe au IVe siècle.
Quant au furet, c'est au Moyen Âge que son utilisation, réservée à l'époque aux seigneurs, fit son apparition.

Les vices rédhibitoires pouvant faire annuler la vente d'un chien
Un vétérinaire doit signer le diagnostic de suspicion :
- maladie de Carré, dans un délai de 8 jours ;
- hépatite contagieuse, dans un délai de 6 jours ;
- parvovirose canine, dans un délai de 5 jours.

De même, la dysplasie coxofémorale, l'ectopie testiculaire et l'atrophie rétinienne permettent d'annuler la vente.

Les chiens

Les spécialités

Pour chaque type de chasse, l'homme a croisé, sélectionné et fixé des races adaptées à la fois au gibier et au milieu dans lequel il évolue. D'où les multiples races de chiens de chasse qui existent aujourd'hui.
Le choix du chasseur est dicté par diverses considérations : spécialisation sur une chasse ou un gibier ou pas, style de quête, forme physique du maître et lieu où il vit.

▲ Un labrador dans sa spécialité : le rapport.

Principales races de chien

Chiens d'arrêt
- Pointer
- Setters anglais, irlandais, gordon
- Braques allemand, Saint-Germain, du Bourbonnais, français, bleu d'Auvergne, hongrois, de Weimar
- Épagneuls breton, français, picard, de Pont-Audemer et munsterlander
- Griffons korthal, drahtaar

Broussailleurs
- Spaniels cocker, springer, irish-water, clumber

Chiens de rapport
- Retrievers, labrador, golden

Chiens courants
- Bassets : artésien-normand, petit bleu de Gascogne, griffon vendéen, fauve de Bretagne
- Chiens d'ordre : français noir et blanc, anglo-français, ariégeois, gascon saintongeois, foxhound, billy, porcelaine, beagle-harrier

Déterreurs
- Terriers : fox, irish, welsh, cairn, scottish, jagdt
- Teckels : normal à poil ras, dur ou long, nain.

Les chiens d'arrêt de grande quête, pointers, setters et braques en particulier, brillent par leur vitesse, l'amplitude de leurs lacets, la finesse de leur nez et leurs arrêts spectaculaires. Ils sont particulièrement appréciés pour la chasse de la perdrix grise et rouge, de la bécasse et de la bécassine.
Les chiens d'arrêt de quête plus réduite, épagneuls, braques français et griffons sont plus polyvalents, chassant avec un égal bonheur lièvre, perdrix, faisan et canard.

▲ Les fox-terriers : de redoutables auxiliaires mordants et courageux.

Les chiens broussailleurs, cockers et spaniels pistent, poursuivent et lèvent le gibier. Ils sont particulièrement adaptés à la chasse du lapin, du faisan et de la bécasse dans les milieux à végétation dense.
Les chiens courants de petit pied, bassets, beagles et petits fauves sont idéaux pour chasser le lièvre et le lapin.
Les chiens d'ordre, anglo-français, chiens français de races régionales, griffons et foxhounds ont vocation à chasser le grand gibier en meute sur de vastes ter-

▲ L'épagneul breton, le chien le plus représenté.

ritoires, soit à courre, soit à tir aux chiens courants.
Pour les battues, on leur préfère les terriers et les teckels, à la quête plus limitée, mais adaptés aux territoires à dimensions restreintes. Ces mêmes races sont aussi utilisées pour le déterrage du renard et du blaireau.
Ces spécificités communément admises n'empêchent aucunement un chien de quête moyenne comme l'épagneul de chasser très vite et de couvrir un terrain considérable. A contrario, on peut amener un setter à chasser « sous le fusil », c'est affaire de dressage et de convenance pour le chasseur qui adapte son chien à sa manière de chasser.
On peut aussi spécialiser un chien, quelle que soit sa race, sur un gibier. Il adopte alors le style de quête qui convient le mieux en fonction du terrain.

L'entretien

Pour faire une longue carrière, le chien doit être l'objet de soins attentifs : il est nourri une fois par jour à heure fixe, ses repas doivent être équilibrés en protéines, légumes et céréales (les repas complets du commerce sont tout à fait satisfaisants) et il doit disposer d'eau claire en permanence.
Il doit pratiquer un exercice quotidien à la mesure des caractéristiques de sa race, même en dehors de la saison de chasse. On ne choisit pas un chien de grande quête si l'on ne dispose pas du terrain nécessaire pour qu'il s'ébatte.
Après une chasse par temps froid et pluvieux, le chien doit être frictionné vigoureusement puis installé sur une couverture pour le trajet de retour s'il doit voyager en voiture.

Il est indispensable d'être vigilant sur les **vaccins** de son chien : maladie de Carré, leptospirose, parvovirose ; le vaccin antirabique n'est plus obligatoire en France aujourd'hui, la maladie ayant été éradiquée, mais elle peut être exigée à l'étranger.

Après chaque chasse, il convient de vérifier qu'il n'a pas de tiques ni d'épines plantées dans la peau, dans les coussinets ou entre les doigts et les lui retirer si c'est le cas. Les boules de terre durcie qui se sont formées entre les doigts et sur les poils les plus longs sont émiettées puis le chien brossé.
Il n'est pas recommandé de donner des bains savonneux au chien, sauf s'il s'est roulé dans quelque matière malodorante, un énergique brossage régulier permet de retirer du poil et stimule la circulation. En été, par forte chaleur, il sera ravi de nager dans une rivière ou un étang pour se rafraîchir.
Dans les régions où le risque existe, il est prudent de se munir d'une trousse de sérum antivenimeux.
Lorsqu'on chasse par forte chaleur, on doit s'assurer de présence de points d'eau sur le territoire ou prévoir une gourde et une écuelle pour désaltérer le chien.
Les blessures diverses et les morsures doivent être traitées au plus vite et un sérum antitétanique administré si nécessaire.
Un chien qui a fourni un effort important, soit par grand froid, soit par grosse cha-

leur, mérite un repos réparateur. Le lendemain, il peut se promener pour éviter les courbatures mais pas chasser à nouveau.

Le dressage

Le dressage des chiens est un art qui fait l'objet de nombreux traités rédigés par des spécialistes reconnus. Seuls quelques principes sont exposés ici.

Il faut tout d'abord considérer qu'on éduque un chien plutôt qu'on ne le dresse. En fonction de son aptitude à retenir les leçons, qui progresse au cours des premiers mois, on lui enseigne les bonnes habitudes : venir à l'appel de son nom, demeurer immobile au commande-

▲ Setter anglais à l'arrêt.

▲ Le dressage d'un chien, notamment pour le rapport, est un travail de patience.

ment et à toute distance (le down qui est particulièrement utile lorsqu'on chasse aux abords d'une voie ferrée ou d'une route), marcher sans laisse à côté de son maître et s'asseoir quand celui-ci s'arrête. Les ordres doivent toujours être donnés de la même manière avec la voix et associés au sifflet si possible (c'est très utile par grand vent contraire). Leur éventail ne doit pas être trop étendu pour ne pas saturer l'élève.

Comme toute éducation, elle doit être progressive en n'abordant un nouveau chapitre que lorsque le précédent est bien assimilé. Sa durée est variable d'un sujet à l'autre. Si la récompense doit féliciter les réussites, la punition doit être utilisée avec mesure : fermement mais jamais sous le coup de la colère. Le châtiment doit être donné avec un journal ou une cravache quand le chien est jeune, la main étant réservée aux caresses. Plus tard, cela a moins d'importance, le chien sachant faire la part des choses.

Pour les chiens d'arrêt, cette aptitude est innée, il suffit de l'encadrer en utilisant la voix et, au début, un long cordeau pour empêcher le chien entraîné par son enthousiasme de forcer l'arrêt et de courir après le gibier.

Pour les chiens courants, il faut les habituer à revenir au son de la corne de leur maître. On forge ce réflexe en l'associant à des moments agréables : promenade, repas.

Les chiens de rapport ont cette qualité naturellement, comme beaucoup de chiens d'arrêt, mais certains spécialistes préfèrent recourir au rapport forcé qui constitue un dressage particulier.

Dans toutes les races, il existe des sujets plus ou moins doués, mais la fréquence des occasions de chasser ainsi que la complicité qui le lie à son maître contribuent beaucoup aux performances d'un chien.

▲ Clochettes ou campanes pour les chiens.

Les chevaux

Le cheval n'est utilisé qu'en vénerie : systématiquement pour le courre du cerf, du sanglier, du chevreuil et du renard (il s'agit d'une mesure réglementaire) et occasionnellement pour le courre du lièvre.

En effet, suivre la meute jusqu'à ce qu'elle force l'animal chassé, intervenir rapidement pour relever les défauts, empêcher les chiens de chasser un autre animal que celui de meute, nécessitent de se déplacer vite et en tout terrain.

Le cheval de chasse est, comme les chiens de meute, un véritable athlète. À ce titre, il doit être entraîné toute l'année : simple détente d'une heure au pas le lendemain d'une chasse ; travail plus soutenu d'assouplissements, de transitions d'allures

▲ Un cheval de chasse bien soigné peut servir de nombreuses saisons.

en carrière et parcours variés en forêt pendant l'intersaison, même s'il passe le plus clair du temps en pâture (si elles sont pentues, c'est un avantage car le cheval se muscle pendant ses déplacements).
En période de chasse, le cheval doit être nourri convenablement et en fonction des efforts qu'il fournit : orge aplatie, foin en quantité et avoine en proportion de l'énergie dépensée. Pendant l'intersaison, on supprime l'avoine et le foin s'il est au pré, on lui confectionne un mash après le travail quand il fait chaud.
Le lendemain de chasses difficiles, le cheval doit être sorti pour éviter les courbatures.
La ferrure doit être vérifiée très régulièrement : elle a une durée d'environ un mois pour un cheval qui chasse deux fois par semaine. Sur des terrains très boueux, il est recommandé d'équiper les fers de crampons.
En cours de chasse, il vaut mieux adopter une allure régulière, même si elle n'est pas très rapide, dans laquelle le cheval s'installe naturellement pour son confort. Les transitions brutales, arrêt-départ au grand trot ou au galop, fatiguent beaucoup la monture et sollicitent exagérément les tendons. On fait toujours beaucoup plus de kilomètres que nécessaire faute d'avoir la sagesse d'attendre et d'écouter avant de bouger.
Lorsqu'on demande un effort important, forte montée ou contrebas escarpés, terrain boueux profond, il faut laisser souffler le cheval avant de reprendre l'allure de chasse.
Par forte chaleur, ce qui est souvent le cas en début et en fin de saison, il faut laisser son cheval boire à satiété dans les mares ou les flaques que l'on rencontre.
En hiver, à la fin de la chasse, après l'avoir fait marcher pour le sécher, on met une couverture sur son cheval.
Il n'existe pas de dressage à proprement parler du cheval de chasse : certains choisissent de laisser le cheval libre, rênes longues, pour qu'il se débrouille par lui-même dans les difficultés, en misant sur son adresse et son équilibre, d'autres préfèrent un cheval bien mis, aux ordres. La seule éducation indispensable consiste à ne taper ni les chiens ni les autres chevaux.
Autrefois, les chevaux ne circulaient pas en camion ; ils marchaient jusqu'au rendez-vous, retraitaient après la chasse parfois pendant de longues heures, ce qui en faisait des montures endurantes, solides et peu sujettes aux maladies.
Le veneur devait, par nécessité, appliquer cette maxime : « Il faut chasser avec sa

tête plutôt qu'avec les jambes de son cheval. » Il faut reconnaître que le train de chasse était moins soutenu à l'époque.
Un cheval correctement entretenu et monté avec discernement peut assurer de nombreuses saisons avant de goûter une retraite bien méritée.

Les oiseaux de chasse au vol

Ce sont sans aucun doute les partenaires du chasseur les plus difficiles à utiliser et ceux qui demandent le plus de soins et d'attentions.
L'entretien d'un oiseau de chasse est très délicat. Que ce soit un faucon, un autour ou une buse de Harris, ce sont des oiseaux au tempérament fier, susceptibles, n'obéissant qu'à leur instinct, dont le maître doit se faire accepter.
Il doit pour cela entretenir des relations constantes avec son oiseau, le porter sur le poing le plus possible et le nourrir lui-même.
Le poids de chasse est un facteur essentiel pour que l'oiseau soit performant : il est précis pour chaque individu, l'alimentation doit être soigneusement dosée pour les y maintenir (trop lourds, ils ne peuvent pas chasser et n'en ont pas envie, pas assez, ils sont trop faibles pour le faire).
Les rapaces aiment se baigner : un bain toutes les 3 semaines leur convient.
La mue est une période délicate où les oiseaux sont plus sujets aux maladies : l'oiseau perd ses rémiges et se trouve dans l'incapacité de voler pendant leur repousse.

Les oiseaux de chasse au vol ne vivent pas en volière, ils risqueraient d'abîmer ou de se casser des pennes contre le grillage. Au repos, ils sont posés sur un bloc de bois garni de cuir appelé plot ou sur une perche, le plus souvent muni du chaperon qui, en les aveuglant, les préserve des mouvements extérieurs qui pourraient les apeurer. Aux jambes, ils portent des lanières de cuir appelées jets, reliées à un double anneau, le touret, auquel est fixée la longe qui retient l'oiseau sur la perche ou sur le plot.
Le chasseur porte un gant en cuir épais pour se protéger des serres de son oiseau qui doit s'y habituer et venir s'y poser naturellement.
Le dressage consiste à proposer à l'oiseau un morceau de viande, d'abord à courte distance lui permettant de le saisir en ten-

▲ Le chasseur au vol et son oiseau, un duo de choc !

dant le cou, puis en reculant chaque jour progressivement obligeant ainsi l'oiseau à voler jusqu'au poing de son maître qui l'appelle pour obtenir sa récompense.
Une partie importante du dressage consiste à habituer l'oiseau à revenir au leurre : une boule de fil de fer habillée de cuir à laquelle sont fixées des ailes de pigeon, reliée à une corde. On fait tourner le leurre comme une fronde et on le lance. L'oiseau doit venir dessus attiré par le petit morceau de viande qu'on y a placé pendant la phase de dressage. En action de chasse, le réflexe étant acquis, on récupérera un oiseau récalcitrant en faisant tourner le leurre au bout de sa corde.
Il est bon de familiariser l'oiseau avec tous les éléments qu'il est appelé à rencontrer : bruits divers, lumières, animaux, véhicules et aussi la présence humaine.

Le furet

Le furet est un animal naturellement propre – contrairement à sa réputation – qui craint le froid.
Il est donc logé en hiver à l'intérieur d'un bâtiment dans une cage à deux compartiments séparés par une planche percée à sa base d'une ouverture circulaire de 10 cm de diamètre. Le premier, en bois, muni d'un couvercle amovible et garni de paille renouvelée chaque semaine, est le dortoir. Le second, entièrement grillagé, est le lieu d'ébat et d'aisance. C'est là que sont données nourriture et boisson. Le grillage au sol évite que les déjections polluent la cage. Le plateau placé en dessous est nettoyé quand on change la litière.

▲ Coco est le nom dont on affuble souvent le furet, la terreur des lapins.

La nourriture donnée une fois par jour est constituée de pain trempé dans du lait ou de croquettes pour chiens présentés dans un récipient propre. L'eau doit être disponible à volonté.
L'été, la cage est sortie et placée sous un abri à moins que l'on dispose de clapiers à lapin extérieurs où l'on peut déménager les furets.
Les furets s'habituent très facilement à l'homme et ne manifestent aucune agressivité si l'on prend la peine de les manipuler et de les caresser régulièrement.
On évitera les gestes brusques, notamment quand on s'en saisit à la sortie du terrier. Il doit être pris par le corps, en arrière des antérieurs, sans le serrer.
Sauf à vouloir les faire reproduire, on sépare mâles et femelles.
Le lendemain d'une chasse, on vérifie que le furet n'a pas attrapé de tiques, dans le cas contraire, on les retire comme pour le chien en appliquant préalablement un coton imbibé d'éther.

Réglementation et organisation de la chasse

Les lois et règlements

L'organisation et les structures de la chasse

Les lois et règlements

Le code de l'environnement, autrefois code rural, a pour mission de protéger la nature, la faune et la flore, l'eau, l'air et de réglementer les activités humaines dans le milieu naturel. Certaines espèces naturelles peuvent être exploitées de façon licite par la chasse et la pêche. Les autres sont par conséquent protégées mais à des titres divers. Des textes protègent plus spécifiquement les espèces menacées, d'autres peuvent classer des espèces nuisibles aux activités humaines telles que l'élevage, l'agriculture, la chasse, la sécurité publique, la santé... (voir animaux nuisibles, chapitre de la chasse en plaine).

En matière de chasse, la gestion des espèces chassables est très étroitement liée à celle des espaces dans lesquels elles vivent. Depuis plusieurs siècles, la réglementation de la chasse avait trois objectifs principaux : la protection de la faune sauvage, en contenant les prélèvements par la limitation de la période de chasse, la défense des activités agricoles et sylvicoles contre les dommages causés par le gibier et les espèces nuisibles, et la répression du braconnage avec la sanction des actes délictueux. Ces objectifs sont ceux de la loi sur la chasse de 1844.

C'est au cours du XXe siècle que la protection effective des habitats naturels a été prise en compte et que la limitation des prélèvements par le plan de chasse, le prélèvement maximum autorisé (PMA) et les plans de gestion sont devenus opérationnels.

La gestion durable du patrimoine faunique et de ses habitats est d'intérêt général.

La pratique de la chasse, activité à caractère environnemental, culturel, social et économique, participe à cette gestion et contribue à l'équilibre entre le gibier, les milieux et les activités humaines, en assurant un véritable équilibre agro-sylvo-cynégétique.

Le principe de prélèvement raisonnable sur les ressources naturelles renouvelables s'impose aux activités d'usage et d'exploitation de ces ressources. En contrepartie de prélèvements raisonnés sur les espèces dont la chasse est autorisée, les chasseurs doivent contribuer à la gestion équilibrée des écosystèmes.

Pour encadrer les activités cynégétiques, pour former et informer les chasseurs, mieux connaître leurs aspirations, harmoniser leurs activités, l'organisation de la chasse en France a peu à peu pris une forme pyramidale. La chasse fait partie des compétences du ministre chargé de l'environnement. Les chasseurs ont l'obligation d'adhérer à une fédération de chasseurs. Les fédérations départementales sont regroupées en fédérations régionales, le tout

Les espèces chassables

Gibier sédentaire

– ***Oiseaux :***
colin,
faisan de chasse,
gélinotte des bois,
lagopède alpin,
perdrix bartavelle,
perdrix grise,
perdrix rouge,
tétras lyre (coq maillé),
tétras urogalle (coq maillé),
corbeau freux,
corneille noire,
étourneau sansonnet,
geai des chênes,
pie bavarde.

– ***Mammifères :***
blaireau,
belette,
cerf élaphe,
cerf sika,
chamois,
isard,
chevreuil,
chien viverrin,
daim,
fouine,
hermine,
lapin de garenne,
lièvre brun,
lièvre variable,
marmotte,
martre,
mouflon,
putois,
ragondin,
rat musqué,
raton laveur,
renard,
sanglier,
vison d'Amérique.

Gibier d'eau

Barge à queue noire,
barge rousse,
bécasseau maubèche,
bécassine des marais,
bécassine sourde,
canard chipeau,
canard colvert,
canard pilet,
canard siffleur,
canard souchet,
chevalier aboyeur,
chevalier arlequin,
chevalier combattant,
chevalier gambette,
courlis cendré,
courlis corlieu,
eider à duvet,
foulque macroule,
fuligule milouin,
fuligule milouinan,
fuligule morillon,
garrot à l'œil d'or,
harelde de Miquelon,
huîtrier pie,
macreuse brune,
macreuse noire,
nette rousse,
oie cendrée,
oie des moissons,
oie rieuse,
pluvier argenté,
pluvier doré,
poule d'eau,
râle d'eau,
sarcelle d'été,
sarcelle d'hiver,
vanneau huppé.

Oiseaux de passage

Alouette des champs,
bécasse des bois,
caille des blés,
grive draine,
grive litorne,
grive mauvis,
grive musicienne,
merle noir,
pigeon biset,
pigeon colombin,
pigeon ramier,
tourterelle des bois,
tourterelle turque,
vanneau huppé.

étant représenté par la Fédération nationale des chasseurs.

Le droit de chasse

Il est un attribut du droit de propriété. Cela signifie que le propriétaire est le détenteur du droit de chasse sur ses propriétés. Il peut toutefois déléguer son droit par bail verbal ou écrit, tacitement, ou par obligation (ban communal en Alsace-Moselle, Association communale de chasse agréée ACCA).

Celui qui exerce un droit de chasse est le titulaire du droit de chasse. Cela entraîne pour lui des obligations en matière de contrôle des nuisibles. Il est par ailleurs responsable des dégâts du gibier qu'il aurait laissé proliférer.

Les animaux sauvages et le gibier sont, juridiquement, *res nullius*, c'est-à-dire qu'ils n'appartiennent à personne. L'acte de chasse consiste à s'approprier licitement le gibier.

Il n'est pas nécessairement attaché au droit de chasse. Il concerne aussi les espèces classées nuisibles et permet de les détruire :

– à tir dans les conditions fixées par l'autorité préfectorale en dehors de la période d'ouverture de la chasse ;

▲ La chasse à l'arc : un retour aux sources.

Calendrier de la chasse et des périodes de destruction

(Il est indispensable de se reporter aux arrêtés préfectoraux qui fixent les dates applicables dans le département. Elles peuvent être plus restrictives.)

Date d'ouverture au plus tôt	Date de fermeture au plus tard	Gibiers	Départements ou régions	Observations
Ouvertures générales				
23 août	1er février	tous gibiers sauf faisan, perdrix, lièvre (15 septembre)	Bas-Rhin Haut-Rhin Moselle	fermeture anticipée pour faisan, perdrix lièvre
1er dimanche de septembre	dernier jour de février	tous gibiers	Corse	fermeture anticipée possible pour certains gibiers
2e dimanche de septembre	dernier jour de février	tous gibiers	Languedoc-Roussillon Provence-Alpes-Côte-d'Azur Poitou-Charentes Limousin Aquitaine Midi-Pyrénées Franche-Comté Auvergne, Rhône-Alpes	
3e dimanche de septembre	dernier jour de février	tous gibiers	Pays de la Loire Côte-d'Or Indre-et-Loire Saône-et-Loire	
4e dimanche de septembre	dernier jour de février	tous gibiers	Nord – Pas-de-calais Picardie Centre (sauf Indre-et-Loire) Haute-Normandie Basse-Normandie Bretagne Champagne-Ardenne Lorraine (sauf Moselle) Bourgogne (sauf Côte-d'Or et Saône-et-Loire)	
Ouvertures particulières				
15 avril	1er février	sanglier	Bas-Rhin, Haut-Rhin Moselle	sans chiens avant ouverture générale
15 avril	fin février	renard lapin	Bas-Rhin, Haut-Rhin Moselle	destruction
15 mai	1er février	brocard	Bas-Rhin, Haut-Rhin Moselle	approche et affût seuls avant l'ouverture générale (autorisation préfectorale)

Calendrier de la chasse et des périodes de destruction (suite)

(Il est indispensable de se reporter aux arrêtés préfectoraux qui fixent les dates applicables dans le département. Elles peuvent être plus restrictives.)

Date d'ouverture au plus tôt	Date de fermeture au plus tard	Gibiers	Départements ou régions	Observations
15 mai	ouverture générale	blaireau	tous départements	vénerie sous terre
1er juin	fin février	brocard daim	tous départements sauf Alsace-Moselle	approche et affût seuls (autorisation préfectorale)
1er juin	fin février	sanglier	tous départements	jusqu'au 14 août affût et approche sur autorisation du préfet du 15 août à l'ouverture générale battue possible
1er août	1er février	cerf élaphe mâle	Alsace-Moselle	approche et affûts seuls avec autorisation préfectorale
15 août	1er février	daim mâle	Alsace-Moselle	approche et affûts seuls avec autorisation préfectorale
15 août	ouverture	sanglier	tous départements	
début août	ouverture générale	bécassines	toutes zones humides	
début août	fin janvier	limicoles et oies	domaine public maritime	jusqu'à l'ouverture générale ensuite dans toutes zones
23 août	1er février	cerf sika (mâle, femelle, faon) chamois (mâle, femelle, faon) chevreuil (femelle et faon) cerf élaphe (femelle et faon)	Alsace-Moselle	loi locale
23 août	31 janvier	canard colvert autre gibier d'eau	Alsace-Moselle	loi locale (dans le Haut-Rhin ouverture du colvert le 30/08)
fin août	fin janvier	gibier d'eau	zones humides	jusqu'à l'ouverture générale, ensuite toutes zones

Calendrier de la chasse et des périodes de destruction (suite)

(Il est indispensable de se reporter aux arrêtés préfectoraux qui fixent les dates applicables dans le département. Elles peuvent être plus restrictives.)

Date d'ouverture au plus tôt	Date de fermeture au plus tard	Gibiers	Départements ou régions	Observations
1er septembre	fermetures particulières	caille des blés tourterelle des bois alouette des champs		caille chassée avant ouverture seulement au chien d'arrêt alouette et tourterelle avant ouverture, chassées seulement à poste fixe
1er septembre	ouverture générale	cerf, mouflon chamois, isard		avant ouverture seulement approche et affût avec autorisation du préfet
15 septembre	31 mars	cerf, chevreuil, sanglier, lièvre lapin, renard		vénerie chasse à courre
15 septembre	15 janvier	renard, blaireau ragondin		chasse sous terre
ouverture générale	fin février	gibier sédentaire		chasse au vol
fermeture	juillet	pigeon ramier	dégâts des cultures	destruction selon arrêté ministériel
fermeture	31 mars	étourneau		destruction avec déclaration au préfet
fermeture	10 juin	pie, corneille, corbeau freux		destruction avec déclaration au préfet
1er avril	ouverture	étourneau		destruction avec autorisation du préfet
fermeture	30 avril	mammifères nuisibles		destruction par chasse au vol avec autorisation du préfet
fermeture	ouverture	oiseaux nuisibles		destruction par chasse au vol avec autorisation du préfet
toute l'année		ragondin rat musqué	départements où il est déclaré nuisible	déterrage avec ou sans chien et à tir

– par le piégeage dans le respect des dispositions générales concernant cette activité et des règlements départementaux qui peuvent en limiter l'exercice.

L'acte de chasse

Nul n'a la faculté de chasser sur la propriété d'autrui sans le consentement du propriétaire ou de ses ayants droit.

Constitue un acte de chasse tout acte volontaire lié à la recherche, à la poursuite ou à l'attente du gibier ayant pour but ou pour résultat la capture ou la mort de celui-ci.

L'acte préparatoire à la chasse antérieur à la recherche effective du gibier (y compris

▲ L'utilisation d'un rapace constitue un acte de chasse.

▲ Les chasseurs au filet attendent les alouettes sur la dune.

lorsqu'il consiste en un repérage non armé du gibier sur le territoire où s'exerce le droit de chasse (« faire le pied » pour la chasse à tir, « faire le bois » pour la vénerie), et l'acte de recherche du gibier accompli par un auxiliaire de la chasse ne constituent pas des actes de chasse. Achever un animal mortellement blessé ou aux abois ne constitue pas non plus un acte de chasse, de même que la curée ou l'entraînement des chiens courants sans capture de gibier sur les propriétés où s'exerce le droit de chasse de leur propriétaire durant les périodes d'ouverture de la chasse fixées par l'autorité administrative.

Ne constitue pas non plus un acte de chasse le fait, pour un conducteur de chien de sang, de procéder à la recherche d'un animal blessé ou de contrôler le résultat d'un tir sur un animal.

Les entraînements, concours et épreuves de chiens de chasse ou d'oiseaux de fauconnerie, autorisés par l'autorité administrative, ne constituent pas des actes de chasse.

Est considéré comme en état de divagation tout chien qui, en dehors d'une action de chasse ou de la garde d'un troupeau, n'est plus sous la surveillance

▲ La chasse en temps de neige est autorisée pour la vénerie.

effective de son maître, se trouve hors de portée de voix de celui-ci ou de tout instrument sonore permettant son rappel, ou qui est éloigné de son propriétaire ou de la personne qui en est responsable d'une distance dépassant 100 m. Tout chien abandonné, livré à son seul instinct, est en état de divagation, sauf s'il participait à une action de chasse et qu'il est démontré que son maître ne s'est pas abstenu de tout entreprendre pour le retrouver et le récupérer, y compris après la fin de l'action de chasse. N'est pas considéré comme une infraction le fait, à la fin de l'action de chasse, de récupérer sur autrui ses chiens perdus.

Le temps de chasse

Nul ne peut chasser en dehors des périodes d'ouverture fixées par l'autorité administrative.

Les oiseaux ne peuvent être chassés ni pendant la période nidicole ni pendant les différents stades de reproduction et de dépendance. Les oiseaux migrateurs ne peuvent pas, en outre, être chassés pendant leur trajet de retour vers leur lieu de nidification.

Toutefois, pour permettre, dans des conditions strictement contrôlées et de manière sélective, la capture, la détention ou toute autre exploitation judicieuse de certains oiseaux migrateurs terrestres et aquatiques en petites quantités, des dérogations peuvent être accordées.

Pendant la période où la chasse est ouverte, le permis donne à celui qui l'a obtenu le droit de chasser de jour à tir (avec une arme à feu ou un arc), à courre – à cor et à cri –, ou au vol, suivant les distinctions établies par des arrêtés du ministre chargé de la chasse.

Deux définitions ont leur importance, en particulier pour la chasse du gibier d'eau :

– le jour s'entend du temps qui commence une heure avant le lever du soleil au lieu du chef-lieu du département et finit une heure après son coucher ;

– la chasse du gibier d'eau à la passée peut se dérouler à partir de deux heures avant le lever du soleil et jusqu'à deux après son coucher. Les lieux particuliers où s'exerce la chasse au gibier d'eau en dehors de l'ouverture générale sont ainsi définis :

- en zone de chasse maritime ;
- dans les marais non asséchés ;
- sur les fleuves, rivières, canaux, réservoirs, lacs, étangs et nappes d'eau. La recherche et le tir de ces gibiers ne sont autorisés qu'à distance maximale de 30 m de la nappe d'eau, sous réserve de disposer du droit de chasse sur celle-ci.

Un carnet de prélèvement pour la chasse de nuit au gibier d'eau, délivré gratuitement par la fédération départementale des chasseurs, doit être tenu et rempli, par espèce et par jour, par le propriétaire du poste fixe et retourné à la fédération avant le 15 mars. Les résultats sont ensuite centralisés par la fédération pour le

La validation du permis de chasser ou l'agrément du piégeur valent autorisation de transport des appelants vivants, et l'autorisation de détention de rapaces, autorisation de transport des escaps (oiseaux gibier destinés à entraîner l'oiseau de chasse).

▲ L'utilisation du grand duc artificiel est réservé à la destruction des corneilles en particulier.

département puis à l'échelon national par l'ONCFS qui publie un bilan pour le 1er juillet.

Une réglementation particulière régit la chasse dans les enclos

Le propriétaire ou possesseur peut chasser ou faire chasser le gibier à poil dans ses possessions attenant à une habitation et entourées d'une clôture continue et constante faisant obstacle à toute communication avec les héritages voisins et empêchant complètement le passage de ce gibier et celui de l'homme.
Dans ce cas, le plan de chasse n'est pas applicable et la participation aux frais d'indemnisation des dégâts de gibier n'est pas due.
Il faut préciser que très peu de territoires répondent aux critères qui en font des enclos juridiquement fondés.
Les établissements professionnels de chasse à caractère commercial peuvent être formés de territoires ouverts ou clos. Ils possèdent cette qualité par l'inscription au registre du commerce ou au régime agricole. Ils sont déclarés au préfet. Les dates de chasse aux oiseaux d'élevage sont fixées par arrêté du ministre chargé de la chasse.

La chasse en temps de neige est interdite. Le préfet peut toutefois autoriser, dans les arrêtés d'ouverture, l'accomplissement du plan de chasse, la chasse à courre, la vénerie sous terre, la chasse du gibier d'eau, du sanglier, du renard, du lapin, du pigeon ramier et la destruction des nuisibles.

▲ L'enclos, une notion juridique bien précise.

Le territoire de chasse

Chacun peut chasser sur ses terres en conformité avec les lois et règlements en vigueur sans qu'aucun minimum de surface soit exigé. Si le parcellaire est restreint, morcelé ou dispersé, il est évident qu'une bonne gestion de la faune et de ses habitats est impossible à bien ménager. De plus, le chasseur peut ne pas s'imposer les règles et les restrictions que s'imposent ses voisins. On mesure les dérives néfastes à la chasse qui peuvent en découler. C'est pour cela qu'en dehors des ACCA et du régime particulier du ban communal en Alsace-Moselle, il est recommandé de se regrouper en société de chasse ou en groupement d'intérêt cynégétique (GIC).

Le bail de chasse

Le bail de chasse peut être verbal ou écrit, passé sous seing privé ou devant notaire et enregistré, selon les règles du louage des choses prévues par le code civil.

Il comprend en particulier : la désignation du territoire (commune et parcelles cadastrales), les surfaces et les limites ; la durée de la location, en général à partir du 1er juillet (début de l'année cynégétique) ; le prix de la location éventuellement indexé ; les conditions de résiliation (défaut de paiement du loyer, décès du preneur ou du bailleur) ; le droit de destruction des nuisibles (mais il peut être conservé par le propriétaire ou délégué par celui-ci) ; les réserves de chasse éventuelles ; les aménagements cynégétiques autorisés ; les conditions de demande du plan de chasse soit par le propriétaire lui-même, soit par le locataire, ou après accord entre les deux parties. Afin d'éviter que le propriétaire non-chasseur, qui entend cependant contrôler son cheptel et fait ainsi acte de gestionnaire de sa forêt en demandant lui-même le plan de chasse, soit tenu pour titulaire dudit plan avec les conséquences éventuelles qui en découlent, le bail de chasse peut comporter la rédaction suivante : lorsque le locataire du droit de chasse entend procéder à la demande de plan de chasse, il doit, avant d'adresser cette demande, recueillir l'accord exprès du propriétaire bailleur sur le nombre maximum et minimum d'animaux qu'il demande à prélever.

> La jurisprudence a établi qu'en l'absence de clause fixant le terme du bail, quelle que soit sa forme, celui-ci doit être dénoncé par l'une ou l'autre partie 6 mois avant la clôture générale de la chasse de la dernière campagne de jouissance.

▲ Le bracelet du plan de chasse doit être posé aussitôt.

Le statut du fermage

Il prévoit que le preneur d'un bien agricole a le droit de chasser personnellement (droit non cessible ni partageable) en se conformant aux contraintes éventuelles que se donne le bailleur.

Les propriétés de l'État

Elles ont deux statuts : soit le domaine privé, en particulier les forêts domaniales et une partie des cours d'eau non domaniaux, soit le domaine public (domaine public maritime et fluvial).

Les forêts domaniales (1,2 million d'hectares) sont gérées par l'Office national des forêts qui les loue par adjudication tous les 12 ans (dernières locations en mars 2004) ou par licences annuelles (forêts périurbaines) ; l'Office peut aussi l'exploiter directement. La chasse y est régie par un cahier des charges établi par l'ONF. Un droit de priorité est prévu pour le locataire sortant ou le détenteur d'une licence sortant, au prix de l'enchère la plus élevée ou à un prix de licence fixé à l'avance. Cette priorité ne peut bénéficier qu'au locataire depuis 6 ans au moins qui a satisfait aux obligations de son bail (paiement des loyers, plan de chasse) et qui remplit les conditions pour participer aux adjudications.

La chasse sur le domaine public maritime est amodiée pour 9 ans par location de lots à des associations de chasseurs soumises à des statuts fixés par arrêté ministériel.

Des réserves de chasse sont prévues sur certains lots. Un cahier des charges détaille les obligations du locataire, notamment le nombre et l'emplacement des huttes et gabions.

Le domaine public maritime comprend la mer dans la limite des eaux territoriales, les étangs et plans d'eau salée, et la partie des plans d'eau, fleuves, rivières et canaux affluant à la mer et situés à l'aval de la limite de salure des eaux. C'est aussi le territoire découvert par la marée basse et recouvert par le plus haut flot de mars (5 000 km de rivages).

La chasse sur le domaine public fluvial (20 000 km de cours d'eau) est louée par lots en adjudication ou en licence par le Service des voies navigables. Elle est régie par un cahier des charges national ; 20 % du réseau est mis en réserve de chasse. Les clauses particulières détaillent les obligations du locataire : le nombre de chasseurs

▲ La vénerie du lièvre exige le droit de chasse sur de grandes surfaces.

▲ Protection des cultures par clôture électrique, bien souvent une nécessité.

> Le domaine public fluvial comprend les fleuves, rivières, canaux et voies navigables et flottables délimités à l'aval par la limite de salure des eaux, à l'amont par le point de navigabilité et de flottabilité et latéralement par les plus hautes eaux avant débordement.

autorisés, l'emplacement des huttes et gabions, la circulation des batelets destinés à la chasse et leur immatriculation, les obligations concernant la destruction des nuisibles, etc. Les lots et les réserves de chasse ne correspondent pas obligatoirement aux lots et réserves de pêche.
Des locations amiables sont offertes en priorité aux ACCA riveraines.

Les forêts des communes et des établissements publics

(Caisses d'Épargne, hôpitaux)
Elles sont soumises au régime forestier, sont louées pour la chasse par leur propriétaire ou par l'ONF qui les gère s'il a délégation. La location est souvent accordée préférentiellement à une association locale de chasseurs.

Les associations communales de chasse agréées (ACCA)

Depuis 1964, les territoires de chasse banale, principalement dans le sud de la France, sont regroupés en associations obligatoires dans certains départements alors qu'ailleurs ils le sont de façon facultative. Ce regroupement a pour but principal de permettre une gestion du gibier et un aménagement des espaces qui faisaient défaut jusqu'alors. De plus, il permet le contrôle des nuisibles, la lutte contre le braconnage, la formation et l'information des chasseurs. Les ACCA sont placées sous la tutelle du préfet.
L'ACCA est constituée sur les terrains autres que ceux :
– situés dans un rayon de 150 m autour des habitations ;
– attenant à une habitation et entourés d'une clôture empêchant le passage du gibier à poil et de l'homme ;
– ayant fait l'objet de l'opposition des propriétaires ou détenteurs de droits de chasse sur des superficies d'un seul tenant d'une superficie de 20 ha ou ses multiples, moins pour les plans d'eau et les palombières, 100 ha en zone de montagne ;
– faisant partie du domaine public de l'État, des départements et des communes, des forêts domaniales ou des emprises SNCF ;
– ayant fait l'objet de l'opposition des propriétaires, de l'unanimité des copropriétaires indivis qui, au nom de convictions personnelles opposées à la pratique de la chasse, interdisent, y compris pour eux-mêmes, l'exercice de la chasse sur leurs biens, sans préjudice des conséquences liées à la responsabilité du propriétaire, notamment pour les dégâts qui pourraient être causés par le gibier provenant de ses fonds.

Les membres de l'association titulaires du permis de chasser validé sont soit :
– domiciliés dans la commune ou y ont une résidence pour laquelle ils figurent, l'année de leur admission, pour la qua-

trième année sans interruption, au rôle d'une des quatre contributions directes ;
– propriétaires ou détenteurs de droits de chasse ayant fait apport de leur droit de chasse ainsi que, s'ils sont titulaires d'un permis de chasser, leurs conjoints, ascendants et descendants, gendres et belles-filles ;
– preneurs d'un bien rural lorsque le propriétaire a fait apport de son droit de chasse ;
– propriétaires d'un terrain soumis à l'action de l'association et devenus tels en vertu d'une succession ou d'une donation ;
– admis comme invités dans un certain pourcentage du nombre des membres.

À ce jour, il existe plus de 9 600 ACCA, obligatoires dans 30 départements et facultatives dans 40 autres.
Les ACCA doivent mettre en réserve au moins 10 % de leur territoire. Ces réserves peuvent être tournantes. Plusieurs ACCA peuvent former une association intercommunale (AICA).
Il convient de noter que lors du renouvellement des apports (tous les 6 ans), l'acquéreur d'une parcelle déjà incluse dans le territoire de l'ACCA n'est pas fondé à revendiquer la qualité de membre de droit de l'association. En effet, il n'apporte pas de terrain supplémentaire puisque celui-ci fait déjà partie du territoire chassable.

La réglementation particulière en Alsace-Moselle

Dans les départements du Bas-Rhin, du Haut-Rhin et de la Moselle, la chasse est gérée par la commune au nom des propriétaires, sous le régime du ban communal hérité du droit germanique (loi locale de 1881).
Les lots de chasse définis par la commune et loués par adjudication doivent couvrir une superficie d'au moins 200 ha.
Peuvent être réservataires de leur chasse les propriétaires de 25 ha au moins (ou 5 ha de plan d'eau), d'un seul tenant. Ils versent à la commune une quote-part calculée au prix moyen des adjudications et au prorata de la surface réservée.
Les chasses du ban communal sont régies par un cahier des charges agréé par le préfet. Ce cahier peut fixer, pour 50 % des adjudicataires, un rayon maximum dans lequel ils doivent avoir leur lieu de séjour principal. Cette disposition vise à éviter l'accaparement des chasses par des chasseurs extérieurs.

Les réserves de chasse

Ce sont des territoires destinés à la protection de la faune sauvage et de ses habitats et à maintenir les équilibres biologiques tout en prévenant les dommages aux activités humaines.
Les parcs nationaux, sauf celui des Cévennes, sont interdits à la chasse. On peut cependant y édicter des mesures de contrôle des animaux nuisibles.
Des réserves naturelles classées par décret visent la conservation de la faune et de la flore sauvages, du sol, des eaux, des gisements de minéraux et de fossiles. Elles peuvent se trouver également sur le domaine public maritime.
Des réserves naturelles volontaires sur les propriétés privées peuvent être demandées par le propriétaire dans un but de

▲ La protection des jeunes plants est nécessaire lors d'un reboisement.

Les réserves nationales sont : Arjuzanx (Landes), 2 452 ha, (avifaune aquatique) ; Les Bauges (Savoie et Haute-Savoie), 5 171 ha, (faune de montagne) ; Le Caroux-Espinousse (Hérault), 1 831 ha, (mouflon) ; Chambord (Loir-et-Cher), 5 440 ha, (cervidés, sanglier) ; Chizé (Deux-Sèvres), 2 614 ha, (chevreuil, sanglier) ; Lac-du-Der (Marne), 5 107 ha, (avifaune aquatique) ; Orlu (Ariège), 4 151 ha, (isard) ; La Petite-Pierre (Bas-Rhin), 2 678 ha, (cervidés, sanglier) ; Sept-Îles (Côtes-d'Amor), (avifaune marine) ; Trois-Fontaines (Marne), 1 369 ha, (chevreuil, sanglier).

conservation des espèces. Elles sont agréées par l'autorité administrative après consultation des collectivités territoriales intéressées.

Les particuliers et les associations de chasseurs peuvent prévoir des réserves sur leur territoire. Leur mise en œuvre et leur gestion sont détaillées dans le règlement intérieur des associations.

Les réserves de faune sauvage ont vocation à :

– protéger les populations migratrices d'oiseaux d'eau, conformément aux engagements internationaux ;
– assurer la protection de certains milieux indispensables à la sauvegarde d'espèces menacées ;
– constituer des territoires de référence pour la mise au point d'outils de gestion des espèces de faune sauvage et de leurs habitats ;
– insérer la chasse dans le développement durable des territoires ruraux.

Elles sont organisées sous la responsabilité générale de l'Office national de la chasse et de la faune sauvage en un réseau national géré pour le compte de l'État par des établissements publics et en réseaux départementaux dont les fédérations départementales ou interdépartementales des chasseurs sont chargées de la mise en place et de la gestion.

Le poste fixe

Pour la chasse des oiseaux migrateurs, le poste fixe doit être construit de la main de l'homme, selon les usages locaux, avec des matériaux faits pour durer (les palom-

Pour les colombidés et pour justifier de l'opposition à l'inclusion dans le territoire d'une ACCA, il faut un terrain d'au moins 1 ha sur lequel existait un (ou plusieurs) poste fixe destiné à cette chasse avant 1er septembre 1963.

À l'affût ou en battue, le chasseur est posté souvent derrière un masque, l'emplacement étant simplement marqué par un repère (piquet, numéro, pierre). On ne doit pas confondre la chasse au poste fixe et le simple emplacement d'un chasseur posté.

bières, les cabanes à grives ou un filet de camouflage monté sur une structure pérenne).
Pour le gibier d'eau (huttes, hutteaux, tonnes et gabions), le poste doit être durable sur un site donné. Le hutteau mobile à déplacer à chaque marée jouit d'un régime particulier. C'est la parcelle dûment répertoriée sur laquelle il prend place qui doit être déclarée, il en est de même sur le domaine public fluvial.

Le permis de chasser

Nul ne peut pratiquer la chasse s'il n'est titulaire et porteur, en action de chasse, d'un permis de chasser valable (c'est-à-dire ayant payé les taxes, cotisations et participations correspondant au type de validation souhaitée). Le chasseur doit pouvoir présenter son permis validé et l'attestation d'assurance à toute demande des agents assermentés à cet effet.
Ne peuvent obtenir la délivrance d'un permis de chasser :
- les personnes âgées de moins de 16 ans ;
- les majeurs en tutelle, à moins qu'ils ne soient autorisés à chasser par le juge des tutelles ;
- ceux qui, par suite d'une condamnation, sont privés du droit de port d'armes ;
- ceux qui n'ont pas exécuté les condamnations prononcées contre eux ;
- tout condamné en état d'interdiction de séjour ;
- ceux qui n'ont pas pu produire un certificat médical ;
- les personnes ayant formé opposition à la chasse par conviction personnelle (ACCA) ;
- les personnes privées du droit de conserver ou d'obtenir un permis de chasser ;
- ceux qui sont inscrits au fichier national automatisé nominatif des personnes interdites d'acquisition et de détention d'armes.

▲ Un poste fixe doit être matérialisé de main d'homme.

Ne peuvent obtenir la validation annuelle de leur permis de chasser :
– les personnes précédemment citées, y compris les mineurs non émancipés âgés de plus de 16 ans, à moins que la validation ne soit demandée pour eux par leur père, mère ou tuteur ;
– les personnes atteintes d'une affection médicale ou d'une infirmité, dont la liste est fixée par décret.

Toute personne demandant la validation du permis de chasser doit déclarer qu'elle n'est pas dans l'un des cas d'incapacité ou d'interdiction prévus ci-dessus.

En cas de fausse déclaration, la validation du permis de chasser est nulle de plein droit. Il peut être fait application des peines prévues contre ceux qui ont chassé sans permis valable.

Il en va de même pour ceux qui demandent la délivrance d'un permis de chasser sous fausse déclaration.

Fichier national

Un fichier national automatisé, qui collationne le nom des personnes interdites d'acquisition et de détention d'armes, permet de contrôler les déclarations de ceux qui sollicitent la délivrance d'un permis de chasser ou sa validation. L'autorité administrative informe l'Office national de la chasse et de la faune sauvage des inscriptions au fichier des personnes interdites d'acquisition et de détention d'armes. Sa gestion est confiée à la Fédération nationale des chasseurs.

Ce fichier est croisé avec le fichier des permis délivrés, des validations, des licences de chasse et des autorisations de chasser géré par l'ONCFS. Les fédérations départementales et interdépartementales des chasseurs transmettent chaque année au gestionnaire du fichier la liste de leurs adhérents titulaires du permis de chasser. L'autorité judiciaire informe l'ONCFS ainsi que la fédération départementale ou interdépartementale dont le chasseur est adhérent des peines prononcées ainsi que des retraits du permis de chasser.

▲ Protection d'un alignement d'arbres.

Pour la pratique de la chasse maritime, les marins pêcheurs et les conchyliculteurs assimilés administrativement aux dits marins sont dispensés de la validation de leur permis de chasser sous réserve d'être en possession d'une autorisation délivrée gratuitement par l'autorité administrative sur présentation d'une attestation d'assurance-chasse.

La surveillance et la police de la chasse

Les gardes particuliers

Ils sont commissionnés par le propriétaire ou par le titulaire du droit de chasse sur les terrains qu'ils sont chargés de surveiller. Ils doivent être agréés par le préfet du département dans lequel se situe la propriété désignée dans la commission. Ils peuvent achever un animal blessé.

L'agrément est valable 3 ans, il est renouvelable. Le document administratif ainsi que la plaque « la loi » doivent être portées en permanence par le garde dans l'exercice de ses fonctions. Il doit être titulaire d'un permis de chasser validé pour pratiquer la destruction de certains nuisibles en tous temps. Il peut être piégeur agréé.

Les gardes particuliers prêtent serment devant le tribunal d'instance dont dépend le territoire qu'ils gardent. Leur assermentation donne force probante à leurs procès-verbaux sauf administration de la preuve contraire par le délinquant présumé. Leur emploi peut être bénévole ou rémunéré. Ils sont habilités à rechercher les infractions aux règles sur la chasse, notamment la chasse sur autrui.

Ne peuvent être agréées comme gardes particuliers :

– les personnes dont le comportement est incompatible avec l'exercice de ces fonctions ;

– les personnes qui ne remplissent pas les conditions d'aptitude techniques définies par décret ;

– les personnes membres du conseil d'administration de l'association commu-

▲ La lutte contre le braconnage est une des missions de la police de la chasse.

nale de chasse agréée (ACCA) qui les commissionne, ainsi que les propriétaires ou titulaires de droit de chasse sur leurs propres fonds.
Certains propriétaires ou titulaires de droit de chasse peuvent préférer passer une convention avec leur fédération départementale des chasseurs pour que la garderie particulière de leurs terrains soit assurée par des agents de développement de cette fédération. Les agents ainsi nommés dans cette fonction sont agréés par le représentant de l'État dans le département. Les gardes-chasse particuliers peuvent bénéficier d'une formation pratique élémentaire dispensée par l'Office national de la chasse et de la faune sauvage ou par la fédération départementale des chasseurs.

Les gardes de l'ONCFS

Le gouvernement exerce la surveillance et la police de la chasse dans l'intérêt général. Dans ce but sont commissionnés 1 200 personnels techniques de l'environnement, spécialité police, rattachés à l'Office national de la chasse et de la faune sauvage (ONCFS), répartis entre les services départementaux de l'établissement et les brigades mobiles d'intervention. Les agents du Conseil supérieur de la pêche et les gardes moniteurs des parcs nationaux sont également soumis au statut de personnel technique de l'environnement.
Tous sont placés sous l'autorité du procureur de la République.
Les gardes champêtres, les lieutenants de louveterie, les gendarmes, les agents des douanes, les officiers de police judiciaire, les agents de l'ONF, ceux des Affaires maritimes ont, à des titres divers, compétence pour verbaliser les infractions de chasse. Leurs missions sont étendues aux atteintes portées à l'environnement (pollutions, par exemple).
Le procès-verbal dressé par un agent assermenté doit comporter les renseignements suivants :
– département, arrondissement, canton et commune, éventuellement lieu-dit ou parcelle cadastrale ;
– date en toutes lettres, heure ;
– nom, adresse, qualité du garde et date de son assermentation ;
– description du contrevenant, des lieux, des auxiliaires éventuels (complices, chiens, véhicule, armes, engins, etc.) ;
– nom et adresse du contrevenant, attitude, faits observés ;
– nom et adresse des complices et des témoins ;
– autres circonstances, saisie éventuelle des armes, engins ou véhicules, météo, etc. ;
– signature du garde.
Le procès-verbal est souvent accompagné d'une audition du contrevenant et d'une déclaration qu'il signe. Procès-verbal et déclaration sont deux pièces distinctes.
La procédure doit être transmise dans les 3 jours au procureur de la République. Une copie est destinée au président de la fédération concernée. Il n'est pas prévu de double pour l'intéressé.

Les lieutenants de louveterie

Instauré par Charlemagne pour lutter contre les loups et les autres animaux nuisibles, le corps des lieutenants de

louveterie est composé de 1 200 fonctionnaires bénévoles, ce qui constitue une notable spécificité. Les intéressés sont nommés par le préfet pour 6 ans. Leur rôle principal est l'organisation des battues administratives décidées par le préfet ou par le maire. Ils conseillent également l'administration en matière cynégétique, directement ou dans les commissions où ils siègent.
Ils doivent s'engager à entretenir deux chiens de déterrage ou quatre chiens courants créancés sur le sanglier et le renard. Après chaque opération de destruction, ils dressent à l'intention du préfet, un procès-verbal rendant compte des résultats obtenus. Ils sont assermentés, peuvent constater les infractions à la réglementation cynégétique et dresser procès-verbal.
Les lieutenants de louveterie sont consultés, en cas de besoin, par l'autorité compétente, sur les problèmes posés par la gestion de la faune sauvage. Ils sont souvent membres de la commission départementale compétente en matière de chasse et de faune sauvage.

Sanctions

Il n'entre pas dans le cadre de cet ouvrage de développer l'aspect répressif et les dispositions pénales en matière cynégétique. Il convient toutefois de savoir que parmi les peines qui peuvent être infligées aux contrevenants pour chasse sur autrui, dans une réserve, en temps prohibé, d'espèce protégée, par moyens interdits, dépassement du plan de chasse, transport ou vente de gibier interdit, blessures involontaires, etc., certaines condamnations entraînent le retrait du permis de chasser (avec l'obligation de repasser l'examen pour le récupérer), la confiscation du gibier, de l'arme, des engins prohibés, voire du véhicule utilisé par les délinquants. Lorsqu'un véhicule a servi à commettre l'infraction, la suspension du permis de conduire peut être prononcée pour une durée qui ne peut excéder 3 ans. Cette suppression peut être limitée à la conduite en dehors de l'activité professionnelle.

Moyens et procédés interdits

Afin d'éviter la destruction du gibier et les prélèvements non sélectifs, sont interdits pour la chasse et la destruction des nuisibles, la canne-fusil, les armes à air ou gaz comprimé, les armes à feu non susceptibles d'être épaulées, l'emploi de toute arme à rechargement automatique permettant le tir de plus de trois coups sans réapprovisionnement.
De même, il est interdit d'employer des armes dont la hausse permet le tir à plus de 300 m, des silencieux, des dispositifs de visée comportant un convertisseur d'image ou un amplificateur d'image électronique, des aéronefs, des engins automobiles y compris à usage agricole, des bateaux à moteur fixe ou amovible, des émetteurs ou récepteurs radiophoniques ou radiotéléphoniques. Est également prohibé l'emploi, pour attirer le gibier, de disques ou de bandes enregistrées reproduisant le cri des animaux, de sources lumineuses ou de miroirs de nature à faciliter la capture ou la destruction du gibier. Toutefois, le déplacement en véhicule à moteur d'un poste de tir à un autre est autorisé, dès lors que l'action de chasse

L'utilisation du miroir à alouettes muni de petits morceaux de verre réfléchissants est interdit alors qu'une simple planchette de bois cirée tournant rapidement attire fort bien les alouettes et est autorisée.

est terminée et que l'arme est démontée ou déchargée et placée sous étui. En ce qui concerne la chasse au chien courant, le déplacement en véhicule à moteur d'un poste fixe à un autre peut être autorisé dans les conditions fixées par le schéma départemental de gestion cynégétique, dès lors que l'arme de tir est démontée ou placée sous étui.

Les personnes souffrant d'un handicap moteur peuvent faire usage d'un véhicule à moteur pour se rendre à leur poste. Elles ne peuvent tirer à partir de leur véhicule qu'après avoir mis leur moteur à l'arrêt.

Sont également interdites la chasse de la perdrix et du faisan au poste, près des agrainoirs, à l'agrainée ou près des abreuvoirs, de la bécasse à la passée et à la croule, des ongulés à proximité immédiate de dépôts de sel ou d'affouragement. L'emploi de lévriers de race pure ou croisés est interdit.

Enfin, sont interdits pour la chasse l'usage du poison, des toxiques, des drogues, celui des pièges, cages, filets, lacets, gluaux, hameçons, nasses, etc., sauf dans les cas autorisés par le ministre (chasses traditionnelles) ou par le préfet (reprise de gibier vivant en vue du repeuplement). Tous les moyens d'assistance électronique à l'exercice de la chasse, autres que ceux autorisés par arrêté ministériel, sont prohibés.

Transport et commercialisation du gibier

Le transport, la vente, la mise en vente, la détention pour la vente et l'achat des animaux vivants d'espèces dont la chasse est autorisée ou des animaux licitement tués à la chasse sont :

– libres toute l'année pour les mammifères ;

– interdits pour les oiseaux et leurs œufs, sauf pour :

– leur transport à des fins non commerciales, y compris le transport des appelants et des escaps (chasse au vol) ;

– les espèces dont la liste est fixée par arrêté du ministre chargé de la chasse.

Le transport, la vente, la mise en vente, la détention pour la vente et l'achat des animaux vivants ou morts d'espèces dont la chasse est autorisée et qui sont nés et élevés en captivité sont libres toute l'année.

Nonobstant les dispositions ci-dessus (sauf les restrictions temporaires éventuelles), la vente, le transport pour la vente, la mise en vente, la détention pour la vente et l'achat des animaux licitement tués à la chasse ou morts provenant d'élevage sont autorisés s'ils respectent les dispositions relatives à la traçabilité des produits et si les animaux ont fait l'objet d'une inspection sanitaire.

Des restrictions peuvent toutefois être apportées par l'autorité administrative à ces dispositions pour prévenir la destruction ou favoriser le repeuplement du gibier.

En avril 2004, un réglement européen stipule explicitement :
« Les personnes qui chassent le gibier sauvage en vue de le mettre sur le marché pour la consommation humaine, doivent posséder une connaissance suffisante de la pathologie du gibier sauvage, ainsi que de la production et de la manipulation du gibier sauvage et de la viande de gibier après la chasse, pour procéder à un examen initial sur place. Il suffit toutefois qu'au moins un des membres d'une équipe de chasseurs ait cette connaissance. »
Il importe donc qu'une formation sanitaire soit mise au point par la Fédération nationale des chasseurs pour le 1er janvier 2006. Les fédérations départementales et interdépartementales des chasseurs seront ensuite chargées de la divulguer auprès de leurs adhérents.
Il est interdit de détruire, d'enlever ou d'endommager intentionnellement les nids et les œufs, de ramasser les œufs dans la nature et de les détenir. Il est interdit de détruire, d'enlever, de vendre, d'acheter et de transporter les portées ou petits de tout mammifère dont la chasse est autorisée, sous réserve des dispositions relatives aux animaux nuisibles.

Liste des espèces de gibier dont la vente est autorisée :
Oiseaux : canard colvert, étourneau sansonnet, faisan de chasse, pigeon ramier, perdrix grise et perdrix rouge.
Mammifères : grands animaux soumis au plan de chasse, lapin, lièvre commun, sanglier.

Les morceaux résultant de la découpe du gibier soumis au plan de chasse doivent être accompagnés d'un ticket mentionnant leur origine (date et lieu de la chasse) et le numéro du dispositif de marquage correspondant.

Les détenteurs de droit de chasse et leurs préposés ont le droit de recueillir, pour les faire couver, les œufs mis à découvert par la fauchaison ou l'enlèvement des récoltes.
L'introduction dans le milieu naturel de grand gibier et de lapins, et le prélèvement dans le milieu naturel d'animaux d'espèces dont la chasse est autorisée sont soumis à autorisation préfectorale, dans les conditions et selon les modalités fixées par arrêtés conjoints du ministre chargé de la chasse et du ministre de l'Agriculture.
En dehors de la période de chasse, les ACCA et les sociétés de chasse peuvent transporter, dans le département, du gibier pour les repas associatifs non commerciaux qu'elles organisent.
De même, le transport du gibier d'un département où la chasse est ouverte vers un département où elle ne l'est pas est autorisé dès lors que le gibier est transporté par un chasseur en mesure de prouver que le gibier a été tué légalement ainsi que son origine.

Installations d'élevage d'agrément d'animaux d'espèces non domestiques

Ces installations n'ayant pas un caractère lucratif, elles constituent un élevage d'agrément. Dans ce cas, on entend par « élevage » le fait de détenir au moins un animal. Il s'agit en particulier de la détention à des fins cynégétiques, en tant qu'appelants, d'animaux d'espèces de gibier dont la chasse est autorisée si le nombre d'animaux hébergés reste inférieur à 60 pour les oies et canards d'une part, pour les colombidés d'autre part et 50 pour les grives.

Les installations et le mode de fonctionnement d'un tel élevage doivent garantir la satisfaction des besoins biologiques et le bien-être des animaux hébergés et respecter les dispositions réglementaires applicables aux espèces de la faune sauvage.

Les élevages sont soumis à autorisation préfectorale. Il en va de même de la détention des rapaces destinés à la chasse au vol ou aux activités de reproduction en vue de la production de spécimens destinés à la chasse au vol.

La demande d'autorisation par lettre recommandée avec accusé de réception comprend : l'identification du demandeur, les activités pratiquées, les espèces ainsi que le nombre de spécimens pour lesquels l'autorisation est demandée, une description des installations et des conditions de détention. Pour les élevages existants, la demande précise la date depuis laquelle les animaux sont détenus ainsi que leur origine.

Un registre des entrées et des sorties d'animaux est tenu. Il faut également prendre en compte la gêne éventuelle pour le voisinage et la prévention des risques sanitaires.

L'éjointage des oiseaux peut notamment être accepté. Passé l'âge de 8 jours, l'éjointage doit être effectué par un vétérinaire.

Les oiseaux nés et élevés en captivité doivent être marqués par une bague fermée, permanente, portant un numéro unique qui ne peut être attribué qu'une fois. En cas de cession ou de prêt d'un animal marqué, le cédant fournit au nouveau détenteur l'original de la déclaration de marquage. Les organisations fournissant le matériel de marquage passent une convention avec le ministère chargé de la protection de la nature.

Pour l'exercice de la chasse au vol, seule peut être autorisée l'utilisation de rapaces diurnes falconiformes et de grands ducs, dressés uniquement à cet effet. L'autorisation permet l'exercice de la chasse au vol pendant le temps où la chasse est ouverte. Elle permet en outre la mise en condition et l'entraînement des oiseaux après la date de clôture générale de la chasse, à condition que cet entraînement soit effectué sur des animaux d'espèces classées nuisibles dans le département et à partir du 1er juillet jusqu'à la date d'ouverture de la chasse, et qu'il soit effectué sur du gibier d'élevage marqué.

Les oiseaux utilisés pour la chasse au vol doivent bénéficier d'une carte d'identification, comportant, outre les indications relatives à leur détenteur, celles relatives à leur identification, à savoir le nom scientifique et français de l'espèce, la date de naissance de l'oiseau et son origine, le numéro de la marque, les signes distinctifs de l'individu s'il en a.

À la mort de l'animal marqué, le détenteur est tenu de renvoyer à l'organisation qui l'a délivrée la marque intacte portée par l'animal lorsque celle-ci est amovible.

La naturalisation

La naturalisation, ou taxidermie, est interdite pour les espèces protégées. Elle est autorisée pour les espèces chassables, y compris la fouine, la martre et la belette, mais pas pour le putois et l'hermine. Les animaux soumis au plan de chasse ou leur trophée doivent être accompagnés du ticket mentionné plus haut.

Orientations régionales de gestion et de conservation de la faune sauvage et de ses habitats

Dans chaque région, des orientations régionales de gestion et de conservation de la faune sauvage et de ses habitats sont élaborées en vue d'en promouvoir une gestion durable, conformément à l'intérêt

▲ La gestion des zones humides fait partie des orientations régionales.

▲ Protection des cultures contre le gibier ; un volet du schéma départemental de gestion cynégétique.

général. Ces orientations tiennent compte des orientations régionales forestières et des priorités de la politique d'orientation des productions agricoles et d'aménagement des structures d'exploitation.

Les orientations régionales précisent les objectifs à atteindre en ce qui concerne la conservation et la gestion durable de la faune de la région, chassable et non chassable, et de ses habitats et la coexistence des différents usages de la nature. Elles comportent une évaluation des principales tendances de l'évolution des populations animales et de leurs habitats, des menaces dues aux activités humaines et des dommages que celles-ci subissent. Les schémas départementaux de gestion cynégétique contribuent à cette évaluation. L'ONCFS apporte son concours à l'État pour l'élaboration des orientations régionales. Les fédérations régionales des chasseurs sont associées à l'élaboration desdites orientations.

Le schéma départemental de gestion cynégétique

Dans le cadre des orientations régionales de gestion et de conservation de la faune sauvage, un schéma départemental de gestion cynégétique est mis en place dans chaque département.

Ce schéma est établi pour une période de 6 ans renouvelable.
Il est élaboré par la fédération départementale des chasseurs, en concertation notamment avec la chambre d'agriculture, les représentants de la propriété privée rurale et les représentants des intérêts forestiers. Il est approuvé par le préfet.
Le schéma comprend notamment :
– les plans de chasse, les plans de gestion et les dispositions permettant d'atteindre l'équilibre agro-sylvo-cynégétique ;
– les mesures relatives à la sécurité des chasseurs et des non-chasseurs ;
– les actions en vue d'améliorer la pratique de la chasse telles que la conception et la réalisation des plans de gestion approuvés, la fixation des PMA (prélèvements maximum autorisés), la régulation des animaux prédateurs ou déprédateurs, les lâchers de gibier, la recherche au sang et les prescriptions relatives à l'agrainage et à l'affouragement, ainsi qu'à la chasse à tir du gibier d'eau à l'agrainée ;
– les actions menées en vue de préserver, de protéger par des mesures adaptées, ou de restaurer les habitats naturels de la faune sauvage.
Le schéma est opposable aux chasseurs et aux sociétés, groupements et associations de chasseurs.

La réglementation européenne

L'Union européenne et la Commission de Bruxelles édictent des directives et des règlements qui s'appliquent quotidiennement dans la vie des citoyens.
En matière de chasse, deux directives ont des implications importantes :

• La directive du 2 avril 1979 relative à la conservation des oiseaux sauvages

Elle pose le principe de la protection de toutes les espèces d'oiseaux et de leurs habitats. La chasse est cependant reconnue comme une action licite pour certaines espèces à condition de respecter les principes d'une utilisation raisonnée et d'une régulation équilibrée du point de vue écologique des espèces d'oiseaux concernées.
Ces espèces ne doivent pas être chassées pendant la période nidicole ni pendant les différents stades de la reproduction et de la dépendance des jeunes.
Toutefois aucune date n'est indiquée dans la directive, ce qui prête à des interprétations diverses entre les protecteurs de la nature et les chasseurs. Des études scientifiques et techniques déjà en cours sur l'ensemble du Paléarctique occidental, et concernant plus particulièrement les espèces migratrices, devraient permettre de préciser des périodes de chasse plus souples suivant les conditions climatiques rencontrées au moment de la couvaison et de l'élevage des jeunes oiseaux, et de mieux apprécier la réussite de la reproduction.
Les procédés de chasse conduisant à des prélèvements en masse et non sélectifs ou qui peuvent entraîner localement la disparition d'une espèce sont prohibés.
Des dérogations prises par les États membres sont possibles, quand il n'y a pas d'autre moyen satisfaisant, pour :
– préserver la santé et la sécurité publiques (sécurité aérienne sur les aéroports), protéger les cultures et les récoltes,

> Les dérogations doivent préciser les espèces concernées, les moyens de capture, les conditions de risque et les circonstances de temps et de lieu dans lesquelles les dérogations sont prises, l'autorité habilitée à les prendre, les contrôles opérés.

le bétail et les forêts, les pêcheries, la faune et la flore ;
– faciliter la recherche scientifique, l'enseignement, le repeuplement ;
– permettre la capture, la détention ou toute autre utilisation judicieuse de certains oiseaux en petites quantités dans des conditions strictement contrôlées et de manière sélective (pour la pratique de chasses traditionnelles notamment).

L'application de la directive est étroitement surveillée par la Commission européenne. Les contentieux sont portés devant la Cour européenne de justice de Luxembourg ou devant le Conseil d'État français. C'est la raison pour laquelle, par exemple, les dates d'ouverture et de fermeture de la chasse au gibier d'eau sont sujettes à changements à la suite de recours introduits par des associations écologiques qui considèrent les dispositions françaises non conformes aux principes de la directive.

• **La directive du 21 mai 1992 concernant la conservation des habitats naturels ainsi que de la faune et de la flore sauvage**

Elle est à l'origine du réseau « Natura 2000 ». Sont intégrées dans ce réseau les zones spéciales de protection (ZSP) classées au titre de la directive « oiseaux » ainsi que des zones de protection de la faune et de la flore sauvages remarquables.

Ces sites sont proposés par les préfets au ministre chargé de la chasse qui en transmet la liste à la Commission européenne pour agrément.

Des difficultés surgissent à cause de mesures de protection décidées sans concertation avec les propriétaires et sans prise en compte des intérêts agricoles, sylvicoles, cynégétiques et piscicoles. En outre, rien n'a été prévu pour financer les conséquences d'un tel classement.

D'autres directives concernent la sécurité sanitaire des aliments (état sanitaire de la venaison), le transport des animaux vivants, les contrôles vétérinaires, la politique agricole commune (PAC) incluant l'obligation de geler momentanément et de mettre en jachères des terres agricoles.

> La directive « habitats » prévoit en particulier que les espèces concernées par les zones de protection de Natura 2000 ne doivent pas être perturbées. Une précision utile a été apportée indiquant que la chasse, pratiquée dans le respect des critères de conservation des espèces, n'est pas considérée comme perturbatrice.

L'indemnisation des dommages aux cultures et aux forêts

Deux cas doivent être distingués : l'indemnisation des dommages causés aux récoltes et aux plantations par le petit gibier non soumis au plan de chasse, essentiellement les lapins, et les dommages

Réglementation sur l'entretien des jachères

Il ne peut être procédé ni au broyage ni au fauchage des parcelles soumises au gel dans le cadre de la PAC, entre le 15 avril et le 15 juillet.

Toutefois, en cas de risque pour la santé publique, de risque d'incendie, de montée à graines de certaines plantes ou de prolifération anormale d'adventices pendant la période fixée, le préfet peut autoriser par dérogation dans les secteurs concernés :

- du 15 juin au 15 juillet, le fauchage des jachères non utilisées à des fins cynégétiques ;
- du 1er au 15 juillet, le fauchage ou, en cas d'impossibilité, le broyage de toutes jachères.

Ces dérogations sont prises après concertation avec les représentants des intérêts agricoles, cynégétiques, de protection de la nature et de l'ONCFS.

Le broyage et le fauchage restent néanmoins possibles par tout temps pour les jachères non alimentaires (industrielles), pour les cultures biologiques, dans les zones de production de semences et dans les parcelles de moins de 20 m de large implantées près des cours d'eau, des canaux de navigation et des lacs pérennes.

causés aux cultures et aux récoltes agricoles par le grand gibier.

Petit gibier

Dans le cas du petit gibier, l'indemnisation judiciaire résulte des articles 1382 et 1383 du code civil. Il suffit de mettre en cause, par lettre recommandée adressée au président du tribunal d'instance, la responsabilité du propriétaire du terrain d'où proviennent les animaux auteurs des dégâts. Les dommages doivent être réels, directs et certains. Cette responsabilité peut être recherchée pour faute si la population à l'origine des dégâts est insuffisamment chassée, donc en surnombre.

Le juge convoque les parties en conciliation. En cas de désaccord, un expert est nommé par le tribunal. Celui-ci a pour mission de déterminer les responsabilités éventuelles du titulaire du droit de chasse et d'évaluer le montant des dommages. Au vu du rapport d'expertise, l'indemnité est fixée par le juge. Cette procédure de droit commun est pratique et peu coûteuse. La présence d'un avocat n'est pas obligatoire.

Grand gibier

La procédure n'est pas contentieuse mais administrative.

Depuis 1963, les agriculteurs ont abandonné le droit d'affût du grand gibier et du sanglier qui causent des dommages, en contrepartie d'une procédure administrative d'indemnisation des dégâts commis aux récoltes par ces espèces.

En cas de dégâts causés aux cultures ou aux récoltes agricoles, par les sangliers ou par d'autres espèces de grand gibier provenant d'une réserve où ils font l'objet de reprises ou d'un fonds sur lequel a été exécuté un plan de chasse, l'exploitant qui a subi un dommage nécessitant une remise en état ou entraînant un préjudice de perte agricole peut en demander l'indemnisation à la fédération départementale ou interdépartementale des chasseurs.

Les fédérations départementales des chasseurs sont chargées d'instruire les

▲ Protection mécanique d'un plan forestier.

dossiers et de procéder à l'indemnisation grâce à un fonds alimenté par une participation personnelle des adhérents, par une participation pour chaque animal attribué au plan de chasse ou tué (pour le sanglier), ou par ces deux types de participations. Leur montant est fixé par l'assemblée générale annuelle de la fédération.

Lorsque le produit des contributions ne suffit pas à couvrir le montant des dégâts à indemniser, la fédération prend à sa charge le surplus de l'indemnisation. Elle en répartit le montant entre ses adhérents ou certaines catégories d'adhérents. Cette participation peut être modulée en fonction des espèces de gibier, du sexe, des catégories d'âge, des territoires de chasse ou unités de gestion.

Les propriétaires de territoires constituant un habitat de grand gibier et ne donnant pas lieu à acte de chasse au grand gibier sont tenus d'acquitter à la fédération une contribution financière à l'indemnisation des dégâts de grand gibier dont les montants sont fixés à l'hectare par la commission départementale compétente en matière de chasse et de faune sauvage.

Quelques règles doivent être respectées :

– la culture endommagée ne doit pas encore être récoltée ;

– les dégâts doivent être déclarés par le demandeur au moyen d'un imprimé au moins 10 jours avant l'enlèvement des récoltes ou immédiatement quand il s'agit de semis.

Un estimateur agréé par le préfet, désigné par la fédération des chasseurs, vient évaluer les dommages sur le terrain. Pour les dégâts supérieurs à un certain seuil en euros un deuxième expert issu d'une liste nationale est nécessaire.

Le montant de l'indemnisation des dégâts en France est d'environ 23 millions d'euros, dont 80 % causés par les sangliers.

La Fédération nationale des chasseurs gère un fonds cynégétique national assurant une péréquation entre les fédérations départementales en fonction, d'une part, de leurs ressources et de leurs charges, d'autre part, du coût de la prévention et de l'indemnisation des dégâts de grand gibier.

Une commission nationale d'indemnisation des dégâts de gibier fixe chaque année, pour les principales denrées, les valeurs minimale et maximale des prix à prendre en compte pour l'établissement des barèmes départementaux. Elle fixe également, chaque année, aux mêmes fins, les valeurs minimale et maximale des frais de remise en état. Lorsque le barème adopté par une commission départementale ne respecte pas les valeurs ainsi fixées, la commission nationale en est saisie et statue en dernier ressort. Elle peut être saisie en appel des décisions des commissions départementales.

Dispositions particulières en Alsace-Moselle

Dans les départements du Haut-Rhin, du Bas-Rhin et de la Moselle, les dégâts de sangliers aux cultures sont indemnisés par un fonds départemental doté de la personnalité morale.

▲ Dégâts de sanglier sur la bordure d'une route : ils ne sont pas indemnisés.

▲ Le constat des dégâts est effectué par un estimateur.

> Toute demande d'indemnisation pour des dommages causés par les sangliers est adressée au fonds départemental qui délègue un estimateur. En cas de désaccord sur le montant des indemnisations, le tribunal peut être saisi.

Chaque fonds départemental peut imposer des actions de prévention contre les dégâts.
Il est composé des titulaires de droit de chasse suivants :
– tous les locataires de chasse domaniale ou communale ;
– tous les propriétaires qui se sont réservé l'exercice du droit de chasse sur les territoires leur appartenant (25 ha au moins d'un seul tenant) ;
– l'Office national des forêts pour les lots exploités en forêt domaniale par concessions de licence ou mis en réserve.
En assemblée générale de chacun des trois fonds, chaque membre dispose au minimum d'une voix, quelle que soit la surface, et au maximum de dix voix. Les voix sont réparties à raison d'une par tranche entière de 200 ha non boisés, pour la surface cumulée du ou des territoires de chaque membre.
Par surface boisée, on entend celle des forêts, taillis, bosquets, haies et roselières additionnées.
Les membres des fonds départementaux versent chaque année, avant le 1er avril, à la caisse du fonds auquel ils adhèrent, une contribution ne dépassant pas 12 % du loyer de chasse annuel. Dans le cas où les ressources d'une année ne suffisent pas à couvrir les dépenses d'indemnisation, l'assemblée générale fixe une contribution complémentaire. En cas d'excédent, celui-ci est versé à un compte de réserve.
Le montant des indemnisations versées par le fonds du Haut-Rhin, du Bas-Rhin et de la Moselle s'élève à environ 2 millions d'euros.
Pour les dégâts causés par les autres gibiers (cervidés compris), le locataire de chasse ou le réservataire est responsable des dégâts commis par les animaux provenant de son fonds. C'est pourquoi dans le Bas-Rhin, le Haut-Rhin et en Moselle, la fédération délivre des bracelets de marquage du plan de chasse des cervidés sans perception d'une participation financière.

En matière forestière

En matière forestière, l'indemnisation des dommages causés aux peuplements par le grand gibier ne fait pas l'objet de dispositions particulières.
Le chasseur en forêt a entre autres pour mission de préserver et de gérer la faune chassable et ses habitats. Il est donc tenu de remplir le minimum de son plan de

chasse quantitatif. Le propriétaire forestier doit contrôler les populations de grands animaux existant sur son propre fonds, ce qui est le cas si le plan de chasse est mis en œuvre de façon satisfaisante. Les demandes ne sont pas toujours intégralement acceptées par le préfet car la détermination exacte de l'effectif de cervidés n'est pas aisée. Enfin, certains chasseurs n'exécutent pas leur plan de chasse engendrant une surpopulation.

On peut envisager une action judiciaire pour obtenir l'indemnisation des dégâts forestiers, mais cette procédure n'est recevable que si la procédure administrative a été introduite auprès de la fédération départementale des chasseurs.

Il lui appartient de prouver que le grand gibier en cause provient effectivement du fonds du demandeur d'indemnisation, ce n'est pas au propriétaire de démontrer l'inverse. Si cette provenance ne peut être prouvée de façon certaine, les indemnisations sont prises en charge par le fonds d'indemnisation comme si les animaux provenaient d'un territoire où le plan de chasse a été réalisé.

Le propriétaire forestier doit apporter la preuve que les dégâts ont été causés, en tout ou partie, par des animaux provenant d'un autre fonds. C'est le constat très détaillé de l'expert qui permet d'éclairer le débat judiciaire. Cet autre fonds peut être une réserve de chasse où les cervidés ne sont pas chassés, voire un ensemble boisé riche en animaux et dans lequel la propriété forestière en cause est enclavée ou ne représente qu'une petite partie.

Faute de disposition légale ou réglementaire adaptée, l'indemnisation de dégâts forestiers repose donc en grande partie sur des expertises précises qui recherchent, outre la réalité des dommages et leur importance, la provenance des animaux.

> **L'exécution d'un plan de chasse sur sa propriété n'empêche pas de prouver que le grand gibier qui cause des dommages à la sylviculture provient pour partie d'un autre territoire.**

Toutefois, lorsque le bénéficiaire d'un plan de chasse ne prélève pas le nombre minimum d'animaux qui lui a été attribué, il peut voir sa responsabilité financière engagée pour couvrir les frais d'indemnisation et de prévention des dégâts de gibier.

Il en va de même pour les personnes opposées à la pratique de la chasse y compris pour eux-mêmes, ayant formé opposition au nom de convictions personnelles, qui interdisent l'exercice de la chasse sur leurs biens inclus dans une ACCA et qui n'ont pas procédé sur leur fonds à la régulation des espèces de grand gibier.

Lorsqu'un peuplement forestier a été endommagé de façon significative par une espèce de grand gibier soumise à un plan de chasse et que le fonds sur lequel se trouve le peuplement forestier ne fait pas l'objet d'une location de chasse par son propriétaire, le titulaire du droit de chasse qui n'a pas prélevé le nombre minimum d'animaux lui ayant été attribué au titre du plan de chasse est tenu de verser au propriétaire, dont le peuplement est géré conformément à un plan

▲ Engrillagement contre les cervidés.

simple de gestion sylvicole (PGS) ou à un document de gestion approuvé, qui en fait la demande circonstanciée, une indemnité forfaitaire dont le montant à l'hectare est fixé par arrêté préfectoral pris après avis de la commission départementale compétente en matière de chasse et de faune sauvage.

Lorsque l'équilibre sylvo-cynégétique est fortement perturbé, le propriétaire qui n'exerce pas son droit de chasse ou qui n'en tire pas de revenus peut demander le remboursement de tout ou partie des dépenses de protection indispensables qu'il a engagées pour assurer la pérennité des peuplements forestiers. ■

▲ Un soleil couchant sur un boqueteau de Beauce.

L'organisation et les structures de la chasse

La fédération départementale des chasseurs (FDC)

Pour faire valider leur permis de chasser, les chasseurs doivent obligatoirement adhérer à une fédération départementale ou interdépartementale (association régie par la loi de 1901 chargée de missions de service public). Ses statuts sont fixés par voie réglementaire.

Elle a pour objet de représenter et défendre leurs intérêts. Elle gère au mieux le gibier et ses habitats en s'appuyant sur ses techniciens qui fournissent aux responsables de chasse informations et conseils concernant la gestion des espèces, les aménagements, les jachères faune sauvage. Ils organisent et encadrent les comptages, apportent un soutien juridique pour la création de GIC, favorisent le regroupement de territoires pour mener une gestion commune, etc. C'est la fédération qui élabore le schéma départemental de gestion cynégétique.

Elle prépare les candidats à l'examen du permis de chasser et apporte son soutien logistique aux examinateurs lors de l'examen. Elle assure la prévention et l'indemnisation des dommages causés aux cultures et aux récoltes agricoles.

Elle a un rôle important de formation et d'information des chasseurs. Elle emploie des agents de développement qui aident et conseillent les particuliers, les associations, les syndicats et les groupements de chasseurs dans le département.

La fédération participe à la prévention du braconnage. Elle peut se porter partie civile devant les tribunaux pour les infractions de chasse et en cas d'atteinte à l'environnement. Elle est agréée au titre de la protection de la nature.

Elle coordonne l'action des ACCA présentes dans le département.

Elle est administrée par un conseil d'administration élu en assemblée générale. L'assemblée fixe notamment le montant de la cotisation fédérale annuelle, celui des différentes contributions destinées à financer l'indemnisation des dégâts et les contributions des territoires adhérents.

Sont membres de la fédération tous les titulaires du permis de chasser validé pour

> Dans la région parisienne existent deux fédérations interdépartementales : l'une pour Paris, les Hauts-de-Seine, la Seine-Saint-Denis et le Val-de-Marne ; l'autre pour l'Essonne, le Val-d'Oise et les Yvelines.

le département, les titulaires d'un plan de chasse ou d'un plan de gestion, ainsi que toute personne désirant bénéficier des services de la fédération. Chaque titulaire de permis de chasser dispose d'une voix, il peut donner procuration. Chaque détenteur de droit de chasse adhérent dispose d'un nombre de voix proportionnel à la surface de son territoire, dans la limite d'un plafond. Le nombre maximum de voix dont peut disposer chaque adhérent est fixé par les statuts.

La fédération régionale des chasseurs (FRC)

Cette structure est mise en place dans chacune des 22 régions administratives pour représenter les fédérations départementales de chasseurs auprès des instances élues et de l'administration régionale. Sa mission principale consiste à favoriser et à harmoniser des actions communes en matière de chasse et d'environnement pour la faune sauvage et la protection de ses habitats. Elle est consultée par le préfet de région sur les ORGFS.

La Fédération nationale des chasseurs (FNC)

C'est une association chargée de représenter les fédérations départementales, donc tous les chasseurs, à l'échelon national et européen.
Elle les représente auprès des autorités nationales : ministères de l'Agriculture et de l'Environnement en particulier. Elle coordonne les activités des fédérations, donne des conseils techniques, administratifs et juridiques. Elle joue un rôle capital d'information à destination des chasseurs et du grand public. La FNC publie le *Petit Livre vert* qui développe un thème différent chaque année, il est remis à tous les chasseurs lors de leurs démarches pour la validation annuelle de leur permis.
L'assemblée générale de la FNC est constituée de tous les présidents des fédérations départementales, elle fixe le montant moyen des cotisations fédérales. Elle gère le Fonds de péréquation pour l'indemnisation des dégâts de gibier.

Charte de la chasse en France

La FNC a élaboré la charte de la chasse en France posant le principe d'un développement durable de la chasse, les bases du bon comportement du chasseur et des bonnes pratiques cynégétiques.
– Curieux de nature et héritier d'une culture séculaire, je pratique l'art de la chasse tant dans le respect d'autrui que de l'animal chassé.
– Acteur engagé dans le maintien de la chasse durable, je participe activement à la défense des habitats et à l'amélioration de la biodiversité.
– Gestionnaire de l'espace naturel, je veille à maintenir l'harmonie entre l'homme et son milieu et à parfaire jour après jour mon savoir dans les sciences de la nature.
– Homme d'ouverture, je vais à la rencontre de tous les intervenants dans les

milieux naturels en les sensibilisant à la pratique raisonnable de la chasse et au respect de la nature.

– Attentif aux risques que mon activité peut induire, j'améliore sans cesse les conditions de sécurité de la chasse tant pour les non-chasseurs que pour les chasseurs.

– M'inscrivant dans une démarche citoyenne, je donne du temps à la formation et à l'accompagnement des futurs chasseurs car ils sont la chasse de demain et le garant d'une meilleure cohésion sociale.

La Fondation nationale pour la protection des habitats de la faune sauvage

C'est un organisme créé par les chasseurs et essentiellement financé par eux. La fondation acquiert, gère ou fait gérer par les fédérations, les terrains présentant un intérêt pour la faune sauvage ou menacés de disparition, ceci dans le but de préserver la biodiversité et le patrimoine naturel. Plusieurs milliers d'hectares sont ainsi préservés.

L'administration de la chasse

Au plan départemental

La Commission départementale compétente en matière de chasse et de faune sauvage

Sous la présidence du préfet, elle est composée de représentants des chasseurs, des forestiers (privés et publics), des agriculteurs, de l'administration, d'organismes scientifiques et des associations de protection de la nature.

La commission donne des avis à l'autorité administrative en matière de réglementation et de gestion de la chasse et de la faune sauvage. Elle est consultée sur les dates d'ouverture et de clôture de la chasse, sur la liste annuelle des nuisibles, sur les plans de gestion cynégétique approuvés (PGCA) et sur les schémas départementaux de gestion de la faune sauvage.

La préfecture

Elle représente tous les ministères dans le département, elle a un pouvoir réglementaire local. Le préfet prend les arrêtés fixant les plans de chasse, les dates d'ouverture et de fermeture du gibier sédentaire, la liste des animaux nuisibles et les modalités de leur destruction. Il s'appuie sur les services de la DDAF.

La Direction départementale de l'agriculture et de la forêt (DDAF)

C'est le service technique de l'État compétent en matière de chasse et d'environnement, placé auprès de la préfecture. C'est lui qui gère les plans de chasse petit et grand gibier, qui prépare les arrêtés d'ouverture et de fermeture de la chasse ainsi que tous les textes départementaux concernant la chasse.

Au plan national

Le ministère de l'Environnement

Il a en charge les affaires concernant la chasse et la protection de la nature (actuellement ministère de l'Écologie et du Développement durable). Il élabore la partie réglementaire cynégétique pour

▲ Le milieu forestier fait l'objet d'un aménagement constant.

appliquer les lois concernant la chasse et l'environnement.

Le Conseil national de la chasse et de la faune sauvage (CNCFS)

C'est le pendant, au niveau national, du CDCFS. Présidé par le ministre chargé de l'environnement, le Conseil est consulté par les autorités nationales sur tous les sujets ayant trait à la réglementation de la chasse et à la préservation de la faune sauvage et de ses habitats.

L'Office national de la chasse et de la faune sauvage (ONCFS)

C'est un établissement public placé sous la double tutelle des ministères chargés de la chasse et de l'agriculture. Il a pour mission de mener des études techniques et scientifiques concernant la chasse et la faune sauvage, et d'assurer une information aux plans national et international.

Il assure pour le compte de l'État la police de la chasse et de l'environnement.

L'ONCFS organise l'examen du permis de chasser.

Il assure le secrétariat de l'Observatoire national de la faune sauvage et de ses habitats chargé de mener des études et de collecter des données, servant de référence pour les décisions relatives à la gestion de la faune sauvage, notamment la définition des périodes de chasse et des modalités de prélèvement ; il valide les travaux scientifiques se rapportant aux espèces chassables. Il correspond en particulier avec les services du ministère chargé de la chasse et des relations avec la Commission européenne.

La Fédération des associations de chasseurs européens (FACE)
Cette association rassemble les représentants des chasseurs des États membres et défend les intérêts cynégétiques auprès de l'Union européenne dans les domaines relevant de sa compétence, notamment en vue de la préparation, avec les services de la Commission, des directives et des règlements que les États doivent ensuite respecter dans leurs législations nationales.

Les acteurs locaux de la chasse

L'association de chasse à forme communale

Plusieurs propriétaires et détenteurs de droits de chasse dans une commune peuvent se regrouper sous la forme d'une société ou association loi 1901 sans but lucratif, afin de mettre leurs terrains en commun pour y chasser, gérer le gibier, aménager le territoire, assurer un gardiennage, contrôler les nuisibles. Ainsi chacun peut chasser sur l'ensemble des terrains apportés à l'association. Le groupement peut également louer des territoires. Il peut décider d'accueillir des pratiquants n'apportant pas de droit de chasse.

Le fonctionnement de l'association est précisé dans les statuts complétés par un règlement intérieur qui fixe les droits et obligations librement consentis. L'association peut être libre (simple réunion de partenaires) ou déclarée à la préfecture. Dans ce cas, elle est considérée comme une personne morale et peut agir en justice.

Les associations communales de chasse agréées (ACCA) bénéficient d'un statut particulier.

À leur origine en 1964, les ACCA répondaient au souci du législateur de mettre fin à la chasse banale et d'organiser à la fois les territoires et l'exercice de la chasse.

Elles se sont surtout créées dans le sud de la France, la chasse dans le nord étant déjà organisée depuis longtemps.

Les ACCA sont mises en place par le préfet, après avis du conseil général lorsqu'elles concernent un département dans son ensemble, après avoir obtenu l'accord de 60 % des propriétaires regroupant 60 % des terres de la commune lorsqu'il s'agit d'une création individuelle.

Les conditions relatives à la création d'une ACCA, les terrains qui en sont exclus, le droit de faire opposition, le droit de non-chasse, les membres de droit et les modalités de fonctionnement sont fixés par la loi et par les règlements (il est intéressant de constater la place que prennent les ACCA dans le code de l'environnement)

Si la création d'ACCA permet de résoudre le problème des enclaves cynégétiques qui constituent un handicap pour une bonne gestion du gibier, elle a pour inconvénient de multiplier le nombre de chasseurs membres de droit exerçant sur son territoire.

En outre la complication des démarches administratives préalables à son institution sont dissuasives.

▲ Le layon laisse pénétrer les rayons du soleil.

Le groupement d'intérêt cynégétique (GIC)

Il s'agit d'une association regroupant des associations de chasse, des chasses privées, des terrains domaniaux, le cas échéant des ACCA qui veulent mener une politique cynégétique commune sans, cependant, mettre en commun leurs droits de chasse. L'objectif est de coordonner, sur un territoire assez vaste (plusieurs communes, unité de gestion, massif forestier, massif de montagne), les efforts pour la gestion d'une ou de plusieurs espèces de gibier, pour les aménagements ainsi que pour la surveillance.

Les membres du GIC conservent leur autonomie de prérogatives et de décisions sur leur propre territoire. Ils s'engagent à chasser chez eux en suivant les règles librement consenties décidées au sein du GIC.

> Le GIC peut recevoir des aides techniques et des subventions de la fédération des chasseurs, de collectivités locales, de l'ONCFS, etc.

Les règles que s'impose un GIC peuvent être étendues à un territoire plus vaste par le préfet à travers un plan de gestion afin de neutraliser le comportement parfois irresponsable de certains responsables de territoires qui ne s'imposent aucune règle et aucune limite de prélèvement. De même, l'impact extrêmement négatif des enclaves cynégétiques peut être limité.

▲ Un arbre de fer comme protection individuelle d'un jeune résineux.

Les associations nationales de chasse spécialisée

Ce sont des associations régies par la loi de 1901 qui regroupent des membres pratiquant un certain mode de chasse. Elles sont souvent relayées par des associations départementales poursuivant les mêmes objectifs.

Ce sont des groupements de chasseurs spécialisés dans diverses pratiques : chasse au gibier d'eau, au grand gibier, aux chiens courants, au gibier de montagne, à la bécasse, à la bécassine, recherche au sang, chasse à l'arc, chasse à courre, chasse au vol, piégeage, chasses traditionnelles.

Mettant en valeur leur spécificité, ces associations défendent les intérêts de leurs membres, interviennent auprès des autorités et des services publics, s'expriment dans les médias, donnent des avis circonstanciés et publient régulièrement des documents sur leur mode de chasse. Elles sont, de droit, associées aux travaux de la Fédération nationale des chasseurs, les associations de chasse spécialisée départementales ayant le même rôle auprès des fédérations et des autorités locales.

Trois exemples parmi d'autres illustrent le rôle des associations de chasse spécialisée.

L'Association nationale des chasseurs de grand gibier a mis en place un brevet « Grand gibier », dont il a déjà été question dans le chapitre « S'initier à la chasse ». Ce brevet passé volontairement par les chasseurs a pour but d'approfondir leurs connaissances, de servir d'exemple par leur compétence et leur éthique, de mieux pratiquer leur passion.

L'Association nationale des chasseurs de gibier d'eau a fondé l'OMPO (Oiseaux migrateurs du Paléarctique occidental), organisme international destiné à mener des études scientifiques et techniques sur les migrateurs dont l'aire de répartition occupe les territoires allant de la Sibérie à l'Afrique tropicale (Afrique-Eurasie), à animer un réseau de correspondants scientifiques dans les pays concernés, à développer un partenariat avec les structures cynégétiques et les conventions internationales qui ont un objet similaire et à diffuser les informations recueillies.

▲ Les premières neiges en forêt.

Les travaux portent sur la connaissance des aires de nidification septentrionales, sur les taux de réussite de la reproduction, sur la préservation des territoires européens de transit et de repos, sur le maintien des zones africaines de stationnement hivernal.

Ces études présentent l'avantage de s'étendre à des pays extérieurs à l'Union européenne pour lesquels la directive « oiseaux » en particulier ne s'applique pas. Cela permet de mieux connaître et donc de mieux gérer les stocks de l'avifaune migratrice en fonction du succès de leur reproduction, d'étayer les dossiers concernant les dates d'ouverture et de fermeture de chasse, de donner un avis circonstancié aux autorités nationales et européennes.

Le Club national des bécassiers a été l'un des premiers à formuler le principe du prélèvement maximum autorisé (PMA) et à demander son application dans certains départements. ■

Annexes

Le guide des bonnes pratiques cynégétiques

Les adresses utiles

Les revues cynégétiques

Le guide des bonnes pratiques cynégétiques

Le Conseil économique et social a adopté en 2002 un rapport intitulé : *Réinventer la chasse pour le XXIe siècle*, présenté par monsieur Victor Scherrer au nom de la section de l'agriculture et de l'alimentation.

Une suite de ce rapport est prévue sous trois aspects : un guide des bonnes pratiques cynégétiques, l'ouverture de la chasse aux jeunes et aux femmes, l'élaboration d'un plan de communication dont devrait se doter la chasse française.

Le premier volet de ces actions, le guide pratique, est un projet collectif, un recueil de bonnes intentions, dont chaque chasseur doit s'inspirer pour témoigner à la société de la qualité de ses comportements en faveur du développement durable et de la biodiversité. Après une large consultation entreprise par le même rapporteur, il a été adopté en mars 2004. Sa diffusion est lancée dans les médias et la presse spécialisée.

Ce guide est un tronc commun valable pour tous les modes de chasse et tous les chasseurs. La Fédération nationale des chasseurs et les associations nationales de chasse spécialisée ont été étroitement associées aux travaux du rapporteur et lui ont apporté leurs connaissances et leur capacité d'innovation. Ce guide complète et précise harmonieusement la *Charte de la chasse en France*. En voici le texte intégral :

Un comportement exigeant et d'ouverture aux autres

Chaque territoire a un propriétaire et des personnes qui œuvrent à sa mise en valeur. L'espace rural étant un lieu de plus en plus convoité, chacun se doit d'échanger avec les autres pour organiser la compatibilité des usages. Pratique de loisir très réglementée, la chasse est une occasion de rencontre entre tous les acteurs qui exploitent ou utilisent un même territoire.

1. Le chasseur adopte les bonnes pratiques cynégétiques définies en concertation avec les différentes parties prenantes et en reconnaît la nécessité. Il contribue personnellement, à la place qui est la sienne, à donner une image positive de la chasse.

2. Il prend en compte, individuellement ou par sa société de chasse, même lorsque le droit l'autorise à chasser sur autrui, l'intérêt des propriétaires et de ceux qui mettent en valeur les ressources du territoire et se rapproche d'eux autant que nécessaire.

3. Il a le plus grand respect des milieux dans lesquels il évolue. Il prend soin de ne pas endommager par son passage les récoltes ou les plantations sensibles, évite de dégrader les clôtures et referme les barrières qu'il a ouvertes. Il installe des dispositifs de franchissement des haies et des clôtures.

4. Il se sait responsable des éventuels dommages qu'il peut occasionner dans son action de chasse, par lui-même ou du fait de ses chiens et tient ces derniers sous ses ordres, en particulier lorsqu'il aborde une zone habitée ou pénètre dans une parcelle occupée par un troupeau d'animaux domestiques.

5. Il respecte scrupuleusement toutes les instructions relatives à la sécurité et les recommandations faites par l'organisateur de la chasse.

6. Il fait preuve de courtoisie à l'égard de tous. En action de chasse, il informe les personnes qui empruntent les chemins par une communication appropriée.

7. Il respecte les différences de sensibilité, évite toute attitude pouvant être ressentie comme provocante, y compris en matière vestimentaire.

8. Il prend soin de ses chiens, chevaux, oiseaux de vol, appelants, et veille à les entretenir et les traiter au mieux toute l'année.

9. Il invite à la découverte des territoires et de leurs richesses naturelles. Il invite et accueille des personnes qui ne pratiquent pas la chasse et particulièrement des jeunes et des femmes. Il est un initiateur.

10. Il désigne volontiers des femmes et des jeunes à des postes de responsabilité dans les structures du monde de la chasse, et pratique l'ouverture sociale.

Contribution au développement durable de la chasse

Directement lorsqu'il est impliqué dans la gestion des forêts et des espaces agricoles, ou indirectement, en participant matériellement ou financièrement aux travaux d'amélioration du territoire de chasse, le chasseur contribue à l'entretien de l'espace rural. Il participe à la vie associative cynégétique et respecte les orientations définies par le schéma départemental de gestion cynégétique. Par cette contribution, la chasse participe concrètement au développement durable des territoires et au maintien, voire à la restauration, de la biodiversité.

Dans sa vie sociale et professionnelle, il promeut la chasse et son image et défend en toute occasion la sauvegarde de la faune sauvage et de ses habitats.

1. Le chasseur est acteur et promoteur d'un développement durable de la chasse. Il veille à ce que les prélèvements préservent le bon état de conservation des populations d'animaux chassés. Il veille au respect des équilibres entre les espèces et, plus généralement, à celui des écosystèmes.

2. Il participe à l'amélioration de la connaissance des populations d'animaux sauvages et notamment aux comptages, enquêtes ou études organisés au niveau national, régional, départemental ou local.

3. Il contribue à la lutte contre le braconnage.

4. Il assume pleinement son rôle de régulateur des espèces chassables occasionnant des dégâts ou menaçant l'équilibre des écosystèmes.

5. Il participe à l'aménagement des territoires en veillant à la qualité des paysages et des habitats de la faune sauvage, dans le but de favoriser la biodiversité et de réduire l'impact éventuel de la présence du gibier sur les activités de production.

6. Il s'informe de l'évolution des connaissances en matière de pratiques agricoles, forestières et piscicoles respectueuses de l'environnement, favorables au gibier. Il participe, autant que possible, aux réflexions et échanges pour promouvoir ces pratiques.

7. Il conçoit l'élevage de gibier comme un moyen de reconstituer des populations naturelles ou de les renforcer dans des milieux appauvris par les activités humaines. Il accompagne les lâchers de mesures concrètes destinées à favoriser l'acquisition du caractère sauvage chez les animaux issus d'élevage.

8. Il respecte les milieux naturels dans lesquels il évolue. Il évite toute pollution de son fait, notamment en ramassant les étuis de ses munitions. Il prend soin de ne pas dégrader les chemins ouverts au public.

Le respect de l'animal chassé et de la faune sauvage

Le gibier n'est pas une « chose ». C'est un animal appartenant à la faune sauvage qui participe au foisonnement de la vie sur Terre.

1. Le chasseur s'attache à la qualité de la quête ou de l'affût, et se mesure à l'animal chassé en restant au plus proche des mécanismes « prédateurs-proies ».

2. Il adapte son mode et son temps de chasse en fonction des spécificités de chaque type de chasse. Il préserve des zones de quiétude du gibier.

3. Il connaît et respecte les exigences biologiques des espèces qu'il chasse. Il s'informe régulièrement des progrès réalisés dans les sciences de la nature et collabore volontiers aux travaux de recherche scientifique.

4. Il s'efforce d'améliorer sans cesse sa compétence, notamment afin d'identifier parfaitement l'animal chassé. Quel que soit le mode de chasse, il se fait un devoir d'éviter les souffrances inutiles de l'animal.

5. Il s'astreint, pour le tir, à utiliser des armes ou des munitions adaptées afin d'assurer une mort rapide du gibier. Il règle et entretient régulièrement ses armes. Il ne tire pas hors des limites de portée. Il s'abstient de tirer au moindre doute.

6. Il recherche impérativement le gibier blessé en y consacrant le temps nécessaire et en utilisant des chiens spécialement entraînés à cet effet.

7. Il respecte le gibier tué en apportant une attention particulière à sa manipulation, son transport et à la présentation du tableau.

8. Il s'interdit, pour traquer le gibier, l'emploi de moyens modernes de communication.

9. Il considère la récolte des trophées comme l'aboutissement d'une gestion raisonnée et non comme une fin en soi. Il s'attache à maintenir des modes de chasse qui attestent d'un réel savoir-faire appartenant au patrimoine culturel.

10. Il fait partager à son entourage le plaisir de déguster le gibier qui, bien cuisiné, est une des composantes de notre modèle alimentaire.

En appliquant ces principes, le chasseur contribue à ce que la chasse soit reconnue comme une activité légitime, utile et participant du développement durable.

Office national de la Chasse et de Faune Sauvage : 1 800 personnes au service de la faune sauvage et de ses habitats

Établissement public sous la double tutelle du ministère de l'Écologie et du Développement durable et du ministère de l'Agriculture, l'ONCFS met ses compétences au service d'une gestion équilibrée de la faune et de ses habitats.

Un acteur dans le respect de la réglementation

Avec un réseau de 1400 agents commissionnés par le ministère de l'Écologie et assermentés auprès des tribunaux : les agents techniques et techniciens de l'environnement chargés de la police de l'environnement et de la chasse.

La connaissance de la faune sauvage

25 ans de recherches et d'études ont permis à l'établissement d'acquérir une réelle connaissance de la faune sauvage, de la biologie, du statut et de l'évolution des espèces, de leur état sanitaire, grâce aux travaux des ingénieurs et techniciens et aux données recueillies par les réseaux d'observation.

L'appui technique et le conseil

aux administrations, collectivités territoriales, gestionnaires et aménageurs du territoire, pour concevoir à partir des connaissances et mettre en œuvre des schémas de gestion favorisant le développement de la faune en tenant compte des réalités du terrain et des conditions d'accueil des habitats.

L'examen du permis de chasser

20 inspecteurs font passer tout au long de l'année les épreuves théoriques et pratiques de l'examen du permis de chasser à environ 30000 candidats.

Le développement durable de la chasse

La loi sur le développement des territoires ruraux a confié à l'Office une nouvelle mission : participer, aux côtés des instances cynégétiques, au développement d'une chasse durable et raisonnée.

www.oncfs.gouv.fr

Les adresses utiles

Amicale des lauréats des Honneurs Laurent Perrier Groupama de la chasse
13 rue du Général Leclerc
92136 Issy-les-Moulineaux

Assemblée permanente des chambres d'agriculture
9, avenue George-V
75008 Paris

Association française des équipages de chasse à tir
Chemin du Banay
84200 Carpentras

Association des chasseurs à l'épieu
3, hameau de Chamault
77460 Chaintreaux

Association française des équipages de vénerie
32, rue Chevert
75007 Paris

Association internationale des chasseurs de bécassines
5, avenue des Chasseurs
75017 Paris

Association nationale des chasses privées gardées
Les Grands Marchais
41270 Romilly-du-Perche

Association nationale de la chasse au féminin
69, rue Tournière
80130 Béthencourt-sur-Mer

Association nationale de chasseurs au chien d'arrêt
13, rue P.-Paqueriaud
21700 Nuits-Saint-Georges

Association nationale des chasseurs de gibier d'eau
5, avenue des Chasseurs
75017 Paris

Association nationale des chasseurs de grand gibier
2, rue René-Donnet
21240 Talant

Association nationale des chasseurs de lapins et de défense des chasses traditionnelles
Central : 2, boulevard Jean-Rey
30133 Les Angles

Association nationale des chasseurs de montagne
58 avenue du Général Leclerc
92100 Boulogne Billancourt

Association nationale des cors de chasse à tir
9, avenue de la Porte-de-Villiers
75017 Paris

Association nationale des autoursiers et fauconniers de France
10, rue de l'Herse
79000 Niort

Association nationale des chasses à ACCA
13 rue du Général Leclerc
92136 Issy-les-Moulineaux

Association nationale des lieutenants de louveterie
10, rue de Lisbonne
75008 Paris

Association des piégeurs agréés de France
1, rue de la Passotte
57070 Metz

Association nationale des éleveurs de sanglier de race pure
Orvallée
03230 Beaulon

Association sportive de la chasse photographique française
60, rue des Archives
75003 Paris

Centre d'études sur la rage et la pathologie du gibier
BP 9
54220 Malzeville

Centre d'études du machinisme agricole, du génie rural, des eaux et forêts (CEMAGREF)
Parc de Tourvoie
92160 Antony

Chambre syndicale de l'armurerie
31, rue Tronchet
75008 Paris

Chasse, pêche, nature et tradition
Centre Praxis :
245, rue de la Paix
64000 Pau

Club des galliformes et petit gibier de montagne
16, rue des Charmilles
31120 Portet-sur-Garonne

Club national des bécassiers
Moulin du Bois
Beg Aël
29940 La Forêt-Fouesnant

Comité national d'information chasse nature
13 rue du Général Leclerc
92136 Issy-les-Moulineaux

Commission nationale de mensuration des trophées
60, rue des Archives
75003 Paris

Conseil international de la chasse et de la conservation du gibier
Délégation française :
85 bis, avenue de Wagram
75017 Paris
Siège social :
Executive Office
H.2092 Budakeszi PO Box 82
Hongrie

Conservatoire du littoral et des rivages lacustres
5, rue Sextius-Michel
75015 Paris

École nationale vétérinaire
7, avenue du Général-de-Gaulle
94704 Maisons-Alfort

Fédération des associations au chien courant
13, rue du Général Leclerc
92136 Issy-les-Moulineaux

Fédération des associations de chasseurs de l'Europe (FACE)
Maison européenne de la chasse et de la nature
82, rue F.-Pelletier
1040 Bruxelles (Belgique)

Fédération des éleveurs de gibier
28, rue du Rocher
75008 Paris

Fédération française de ball-trap et de tir à balle
20, rue Thiers
92100 Boulogne-Billancourt

Fédération française des chasseurs à l'arc
5, route d'Orchaise
41190 Molineuf

Fédération nationale des chasseurs
13 rue du Général Leclerc
92136 Issy-les-Moulineaux

Fédération nationale des propriétaires forestiers sylviculteurs
6, rue de la Trémoille
75008 Paris

Fondation internationale pour la sauvegarde de la faune sauvage
15, rue de Téhéran
75008 Paris

Fondation nationale pour la protection des habitats français de faune sauvage
13 rue du Général Leclerc
92136 Issy-les-Moulineaux

Institut méditerranéen du patrimoine cynégétique et faunique
182, route de Sauve
30000 Nîmes

Institut national de la recherche agronomique (INRA)
149, rue de Grenelle
75007 Paris

Ministère de l'Agriculture, de la Pêche, de l'Alimentation et du Développement rural
78, rue de Varenne
75007 Paris

Ministère de l'Écologie et du Développement durable
20, avenue de Ségur
75007 Paris

Musée de la Chasse
Place du Château
45500 Gien

Musée de la Maison de la chasse et de la nature
60, rue des Archives
75003 Paris

Musée de la Vénerie
Place de la Cathédrale
60300 Senlis

Office national de la chasse et de la faune sauvage
85 bis, avenue de Wagram
75017 Paris

Office national des forêts
2, avenue de Saint-Mandé
75012 Paris

Saint Hubert Club de France
10, rue de Lisbonne
75008 Paris

Société centrale canine
155, avenue Jean-Jaurès
93535 Aubervilliers

Société des maîtres d'équipage
32, rue Chevert
75007 Paris

Société de vénerie
32, rue Chevert
75007 Paris

Syndicat national des gardes-chasse et gardes-pêche particuliers
2, rue de la Forêt
65300 Pinas

Union nationale pour l'utilisation de chien de rouge
1, rue Rohan
67230 Benfeld

Les revues cynégétiques

Grande faune Chasse Gestion
2, rue René-Donnet
21240 Talant

Chiens de chasse
15-17, quai de l'Oise
75166 Paris cedex 19

Connaissance de la chasse
15-17, quai de l'Oise
75166 Paris cedex 19

Jours de chasse
10, place du général Catroux
75858 Paris cedex 17

Journal des piégeurs
1, rue de la Passotte
57070 Metz

La Chasse en Alsace-Moselle
5, rue Staedel
67100 Strasbourg

Le Chasseur de sanglier
Les Mazes
BP 12
30260 Quissac

Le Chasseur de bécasse
Les Mazes
BP 12
30260 Quissac

La Gazette officielle de la chasse
2, avenue du Maréchal-Foch
65100 Lourdes

La Mordorée
34 ter, avenue Jules-le-Guen
56260 Larmor-Plage

La Revue nationale de la chasse
39, rue du Gouverneur Félix-Eboué
92130 Issy-les-Moulineaux

La Sauvagine
5, avenue des Chasseurs
75017 Paris

Le Chasseur français
39, rue du Gouverneur Félix-Eboué
92130 Issy-les-Moulineaux

Le Saint Hubert
10, rue de Lisbonne
75008 Paris

Nos Chasses
BP 182
75967 Paris cedex 20

Plaisirs de la chasse
14, rue du Patronage-laïque
52003 Chaumont

Vénerie
32, rue Chevert
75007 Paris

Index

Bibliographie

Ouvrages de Michel Jacob

- *La Chasse du grand gibier*, Ouest-France, 1986
- *La Chasse du petit gibier* sédentaire, Ouest-France, 1985
- En coll. avec Marcel Birkan, *La Perdrix grise*, Hatier, 1988
- En coll. avec J.-C. Chantelat, *Le Grand Livre des aménagements de chasse*, Solar, 1994
- En coll. avec J.-C. Chantelat, *Nos chasses traditionnelles*, Solar, 1985

Ouvrages de Christophe Lorgnier du Mesnil

- *Chasse et Forêt*, Gerfaut, 2003
- *Chasse passion*, Hachette, 1990 (Prix 1991 du Conseil international de la chasse et de la conservation du gibier)
- *La Cuisine du gibier*, De Vecchi, 2002
- *Le Guide vert de la chasse*, Solar, 1995
- En coll. avec G. de Germiny, *Seigneurs de montagne, mouflons, bouquetins, chamois du monde entier*, Gerfaut, 1998

Ouvrages collectifs

- *Forêts*, G. Naef, Genève, 2001
- *La Chasse*, Larousse, 1995
- *Le Grand Gibier*, Hatier, (ANCGG) 1990
- *Les Honneurs Laurent Perrier de la chasse*, Nathan, 1986
- *Nos chasses traditionnelles*, Solar, 1995

Autres ouvrages

- Businelli C., *La Chasse du gibier d'eau ; les échassiers*, Ouest-France, 1986
- Businelli C., *La Chasse du gibier d'eau ; les palmipèdes*, Ouest-France, 1985
- Chantelat J.-C., *Vivre et chasser au pays*, Solar
- Villenave G.-M., *La Chasse*, Larousse, 1954
- *Petits Livres verts du chasseur*, UNFDC-FNC, 1978 à 2003
- *Le Guide du piégeur*, FNC
- *Traité de recherche du grand gibier blessé*, UNUCR, Gerfaut-club, 1998
- *Woodlands for pheasants* (Game Conservancy), England

Revues

- Bulletins techniques de l'Office national de la chasse et de la faune sauvage

Remerciements

Avec tous mes remerciements à l'Office National de la Chasse et de la Faune Sauvage qui a largement ouvert sa photothèque pour illustrer cet ouvrage.

C. Lorgnier du Mesnil

Un grand merci à la Fédération Interdépartementale des Chasseurs de l'Essonne, du Val d'Oise et des Yvelines, Jean-Louis Reymonet, Nathalie Bougouin, Michel Langlois et Brigitte Jacob.

Michel Jacob

Crédits photographiques

DR: 37; **B. Jacob**: 5g, 15g, 24, 25, 26, 31, 294, 306, 308, 309b, 310, 311h, 311b, 314;
Y. Leonard: 281b, 319h; **C. Lorgnier du Mesnil**: 4, 207; **J-B Mouronval**: 226; **D. Revdet**: 111;
J-L Reymonet: 14, 128, 141, 174, 205, 206, 208, 321, 333, 363, 365, 367; **Trollier**: 240h

ONCFS: 15d, 36, 40h, 46, 54, 77, 82, 95, 109, 110, 169, 182h, 188, 193, 216d, 230b, 243, 244, 250, 257g, 261h, 262h, 319b, 342; **ONCFS/L. Barbier**: 5m, 5d, 15m, 17g, 19hd, 20, 21, 27b, 28h, 30, 38, 39, 40b, 41h, 43h, 43b, 44d, 45h, 45b, 47, 51g, 51m, 51d, 52, 53, 55, 57, 58h, 59, 60, 66, 64, 68, 69, 74, 75, 78, 80, 83h, 83b, 85, 86h, 86b, 87h, 87b, 88, 89, 92, 93h, 93b, 94, 100, 101, 103, 106b, 107, 108, 112h, 116b, 117, 118g, 118d, 119h, 119b, 120, 121h, 121b, 124, 126, 129m, 137, 139, 140, 144, 146h, 147, 154, 155, 156, 157, 176, 177g, 177d, 178, 179, 181, 182b, 183b, 184, 191, 192b, 197, 196h, 196b, 195d, 199, 201, 202h, 204, 209, 210, 213gn 213d, 215d, 215g, 216g, 217, 220, 221, 227d, 230h, 238h, 238b, 240b, 247, 251, 252, 253h, 255, 257d, 259b, 260, 261b, 262b, 263, 264, 265, 266, 267, 269d, 274h, 281h, 285, 286, 287, 292, 301, 309h, 317b, 325m, 336, 355, 357, 359; **ONCFS/M. Benmergui**: 63, 229d; **ONCFS/F. Berger**: 343; **ONCFS/J-Y Boisson**: 195g; **ONCFS/C. Brachet**: 71; **ONCFS/F. Dej**: 56, 224; **ONCFS/Fiacre**: 133; **ONCFS/F.I.C.E.V.Y.**: 17d, 18, 28b, 42h, 48, 79, 81, 149h, 149b, 150, 151h, 162, 183h; **ONCFS/J-C Gaudin**: 32; **ONCFS/R. Gindre**: 203; **ONCFS/F. Gossmann**: 114; **ONCFS/P. Granval**: 6, 58b, 65, 112b, 115, 228, 229g, 233, 249, 269m, 282, 283, 369m, 369d; **ONCFS/R. Huboux**: 50, 214, 218h, 222h, 222b, 268, 269g, 270, 273, 274b, 275; **ONCFS/J-M Jullien**: 12, 271, 284, 291; **ONCFS/G. Leray**: 225, 239; **ONCFS/D. Maillard**: 138, 145, 152, 164, 202b; **ONCFS/P. Massit**: 73, 232; **ONCFS/E. Midoux**: 19hg, 27h, 29h, 29b, 33, 35, 41b, 42bg, 42bd, 44g, 76, 90, 96, 98h, 116h, 123, 129d, 146b, 151b, 180, 192h, 211, 241, 242, 246, 253b, 254h, 254b, 259h, 293g, 293m, 293d, 299, 300, 302, 303, 305, 307, 316, 317h, 320, 323, 325g, 325d, 334, 335, 337, 338, 341, 344, 351, 356; **ONCFS/J. Nisser**: 231d; **ONCFS/J. Olivier**: 99; **ONCFS/R. Peroux**: 227g, 231g; **ONCFS/J-C Puchala**: 61, 129g, 132h, 132b; **ONCFS/A. Roobrouck**: 67, 98b, 106h, 113, 122, 125, 135, 142, 148, 160, 170, 172, 212, 213m, 218b, 219h, 219b, 223, 234, 237, 256, 290, 322, 324, 328, 332h, 332b, 350, 359, 368, 369g; **ONCFS/D. Soyez**: 272; **ONCFS/Y. Vilair**: 167; **ONCFS/C. Vuillemat**: 130.

Achevé d'imprimer
chez Litonova, en Italie